主编　朱大旗

中国人民大學法学院
RENMIN UNIVERSITY OF CHINA LAW SCHOOL

明德经济法学文库　17

经济法视野下的公益信托制度研究

刘佳/著

法律出版社
LAW PRESS·CHINA
北京

图书在版编目(CIP)数据

经济法视野下的公益信托制度研究 / 刘佳著. -- 北京 : 法律出版社, 2022
(明德经济法学文库)
ISBN 978 - 7 - 5197 - 6445 - 6

Ⅰ. ①经… Ⅱ. ①刘… Ⅲ. ①信托法－研究－中国 Ⅳ. ①D922.282.4

中国版本图书馆 CIP 数据核字(2022)第 032054 号

经济法视野下的公益信托制度研究
JINGJIFA SHIYEXIA DE GONGYI XINTUO ZHIDU YANJIU

刘　佳　著

策划编辑　沈小英
责任编辑　刘晓萌
装帧设计　李　瞻

出版发行　法律出版社
编辑统筹　法治与经济出版分社
责任校对　晁明慧
责任印制　吕亚莉
经　　销　新华书店

开本　710 毫米×1000 毫米　1/16
印张　13.25　　**字数**　230 千
版本　2022 年 4 月第 1 版
印次　2022 年 4 月第 1 次印刷
印刷　北京虎彩文化传播有限公司

地址:北京市丰台区莲花池西里 7 号(100073)
网址:www.lawpress.com.cn
投稿邮箱:info@lawpress.com.cn
举报盗版邮箱:jbwq@lawpress.com.cn

销售电话:010 - 83938349
客服电话:010 - 83938350
咨询电话:010 - 63939796

书号:ISBN 978 - 7 - 5197 - 6445 - 6
定价:66.00 元

凡购买本社图书,如有印装错误,我社负责退换。电话:010 - 83938349

中国人民大学经济法学研究中心
《明德经济法学文库》编审委员会

总　序

当代中国经济体制改革和社会主义市场经济建设催生了经济法学这一新的法律门类和法学学科。1983 年中国人民大学经济法教研室成立,成为全国早期的经济法学科点之一;1984 年起招收民法学专业经济法学方向的硕士研究生;1987 年起招收经济法学专业硕士研究生;1994 年成为全国首批经济法学博士点。

30 多年来,人大经济法学人以"求经世之道,思济民之法"的精神,致力于经济法学人才的培养和教育,注重学术修养和调查研究,以解决中国社会现实生活中的经济法治问题为方向,理论联系实际,跟踪、把握国际、国内相近学科的最新发展动态,不断开拓创新,自成一脉,在全国经济法学界具有学科前沿地位,为中国经济法学的理论建构和中国社会主义经济法治事业做出了自己应有的贡献。

人大经济法学科自 1994 年培养新中国第一位经济法学博士以来,迄今已累计培养了 200 多位经济法学博士。这些博士肩负着人大经济法学科各位老师的谆谆教诲和殷切期望,就职于国家立法、司法、行政机关、国内著名大学、科研机构和其他经济、金融等实务部门,埋头苦干,求真务实,屡创佳绩,成为相关行业领域的领军人物和中坚力量。无疑地,他们在人大经济法学科所受的科学的、前瞻的经济法理论教育、规范的专业培训和严格的学术熏陶,给予了他们茁壮成长的丰富养料和厚实基础,奠定了他们人生事业的良好起点。

据我观察而言,博士阶段的学习无疑是人的一生中最为宝贵的黄金时期。在这弹指即逝的几年里,青年博士的心灵由稚嫩到成熟,眼界由褊狭趋全面,思维由直线而多维,知识由零散臻体系,正是勃发朝阳而成其大光的关键时刻。但毋庸讳言,这一时期也是青年博士生活压力最重、学术困境最多、外界诱惑最大,因而也是最需要关爱、最需要帮助、最需要提携的时期。在市场经济蝇营逐利、浮躁盲动的大环境下,如何引导广大青年博士理性务实、潜心学术、夯实基础、厚积薄发,奠定未来宏大人生事业的坚实基础,实为我们教书育人、为人师表者不能不关注和解决的重大问题。为此,中国人民大学经济法学研究中心的全体老师在各方面条件都非常薄弱的情况下,决定想方设法争取各界支持,创造条件为人大经济法学专业的博士研究生纾难解困,提供脱颖而出的便利环境。在取得法律出版社的支持下,中国人民大学经济法学研究中心广泛筹措资金,遴选、资助每年优秀经济法学博士学位论文及青年教师的优秀学术成果出版。这一方面可以使优秀的博士学位论文精品得以付梓,使莘莘学子多年呕心沥血的研究成果不至于埋没;另一方面又可以对广大的在读经济法学博士研究生以激励,使他们可以比较安心地埋头学术研究,创造出更多的经济法学学术精品。同时,这还可以奉献给中国经济法学学科和中国经济法治事业以智识,是一项非常值得投资的多赢的事业。我们有理由也有信心把这一工作持久不懈地开展下去。

在此,我作为中国人民大学经济法学的一名老教师,作为中国经济法学教学科研事业的初创者、参与者,谨对广大在校的、未来的人大经济法学博士研究生提出以下期盼:

希望你们好好珍惜博士阶段的学习机会和美好时光,多读书,多思考,多讨论,多写文章,夯实理论基础,提升实践能力,争取写出优秀博士学位论文,不断充实明德经济法学文库,把人民大学的经济法理论体系传承永续。

长江后浪推前浪,一代风流冀尔侪。诚望后生小子撷万方之优长,成一家之精微,将人大经济法学的优良传统发扬光大,为推进中国的经济法学事业暨经济法治建设,添砖加瓦,贡献无垠。

是为序。

 *

2012 年 8 月 4 日

于中国人民大学明德楼

---

* 中国人民大学法学院教授、博士研究生导师。

序　言

正确处理效率与公平之间的关系，就某种角度而言，可谓促进人类社会发展的重要辩证法。不患寡而患不均，不患贫而患不安。效率与公平，相辅相成、缺一不可，一旦处理不好则容易酿成社会问题，此等事例古今中外不胜枚举。当今世界，经济社会繁荣发展、突飞猛进，但贫富差距扩大、两极分化加剧等现象亦不可小觑。因此，我国在建设社会主义市场经济体制的进程中，秉承"效率优先、兼顾公平"的原则，在初次分配中主要强调通过市场机制实现资源配置的效率，而在再分配中则更多强调通过财政税收法律制度促进社会整体的公平和正义。如今，随着经济社会的进一步发展以及人文精神的觉醒，公益慈善已发展成为社会主体自主自愿参与财富流动的第三次分配方式，旨在以一种全新的方式帮扶社会个体、促进人类社会和谐发展。

为了更好地处理效率与公平，信托制度应运而生，并被广泛应用于英美法系国家和大陆法系国家。再分配中的现代预算制度，其实质是一种法定的公益信托和自益信托相混合的信托。现代预算乃是委托人（人民）基于对国家的信任而让渡部分私有财产集合成公共经济资源（信托财产），受托人（政府）基于信托协议（宪法、预算法以及预算案等）管理、经营、使用以及分配这些公共经济资源，以实现受益人（人民）的信托利益。而第三次分配中的公益信托，则将市场效益与社会公平、金融活动与公益慈善有机结合，以促进社会经济持续、稳定、协调地发展。

我国早在改革开放初期，即已顺应世界法治进程并建立公益信托，但囿于思想认识等的局限性，我国公益信托并未如预期取得快速发展，而是经历了10余年低谷期。如何认识和剖解信托制度和公益信托，如何更好地实现公益信托的法律移植，在法学界是一个极有价值的研究课题，具有广泛的研究探索空间。经济法以社会为本位，立足于整体利益，通过协调处理社会整体与社会个体之间的意志、行为和利益的矛盾，试图借由经济法律手段，实现效率与公平的统一，因而，从经济法视角研究公益信托，辨析其法理、创新其制度、探寻其运行的中国化进路，特别值得肯定与支持。

刘佳博士的《经济法视野下的公益信托制度研究》一书，以解决我国公益信托法律制度的发展问题、促进公益信托繁荣发展为出发点，以社会整体利益为最高原则，创新性地将经济法基础理论及相关制度与公益信托研究有机整合，对如何在社会主义法律体系下实现公益信托的本土化进行了深入探讨，并结合法律实务、数据图示等方式生动展现了域外及我国公益信托的实际运行状况。其为夯实公益信托研究基础，利用赴美访学机会，搜集了大量美国信托制度、公益信托及税收优惠情况的一手资料。该书对公益信托的研究，没有循规蹈矩泛泛而谈，亦没有拘泥于传统法律部门的分析范式，而是运用法经济学、法社会学等研究方法，深入探讨公益信托在我国移植引入过程中的法律关系、设立规范、税收优惠、内外监督等焦点性问题，有助于填补公益信托法治的理论空白和制度不足，丰富和拓宽了公益信托可供参考和镜鉴的研究内容。

该书以刘佳的博士学位论文为基础，历经4年多的修订、补充、完善、雕琢，今终成之，作为其博士研究生导师，我甚感欣喜和快慰。该书付梓，既是他数年研习经济法、财税金融法的阶段性思考与总结，也是他投身经济法治实践的新起点。希望本书所涉及的研究问题及对策建议，能够为公益信托的研究提供一种全新视角，能够对我国公益信托的本土化和法治化建设提供有益的理论和实践支持，能够对有效统合效率与公平之间的关系增添些许新思索。

"士不可以不弘毅，任重而道远"，衷心希望经济法学人刘佳博士，继续恪守人大法律人的法律信仰和人文情怀，始终保持问题意识和学术批判精神，砥砺精进，持之以恒，在未来经济法研究及实践道路上不断创造佳绩。

2021年3月15日于明德法学楼

前　言

我国自古虽有托孤寄命的悠久历史，但现代化的信托制度仍属西学东渐，公益信托仍处于逐渐实现本土化的过程。英美慈善信托如火如荼、日韩公益信托初具规模之际，我国公益信托初期十余载依旧举步维艰，所幸《慈善法》的简政放权，为我国公益信托的发展带来希望。我国公益信托法律制度的建立与发展，是域外法律制度移植的适应过程，方兴未艾且仓箱可期。我国公益信托计划或产品 2016 年前屈指可数，但截至 2021 年 3 月 21 日，慈善信托备案总数 553 单，慈善信托财产总规模已达 335, 941. 41 万元（其中，2019 年度备案慈善信托 264 单，备案慈善信托财产规模超 4 亿元）。[1] 此外，时值新冠肺炎疫情防控阶段，定向“武汉加油”“抗击新冠肺炎”等专项慈善信托产

---

① 数据源于民政部慈善事业促进和社会工作司主办的“慈善中国”网：http://cishan. chinanpo. gov. cn/biz/ma/csmh/e/csmheindex. html，2021 年 3 月 21 日最后访问。

品计划募集金额超15亿元。① 这表明传统民法视角下的公益信托制度在社会法《慈善法》的助推下，已逐渐步入科学的法制轨道，对于20世纪初的《信托法》，可供总结的经验和改革的空间颇多。秉承开放精神和“接地气”的态度，以经济法为视野、以社会本位为价值观研究公益信托，将更好地阐释和架构公益信托的运行机理与制度安排，进而对我国公益信托和社会公益事业的繁荣发展颇有裨益。

全书整体框架结构分为导论、正文和结论三大部分。其中，首先，导论部分介绍选题背景，并在此基础上提出公益信托法律制度及其研究价值；其次，总结国内外关于慈善信托或公益信托的研究现状，并对其进行综述比较；最后，阐述研究方法、研究思路以及创新之处。结论部分则在前文分析论证的基础上，全面梳理并总结主要观点。

正文部分共五章，具体内容阐述如下：

第一章翔实考证公益信托制度的发展历史，并对移植公益信托进行思辨。随着救济贫困、繁荣教育为主要价值追求之一的宗教信仰对社会公众的影响越来越广泛而深刻，慈善信托逐渐兴起并成为推动慈善事业、提升社会福利的重要模式。根植于英美法系教会法土壤的慈善信托，被以日本为代表的大陆法系国家和地区进行了艰难的法律移植和系统改造，继而成为今日的公益信托。时至今日，公益信托因具备投融资功能、公益持续性、运行模式简便和二元监督模式的制度优势，成为风靡世界的公益活动之一。我国公益信托虽自《信托法》实施以来发展较慢，但随着我国经济社会发展水平、法治建设程度、社会共识秤谌的提高，在我国已具备生根发芽、茁壮成长的制度土壤。同时，应当清醒地认识到，公益信托的法律移植过程不可能一蹴而就，而是需要空间地域和法律制度的长期融合，实现公益信托的中国化或本土化，方能激发公益

---

① 截至2020年3月26日，中国信托登记有限责任公司共办理完成信托公司报送的公益（慈善）信托产品预登记159笔，其中定向“武汉加油”“抗击新冠肺炎”等专项慈善信托产品计划募集金额已达15.2亿元，其他非定向社会保障和防范相关慈善信托计划募集金额累计超过2.6亿元，公益（慈善）信托产品设立目的呈多样化趋势，但疫情防控领域仍是最主要投向。同时，上述办理完成信托产品预登记的159笔公益（慈善）信托产品中，已有55笔完成了初始登记，涉及初始募集金额近1.1亿元。数据源于中国信托登记有限责任公司官网：http://www.chinatrc.com.cn/contents/2020/3/30-137ed48236074d71967069c2ad237813.html，2020年4月4日最后访问。

信托应有的功能与价值,造福于我国的社会公益事业,促进国民经济和社会的健康可持续发展。

第二章详尽剖析公益信托的运行机理,尝试性探讨公益信托金融化的监管与创新。有别于传统民商法学的私法视角,经济法视野下的公益信托研究豁然开朗,遵循经济法学研究方法深度剖析公益信托,可以获得公益信托新颖且全面的运行机理和法律关系结构。首先,公益信托以人为本的价值追求和体现国家意志的制度结构,极好地契合了经济法的理念和经济合同的基本特征,具备经济合同属性的公益信托制度,动摇且突破了私法与公法、民法与行政法、契约与法律之间的藩篱,促使市场机制与政府管理、他域法律与本国制度的借鉴融合,从而繁衍出一个崭新的公益法律领域。其次,除委托人、受托人和受益人的"黄金三角"外,信托监察人因代表国家意志和公众意愿的监督而成为公益信托的新设当事人。基于信托财产的独立性和信托目的的公益性,公益信托得以发挥其应有的创造性和灵活性。不从属于任何当事人但用益于不特定多数受益人的公益信托财产,具备了破产隔离功能,不仅赋予受托人更加广泛的管理空间,还维系着法律关系长期稳定的存续。再次,公益信托所反映出的人权保护、社会再分配、市场创新与政府职能转变等价值理念,统合与协调了当前国民经济和社会发展的诸多重要方面,强有力地促进了社会整体利益的提升。最后,有别于传统普通信托或公益法人的纯粹性,公益信托则兼具公益与金融的双重功能,成为架设于公益慈善与金融资本之间的桥梁和纽带。一方面,应当清醒地意识到公益信托金融化的媒介正负效应,在推崇便捷灵活的公益信托并赋予税收优惠待遇的同时,还应关切投机的伪善目的和国家财政收入流失等隐性问题;另一方面,不能忽视公益信托金融化因一贯创新而产生或埋藏的风险与问题,必须在公益信托的有效监管与鼓励创新之间寻求平衡点。既要使监管理念与金融创新水平相适应,还要使监管模式与公益支出方式相结合。

第三章则以设立模式、信托目的范围、受托人资质和信托登记制度为内容,详细论证公益信托的设立规则。公益信托能够健康发展,一个关键的因素在于公益信托的设立是否顺畅便捷,是否减除委托人发起公益信托的设立成本。公益信托的设立模式、信托目的的具体范围、受托人资质的要求以及信托登记制度均是衡量公益信托设立优劣的重要标尺。首先,基于人文历史、法律文化、发展观念等诸多因素的不同,英美法系与大陆法系对公益信托的设立模式采取了不同的登记主义和许可主义。结合国情加以审慎判断,我国公益信托的设立模式短期内应当按照《慈善法》保持登记主义,培育监管部门对公益信托这一新鲜事物的认知水平和监管能力。但长期而言,我们应当两法联动修改,全面转向登记主义,以助推公益信托的发展和社会福祉的提升。其次,国际上慈善信托或公益信托的信托目的公益性,可以主要概括为三大方面:一为扶贫济困、助残帮弱的慈善目的;二为促进科学技术、教育文化、医疗卫生、体育健身以及环境保护等公共事业(简言之科教文卫体环保)发展的社会公共目的;三为以祭祀信奉、种族文化为宗旨的宗教目的。我国公益信托目的的范围应以社会公共利益为圭臬,将扶贫济困的良好传统传承下来,并增添现代社会的教育医疗、科学文化、环境保护等内容,但不涵盖宗教祭祀活动。再次,受托人在公益信托法律关系中占据着重要的核心地位,是连接委托人与受益人、金融市场与公益慈善事业的纽带和桥梁。受托人的行为时刻左右着公益信托的运转,也深刻影响着社会公共利益的实现。我国公益信托的受托人除了满足民法规范所要求的具备完全民事行为能力以外,最主要的还是实现了机构化和资格化,以保障受托人有能力履行忠实勤勉义务。最后,信托财产登记是将信托财产与公益信托当事人固有财产相区分的基础性制度,亦是实现信托财产独立性的信息公示与制度保障。我国信托财产信息公示制度或财产登记制度的模糊与缺失,严重阻碍了公益信托的设立和发展。统一登记主管机关,提高公益信托设立效率,明确信托财产独立地位,能够切实促进我国公益信托向制度化、法治化迈进。

第四章深入考究公益信托与税收优惠的价值关联与制度衔接。公益信托与税收优惠具有共生关系。除文化传统、法律习惯和制度设计等因素的差别外,税收优惠政策的冗杂和断层也是阻碍公益信托激发制度活力的重要原因。为架构科学合理、系统完备的公益信托税收激励机制,平衡协调国家与纳税人、资本与公益之间的利益,有必要首先认清公益信托税收优惠的法律实质。公益信托的税收优惠应当分为设立、管理和分配三个阶段。公益信托设立阶段,应当减免委托人因无偿移转信托财产所发生的所得税、遗产税和房地产税等捐赠税费;公益信托管理阶段,应当减免受托人因处分信托财产所产生的所得税、流转税和行为税等交易税费;公益信托分配阶段,则应当免除受益人因受让信托收益所发生的所得税、印花税和契税等获益税费。未来应在税收法定原则及本土化思维的指导下,明确公益信托的税收优惠资格及条件,增加公益信托的税收优惠范围及幅度，建立财务信息与公益活动的双公开制度。

第五章以风险意识为导向，组织构建囊括政府、监察人和社会三方面的公益信托监管体系。为了更好地防范公益信托的操作风险和信用风险，切实保障公益信托目的之实现和社会福祉之提升，受托人不再是无人监管的强势主体，而应当接受多元化风险预防机制的约束，贯穿于公益信托运行的各个环节。公益信托关涉社会公共利益，其经济合同的本质属性，决定了政府作为社会公共利益的天然代表者必然对公益信托有所监管。同时，为更好地匹配且推进国家治理体系和治理能力现代化，培植社会自治能力，监察人应当在公益信托的运行中发挥应有的监督作用，信息公示应当成为社会监督公益信托的常态机制。

Contents

目录

导　论

一、选题背景和价值

孟子有云:穷则独善其身,达则兼济天下。时至今日,人类社会的整体财富与日俱增,公益事业随之出现了蓬勃发展之态势。公益信托基于其特有的经济功能和制度优势,早已在公益慈善领域得到广泛发展并积极发挥着公共财政的补充作用。公益信托以公共利益为目的而设立,使将来不特定多数社会成员受益,旨在增加社会福利水准、提高社会保障水平、帮扶救济弱势群体、推动教科文卫事业繁荣发展、促进维护生态平衡。采用公益信托形式参与社会公益事业,不仅可以节约成本、提高效率、保值增值、方式灵活,还可以依托科学的运行管理制度保障信托资金的安全与使用,从而保证社会公益事业的健康有序发展。如此,公益信托的诸多优良特征远非传统的慈善基金、财团法人所能比拟和超越。毋庸置疑,公益信托之发展壮大,必将有利于推动社会公益事业之繁荣、促进人类社会之进步、保障社会整体利益之实现。

2001年《信托法》的正式颁布与实施,标志着我国公益信托法律框架基本建成。然而及至2008年6月6日,即《信托法》施行6年多之后,全国首例仅以公共利益为信托目的的公益信托计划——陕西省西安信托(现长安信托)作为受托人的"'5·12'抗震救灾公益信托计划"——方才最终面世。如今,私益信托或投资信托始终占据信托领域的主导地位,公益信托计划寥寥无几,毋宁言其税收激励与监察管理。2016年3月全国人大审议通过的《慈善法》专章规定了慈善信托,提供了推进和鼓励慈善信托发展的诸多举措。2018年,我国慈善信托实现了从"抢滩试水期"向"初长成时期"的蜕变。从全国范围来看,共有17个省份的民政部门进行过慈善信托备案。从备案的财产规模来看,浙江省备案的慈善信托财产达8.69亿元,在全国名列第一;其次是广东省、北京市,慈善信托的财产规模分别为1.11亿元和3266.26万元。①

然而,欣喜之余也要看到,《慈善法》除术语有所区别外,几乎是在《信托法》的公益信托之外建立了平行使用的慈善信托制度,无疑分散了社会对立法的关注度,模糊了公益信托在社会大众的基本认知,容易导致公益信托发展的紧急转弯和道路不清的混沌局面。总体而言,我国公益事业发展起步较晚,相关配套制度相对滞后。一方面,我国现阶段公益信托的特点为:设立条件实践中难以操作,审批主体模糊待定,监察人制度严重缺失,税收优惠政策无法落实。公益信托的设立、运行与监管存在诸多先天性制度不足和后天性发展不良的问题,导致信托这一具备灵活性与创新性的优良法律制度,尚未在社会福利方面发挥应有的简便快捷、财产隔离、资产保值增值的制度优势和有效功能。另一方面,社会本位、财务公开等科学理念难以在公益信托中落实,社会热议的社保基金、政府性基金、社会抚养费等财政预算外资金的管理与监督,理应充分借鉴发达国家之经验和做法,以设立公益信托的方式保障资金安全和实现公共资金的"取之于民、用之于民"。鉴于此,全书以"社会本位理念下的公益信托法治化研究——以公益信托的设立规则、税收激励、内外监督为视角"为研究主题,在经济法视野下对上述公益信托涉及的法学领域进行全面、深入的分析论证,以期为我国公益信托的法治化提供坚实的理论基础和具有参考价值的制度建议。本书具有以下理论价值与实践意义:

首先,本书在理论方面具有填补空白、夯实基础之意义。本书将针对我国信托法和财税法的原则性立法和模糊性立法、重视许可设立和忽视运行监察之现状,就公益信托如何奉行社会本位、公正公开理念进行深入的理论研究,

① 参见中国慈善联合会发布的《2018年中国慈善信托发展报告》。

侧重放宽审批设立、细化设立条件、明晰税收优惠政策、明确监察人制度等具体问题的剖析与论证,以期弥补信托法学和财税法学理论中的研究空白。本书希冀在已有研究的基础上,以法律的公平和秩序为价值追求,有针对性地明晰和细化公益信托法治化的核心问题——设立、税收激励机制和内外部监督体系,突破传统公益信托法中的公益目的理论和税法中的导管理论,为《信托法》之修改完善提供坚实的理论基础。

其次,本书将立足于我国公益信托设立与监管的实践,在梳理现行信托法、公司法和税法规范的基础上,为实践中存在的具体问题提供解决路径和制度规则。一方面,可以为金融机构和公益信托当事人开展公益信托计划、为法院处理公益信托案件、税务部门进行税款征收提供指导;另一方面,可以为相关部门修改《信托法》、制定相关鼓励政策和监管条令提供参考,推动我国公益信托事业之发展繁荣、促进社会公平正义之实现。

最后,本书属于部分补白、部分交叉领域的研究项目,旨在化解不同法律制度在立法理念及具体规则方面的冲突,弥合不同法律制度之间的空白,实现不同法律规范和程序的有效衔接,促进公私法权益平衡、秩序和谐统一,保障社会整体利益的实现。

二、研 究 现 状

(一)国外研究现状

英美法系国家慈善信托法律制度的繁荣,不仅源于深厚的宗教文化的引导,还源自大批学者笔耕不辍的研究。一直以来,慈善信托始终属于国外信托法学界关注的主要方面,慈善信托与英美法系司法判例的统合归纳更是其重点研究范围。相应地,慈善信托也作为信托法专著和书籍中不可或缺的重要章节。现掌握的专著主要有:丹尼斯·R.豪尔等合著的《遗嘱、信托与财产管理》,①阿拉斯太尔·哈德森的《衡平与信托》,②奥斯丁·斯科特的《简明信托

① See Dennis R. Hower, Janis Walter & Emma Wright, *Wills, Trusts, and Estate Administration*, Stanford, Cengage Learning, 2016.

② See Alastair Hudson, *Equity and Trusts*, London, Routledge-Cavendish, 2016.

法》,[1]美国法律学会编纂的《信托法重述》,[2]J. E. 彭纳的《信托法》,[3]理查德·爱德华兹和奈杰尔·斯托克韦尔合著的《信托法与衡平法》,[4]安德鲁·伊沃比的《信托法基础》,[5]加利·瓦特撰写的《衡平法和信托法简明案例》,[6]以及大卫·约翰斯顿的《罗马法中的信托法》[7]与伊恩·麦克唐纳等著的《衡平法与信托法精义》[8]等石俊志先生主编的外国信托法经典译丛。

国外关于慈善信托法进行全面论述的论文近年并不多,主要原因在于英美法系国家慈善信托的观念已深入人心,法律制度已经较为完备。其中,绝大多数还是对慈善信托制度中的某个领域予以剖析,或者依托英美法系的公益捐赠制度为研究范本,对其进行历史学、哲学、社会学或政治学与法学的交叉研究。主要有罗伯特·席特克夫和乔纳森·克利克合著的《代理成本、慈善信托和公司控制:来自好时集团的证据》;[9]斯坦利·卡茨等合著的《法律的变化和法律自治:纽约慈善信托基金,1777 ~ 1893》;[10]亚历克斯·约翰逊与罗斯·泰勒合著的《慈善信托革命性的司法解释:运用关系契约以及对近似原

---

① See Austin Wakeman Scott, *Abridgment of the Law of Trusts*, Boston, Little Brown and Company, 1960.

② See American Law Institute, *Restatement of the Law Trusts*, Washington D. C. , American Law Institute Publishers, 2003.

③ See J. E. Penner, *The Law Trusts*, London, Oxford University Press, 2019.

④ 参见[英]理查德·爱德华兹、奈杰尔·斯托克韦尔:《信托法与衡平法》(第5版)(英文影印版),法律出版社2003年版。

⑤ 参见[英]安德鲁·伊沃比:《信托法基础》(第3版)(英文影印版),武汉大学出版社2004年版。

⑥ 参见[英]加利·瓦特:《衡平法和信托法简明案例》(第2版)(英文影印版),武汉大学出版社2004年版。

⑦ 参见[英]大卫·约翰斯顿:《罗马法中的信托法》,张淞纶译,法律出版社2017年版。

⑧ 参见[英]伊恩·麦克唐纳、安·斯特里特:《衡平法与信托法精义》,李晓龙译,法律出版社2018年版。

⑨ See Robert H. Sitkoff & Jonathan Klick, *Agency Costs, Charitable Trusts and Corporate Control: Evidence from Hershey's Kiss-Off*, Columbia Law Review 108, 2008, p. 749.

⑩ See Stanley N. Katz, Barry SuUivan & C. Paul Beach, *Legal Change and Legal Autonomy: Charitable Trusts in New York: 1777 – 1893*, Law & History Review 1, 1986, p. 51 – 89.

则和美国诉讼的动态解释》;[①]托马斯·兰登的《公益信托面临新考验》[②]等。

日本的信托制度是从美国引进的。川崎诚一在其著作中认为,1922 年日本国会制定的《信托法》和《信托业法》,分别对信托业务和信托行业进行了较为全面且科学的监督和规范。[③] 当然,英美信托法原理在日本实现过程中仍有不少值得关注的问题。[④] 总体而言,日本这两部信托法律首开大陆法系移植信托制度之先河,不仅为日本信托业的繁荣奠定了坚实的法治基石,还为其他国家和地区引进信托制度提供了法律范本。可以说,大陆法系国家和地区吸纳信托制度,皆以日本信托法为蓝本,无出其右。日本《信托法》虽然规定了公益信托,但是长期没有实践,直到 1977 年才被首次应用。东京大学教授能见善久认为,之所以出现这种尴尬局面,为很多因素所致,其中最为主要的是公益法人制度在日本已非常成熟、深入人心,普遍用于公益事业。加之学校法人、宗教法人、医疗法人等特殊法规的实施,一般都通过上述法人形式进行公益活动。相反,公益信托只在立法中存在定义,实践中并无应用。[⑤] 在制定信托法时,对此就有一些反对意见,如日本学者星田宽介绍到,20 世纪 70 年代有学者认为既然已设立了公益法人制度,就没有必要再规定公益信托制度。[⑥] 不过,首例公益信托出现以后,该制度的优势逐渐为人们认识,加之政府出台了一些设立便利与税收优惠政策,公益信托数量迅速增长。对于公益信托的积极作用,日本著名信托法学专家、日本中央大学新井诚教授予以肯定,并认为公益信托实现了从私益财产向公益财产的转变。[⑦]

(二)国内研究现状

相比于境外学者的研究,国内学者针对公益信托的研究起步较晚,并且绝

---

① See Alex M. Johnson Jr. & Ross D. Taylor, *Revolutionizing Judicial Interpretation of Charitable Trusts: Applying Relational Contracts and Dynamic Interpretation to Cy Pres and America's Cup Litigation*, Iowa Law Review 3, 1989, p. 545 – 591.

② See Thomas. P. Langdon, *Charitable Trusts Face New Test*, Best's Review/Life-Health Insurance Edition, 1998, p. 13.

③ 参见[日]川崎诚一:《信托》,刘丽京等译,中国金融出版社 1989 年版。

④ 参见[日]樋口范雄:《信托与信托法》,朱大明译,法律出版社 2017 年版。

⑤ 参见[日]能见善久:《现代信托法》,赵廉慧译,中国法制出版社 2011 年版。

⑥ 参见[日]星田宽:《日本的公益信托》,载《金融时报》2002 年 4 月 4 日,第 2 版。

⑦ 参见[日]新井诚:《信托法》(第 4 版),刘华译,中国政法大学出版社 2017 年版。

大部分以民法的传统视角阐述和解析公益信托制度的架构,主要围绕公益信托当事人之间的权利义务关系以及信托财产的风险隔离等几个方面。

1. 信托法著作中的公益信托

近年来,我国学者研究信托法的论著越来越多,公益信托制度的介绍及本土化研究基本作为其中的专门章节或专题加以论述。主要有 1996 年中国人民大学信托与基金研究所所长周小明先生撰写、法律出版社出版的《信托制度比较研究》,这是我国较早研究信托的著作;2001 年全国人大农委法案室巡视员何宝玉先生撰写、法律出版社出版的《英国信托法原理与判例》;2002 年赖昌河教授与王志诚教授合著、中国政法大学出版社出版的《现代信托法论》;2003 年中国政法大学民商经济法学院霍玉芬教授撰写、中国政法大学出版社出版的《信托法要论》;2004 年方嘉麟教授撰写、中国政法大学出版社出版的《信托法之理论与实务》;2004 年何宝玉先生撰写、中国政法大学出版社出版的《信托法原理研究》;2004 年北京君泽君律师事务所高级合伙人张天民律师撰写、中信出版社出版的《失去衡平法的信托》;2014 年时任中信信托董事长蒲坚撰写的《论信托》阐述了减贫公益信托的实践发展;2019 年时任中信信托常务副总经理王道远等撰写的《信托的逻辑——中国信托公司做什么》,以托管运营为核心的服务信托为视角,展示了慈善公益信托的法律构造和运营模式;等等。①

在研究信托法的诸多著作中,以研究英国信托法为主旨的专著分别为:一是余辉教授于 2007 年出版的《英国信托法:起源、发展以及影响》,以信托历史为研究方法与研究范畴,深入剖析了英国信托制度起源所具备的历史背景、法律制度、经济水平等孕育条件,此外还详细阐述了"USE"(用益)对信托制度的启蒙影响,信托这一富有活力的法律制度的诞生及其对世界各国法律制度乃至法系传统的挑战与影响。二是何宝玉先生于 2001 年出版,后经多次修订的《英国信托法原理与判例》。其以英美法系司法判例的归纳演绎为逻辑出发点,总结汇编了英国信托法与衡平法院司法判例的相关案例,并将慈善信托作为信托重要的组成部分进行了论述。

---

① 此外,还有 2007 年西北政法大学民商法学院余辉教授撰写、清华大学出版社出版的《英国信托法:起源、发展以及影响》;2009 年中南大学张军建教授撰写、中国财政经济出版社出版的《信托法基础理论研究》。

2010年复旦大学高凌云教授撰写、复旦大学出版社出版的《被误读的信托:信托法原论》,从比较法的角度探讨了英美国家的信托制度在我国的法律、社会及文化环境下应该有的生命力,并且专章论述了公益信托的架构设想。该书不仅从理论上探讨了信托法的原理,更从实务角度分析了信托的运作以及可能产生的纠纷及其解决办法,既介绍了英美国家的案例,也分析了我国现有的有关信托纠纷的案例,尤其提供了信托文件的文本,并详细分析其重要条款,给信托司法介入提供了便利。该书的另一个重要特点是通过生活中的实例分析了民事信托在我国民众生活中的重要性、必要性、可操作性及其可能实施的广阔空间,鲜明地提出和反复论证了民事信托就是商事信托的基础、商事信托的原则大都是从民事信托原则发展起来的观点。最后,该书还对我国《信托法》进行逐条点评,然后提出修改、补充和完善的若干建设性意见。全书资料来源丰富,既有国外原版著作和判例,也包括国内专著与论文,还包括国内法律判例以及实务部门的第一手材料。

2012年华中师范大学文杰教授撰写、中国社会科学出版社出版的《信托法专题研究》,综合运用比较研究法、历史分析法等研究方法,对信托法的基本原理、信托法律关系的构造、信托制度在民商事领域的运用、公益信托的法律问题、信托公司的法律规制等专题进行了研究。重点探讨了信托法强行性与任意性之界定、信托财产权在我国面临的困难及其出路、信托公示的理论基础与制度设计、诉讼信托的正当性与立法构建、受托人的谨慎投资义务标准、受托人违反信托的民事赔偿责任、土地承包经营权信托、知识产权信托、证券投资信托、环境信托、教育信托、公益信托监察人法律制度等问题。

2013年南京大学张淳教授撰写、法律出版社出版的《信托法哲学初论》提出,鉴于目前我国信托法理论研究的现状,就我国法学界从事这一理论研究的学者而言,树立起信托法哲学的理念并在这一理念的引领下有意识、自觉、主动、全方位地开展信托法哲学研究并通过这一研究推出关于信托法哲学的论著,实为推动我国正处于形成阶段中的信托法理论实现由浅入深的发展与由幼稚走向成熟的进步的需要。该书对于我国信托法理论研究的意义显而易见,也对博士学位论文写作的理论升华部分有所帮助。

2006年中国社科院农村金融研究所小额信贷研究室孙同全主任撰写,经济科学出版社出版的《扶贫小额信贷与公益信托制度研究》,以联合国开发计划署(United Nations Development Programme,UNDP)援助的扶贫小额信贷为研究案例,以所有权和治理结构为视角深入剖析公益信托的法律性质,比较分析了公益信托与公益法人的制度优势,最终结合我国小额信贷的现实问题,提出了构建扶贫小额信贷的信托化治理结构,明确提出其中各当事人应当享有和承担的权利义务。

我国学者还积极从事域外信托法著作的翻译工作,如周翼、文杰和樊安等人分别于20世纪初,较好地翻译了近现代英国信托法著作以及英国信托法的法律文本。如大卫·海顿的《信托法》(2004年)、英国《信托法》(2003年)以及弗雷德里克·梅特兰的《国家、信托与法人》(2008年)。

2. 有关公益信托的论文

截至2019年12月31日,我国以公益信托为主旨研究的博士学位论文有4篇,核心期刊文章有40余篇,2篇博士后工作报告。

其中,上述在国内CSSCI核心期刊公开发表的有关公益信托的学术论文,主要列举或总结了我国公益信托制度存在的现实藩篱和不足,并多以加强立法、丰富监管措施为主要政策建议。综合阅读并梳理这些文章可以看到,中国人民大学法学院徐孟洲教授撰写的《论我国公益信托的设立》、上海交通大学凯原法学院许多奇教授撰写的《公益信托灾害救济的税法扶持与规制》、大连海事大学国际法博士王金东撰写的《衡平法慈善信托有效性的适用法分析》,以及北京大学法学院金锦萍教授撰写的《论公益信托制度与两大法系》与《论公益信托之界定及其规范意义》等文章可谓上乘之作。2篇博士后工作报告分别为2005年清华大学博士后陈林撰写的《公益信托研究》及2006年中国社会科学研究院博士后撰写的《公益信托法律制度研究》。

博士学位论文分别为,方国辉博士撰写的《公益信托与现代福利社会之发展》(1986年),西南政法大学民商法学院院长赵万一教授指导的博士赵磊撰写的《公益信托法律制度研究》(2007年),华东政法大学何勤华教授指导的法律史博士解锟的《英国慈善信托制度研究》(2010年),以及大连海事大学李志文教授指导的国际法博士王金东的《英美慈善信托法律制度研究》(2012年)。其中,方国辉认为,为因应未来社会之发展及当前心灵改革工作之落实,公益信托可作为结合民间资源,实践利他思想,创造和谐社会,延伸人类希望之管道。根据日本经验,公益信托无法取代财团法人,但可与财团法人发挥互补功能。除此之外,还可以借鉴美国分离利益公益信托的税制,允许成立混合公益与私益目的之公益信托,不仅可以满足社会之需要,而且有助于提高民间利用公益信托制度参与公益活动之意愿。赵磊教授的博士学位论文阐述了信托法律制度的相关理论，论证了公益信托内部各当事人之间的权利义务关系，最终结合英美法系、日本等大陆法系国家和地区的先进经验，对公益信托的设立与监督提出了自己的建议和设想。解锟和王金东的博士学位论文则全面展示了英美法系国家慈善信托的详尽面貌。最终，赵磊和解锟的博士学位论文已相继由法律出版社出版。

三、研究方法、研究思路和创新之处

（一）研究方法

本书采取以下研究方法：

1. 历史分析法与比较法。通过详尽梳理英美法系慈善信托以及大陆法系公益信托的历史发展脉络，探寻符合我国实际国情、经济社会发展水平以及社会主义法律体系的公益信托发展路径。与此同时，本书重点把握英美法系慈善信托和大陆法系公益信托中联系紧密的设立制度、税收制度和监督制度，融会贯通以指导于现实；翻译整理已收集的国外立法资料及相关文献，搜集国内外公益信托的发展数据，提炼有益做法，为公益信托制度的中国化提供国外可供借鉴的先进经验。

2. 规范分析方法。对现行信托法、慈善法和税法的规范进行全面梳理，并在此基础上深入分析，找出问题的症结。

3. 价值判断方法。在判断设立规则、税收优惠和监察机制应否以及如何在公益信托中适用时，坚持经济法平衡协调的基本理念和财税法的基本原则，立足社会整体利益，推进财务公开。

4. 实证研究方法。通过调研考察、数据搜索等各种渠道，了解信托企业和社会公益信托实践中存在的实际情况，获取案件材料及统计数据，为项目研究提供实证基础。

（二）研究思路

我国公益信托法律制度建立和完善的过程是法律移植的过程，因而需要正确看待这一法律制度的“舶来品”，既不应盲目机械地照搬，也不应以国情之名义一概拒绝。全面掌握公益信托的发展脉络，认真剖析其他国家和地区引进公益信托的成功案例与失败法案,对比分析有关设立规则、税收优惠和内外监督的制度架构,结合我国实际国情和法治发展进程,最终实现我国社会主义法律体系对域外公益信托的本土化改造或中国化融合,应当是我国研究公益信托法律制度的科学路径。

写文章最重要的是言之有物,而论文写作更要讲求言之有理,把握题目重心,必须找出有关及有意义的论点来说明、探讨,并进一步得出结论。如果没有论点,也就无从论起。[①] 于此,以经济法理念指导我们研究公益信托法律制度,抑或在经济法视野之下完善公益信托法律制度,是本书的主题或论点。即通过正确处理政府与市场之间的关系,推动公益信托发展。作为经济合同,公益信托不仅反映了委托人与受托人意思自治的"私法"因素,还因涉及社会公共利益而带有一定的"公法"因素,受到国家和政府的政策支持和立法监督。由此观之,公益信托具备"以公为主、公私兼顾"的经济法属性,能够强有力地促进社会整体利益与社会个体利益的协调发展、敦促社会治理体系回归市场主导与政府引导的本质。

除确立学术论文的主题或论点,法学研究应当兼具理论认识与实践性格,为一种"理论与实践的混合状态",名虽曰"混合",究其实际,可谓以"实践"为主,"理论"为从,实系一种奇妙而独特的学问。[②] 传统民商法的研究范式更多注重公益信托内部结构的全面解析及当事人之间法律内容的深入论证,但是更加有利于公益信托实践发展、有关公益信托与政府之间的支持、引导与监督关系则鲜有涉及。长此以往,公益信托法律制度的研究会步入停滞不前的内卷化轨迹,形成"理论"为主,"实践"为从的研究格局,虽然理论颇丰但从实践角度无法推陈出新,转向更高级别的发展路径。因此,在推动公益信托法律制度的进程中,不可能也不应当忽视国家和政府所发挥的积极作用。国家和政府会综合运用法律政策、产业规划、财政税收以及市场准入等手段,主动介入公益信托的设立、运转和消亡等全部过程,以更好地保障社会公共利益的实现与提升,积极维护公益事业与资本市场的公平与和谐。

私法至上、意思自治的直接后果是催生市场失灵现象,如财富分配不公、贫富差距过大、公共产品供给失衡、公共资源过度使用、信息不对称、环境负外

---

① 参见宋楚瑜:《如何写学术论文》,北京大学出版社、九州出版社2014年版,第17页。

② 参见杨仁寿:《法学方法论》(第2版),中国政法大学出版社2013年版,第115页。

部性、不正当竞争行为与市场垄断行为等，极大地阻碍了社会公共利益的有效提升，并使人民物质文化生活水平得不到基本保障。政府的显著特征——拥有全体社会成员和强制力——使政府在纠正市场失灵方面具有某些明显优势，主要集中于禁止权、征税权、处罚权和交易成本低四个方面，其中政府在解决组织费用、“搭便车”问题、不完善信息市场以及逆向选择等方面具有一定的交易费用优势。① 总体而言，政府在解决部分交易成本方面具备的效率和公平优势，也是基于政府享有市场准入、税收征管以及监督惩处的公共管理权限。公益信托制度的实践发展，更加无法脱离甚至必须配合政府的公共管理行为。相应地，为维护社会整体利益与市场竞争机制，政府应当简政放权，采取核准登记，便捷公益信托的设立生效；应当统一规范、科学征管，保障税收优惠的激励作用；应当信息公开，以预防为主，构建公益信托的内外监督机制。公益信托中政府与市场的关系见图1。

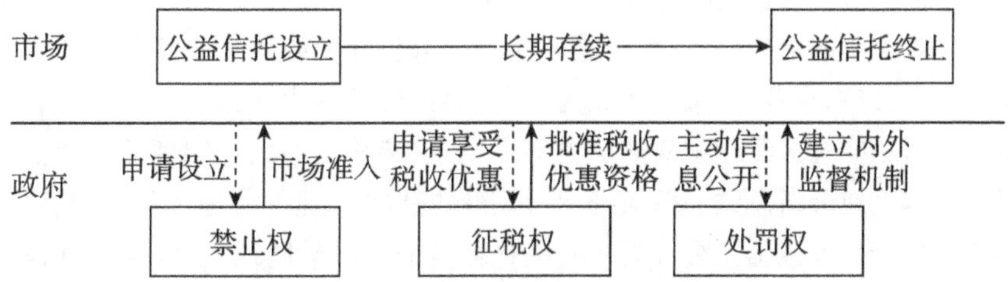

图1　公益信托中政府与市场的关系

综上所述，在本土化研究思想和求真务实精神的指引下，秉承经济法社会本位与平衡协调的理念价值，本书充分运用历史分析法、价值分析法、比较分析法以及实证分析法等研究方法，全面深入探求公益信托的本质，对公益信托实践中存在的设立、税收优惠及内外监督三大问题进行深入的分析论证，从而提出解决思路和制度规则。

研究思路具体阐述如下：第一，考证公益信托制度的历史进程。“历史是不可逆的、不可重复的，我们没有办法重新假设历史，而只能按照历史上的政治、社会、文化等背景理解当时某一个制度发生的原因。”②鉴于此，本书追根

① 参见[美]约瑟夫·E.斯蒂格利茨等：《政府为什么干预经济——政府在市场经济中的角色》，中国物资出版社1998年版，第74~77页。

② 陈瑞华：《论法学研究方法——法学研究的第三条道路》，北京大学出版社2009年版，第64页。

溯源，考证慈善信托的产生历程，把握公益信托的历史衔接与发展脉络，凝练他域的实践，进而探讨我国移植公益信托的必要性、可行性和可操作性。第二，挖掘公益信托制度的本体构造。纯粹的法学理论的唯一目的在于认识法律而非形成法律，其主题应当限于法律规范及其要素和相互关系、法律秩序及其结构等。① 受此影响，本书结合经济法理念和经济合同的基本属性，分析论证公益信托的经济合同本质以及社会公益、人权、市场效率等价值追求，最终深入思考公益信托金融化的正负媒介效应、公益信托对金融与公益的连接作用，以及未来的监管与创新协同。第三，改进公益信托制度的设立规则。在总结相关司法判例、研究著述以及法条文本的基础上，全面比较当前英美法系国家慈善信托与大陆法系国家和地区公益信托有关设立规则之异同，针对性地分析两者的比较优势，结合我国法律体系和行政体制，对公益信托设立规则的实体与程序——设立模式、目的范围、受托人资质和信托登记四个方面进行改良。第四，构筑公益信托制度的税收激励。以历史和价值的角度阐明公益信托与税收优惠的共生关系，探察造成我国公益信托税收优惠政策混沌局面的症结所在，以求真务实、服务实践为导向，尝试性地提出我国公益信托税收优惠的法治路径和多元化配套解决方案。第五，架构公益信托制度的内外监督机制。本书在分析总结公益信托运行风险的基础上，通过监察人设置、政府职能部门监管以及以信息公开为核心的社会监督 3 项举措，建立"1 + 2"立体式公益信托内外监督体系。本书研究思路框架见图 2。

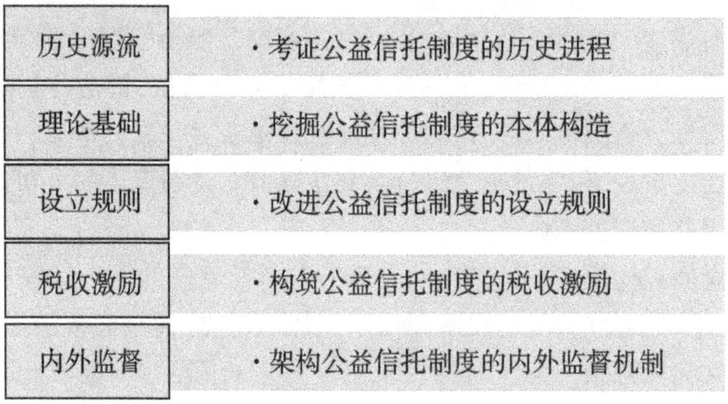

图 2　本书研究思路框架

① 参见[奥]凯尔森：《法与国家的一般理论》，沈宗灵译，商务印书馆 2013 年版，第 2 页。

(三)创新之处

第一,视野创新。目前,我国有关公益信托的研究仍局限于民法所强调的当事人权利义务,往往遇到“一物一权”与“双重所有权”的困难,无益于公益信托法律制度的建构及完善。本书打破传统民法思维的束缚,不局限于大陆法系对信托法的私法理解,而是从经济法的角度出发,以私利与公益、市场与政府的关系为切入点,强调经济法社会本位、公私融合、系统调整的价值理念,探讨公益信托的本土化路径。唯有打破原有私法理念的窠臼,秉承平衡协调、公私融合的理念,才能兼顾信托法注重的意思自治以及社会公共利益的保障。

第二,观点创新。一方面,公益信托具有经济合同的本质特征。信托的本质一直为大陆法系学者所困扰,根植于英美法系土壤的信托在大陆法系略显“水土不服”,公益信托自然也困顿其中。经济法视野下的公益信托制度,与经济法理念有相通之处,更与经济合同联系紧密。笔者才疏学浅,深受经济法平衡协调、社会本位之务实思想影响,欲尝试突破民法研究范式之藩篱,以经济法的价值理念为引导,依照经济法下经济合同的特征和内涵将公益信托的法律本质定性为经济合同。如此不仅符合连接政府与市场、金融与慈善的公益信托的实质与宗旨,还能够为我国秉承开放态度、大力推动公益信托的制度架构奠定基础。另一方面,受托人应当符合资质要求并接受内外监督。受托人为公益信托法律关系的核心,深刻影响着信托财产的损益及受益人的利益。为实现信托目的、保障社会公共利益,应当保证受托人的机构化和资格化,建立受托人的市场准入条件。

第三,制度创新。本书的研究涵盖公益信托法律制度与税收法律制度,力争在两种制度的融合方面有所创新,具体表现为税收优惠法律制度以及税收征管制度等在公益信托制度中的适用。针对公益信托法律制度与税收法律制度,本书研判公益信托的课税实质,并分别考察了其他国家和地区的具体制度,归纳总结出其中具有借鉴意义的制度设计,在审视我国现有制度的基础上,提出完善相关制度的基本思路。

第四,方法创新。本书综合运用实证研究、规范分析、利益衡量以及比较研究方法,并且大量运用数据、图表,在言之有据的同时,形象、生动地说明了问题。此外,面对公益信托中纷繁复杂的制度设计,本书并未遵循以往法学研究惯用的思维顺序,即按照“法律关系概述—立法—执法—司法”依次展开,而是在追根溯源、归纳总结问题的基础上重新构建了“运行机理—设立规则—税收优惠—内外监督”的逻辑顺序，凸显相关研究的理论高度和系统构成。

第一章　公益信托制度源流考证

在遗嘱继承、高额税赋以及捐赠教会的冲突与平衡中，以规避法律、践行教义为初衷的信托应运而生。尔后，随着救济贫困、繁荣教育为主要价值追求之一的宗教信仰影响越来越广泛而深刻，慈善信托逐渐兴起并成为推动慈善事业、提升社会福利的重要模式。根植于英美法系教会法土壤的慈善信托，被法德日等大陆法系国家进行法律移植，继而成为今日的公益信托。对我国而言，——公益信托的发展也是法的移植过程，因而必须充分认知和审视公益信托背后的政治制度、法律文化、经济规律、社会发展水平，深刻探讨移植公益信托的应当性、必要性和可行性，尽可能发挥公益信托的制度优势，造福于我国的社会公益事业，促进国民经济和社会的健康可持续发展。

一、慈善信托的诞生与发扬

强烈的宗教信仰和博爱的宗教理念，以及衡平法优先原则的兴起，为英国慈善信托的诞生和发扬奠定了坚实的社会文化与法律基础。代表“自然正义”“自然理性”的衡平法与倡导“捐赠财产、博施济众、救赎灵魂”的宗教信仰，通过慈善信托实现了完美融合，并强有力地促进了英美法系国家科教文卫事业的发展，使“投身慈善、回馈社会”蔚然成风。

(一)慈善信托的产生基础——信托制度

起源于英国的信托(Trust),不仅是一种法律制度的创新,还是人类生产关系与人际关系的巨大变革。时至今日的市场经济浪潮,无论是民事托付、慈善救济还是金融工具,无不展示着信托的制度优势和经济价值。英国著名法律史学家和衡平法律师梅特兰(Frederic William Maitland)更以其祖国的该思想财富为傲:"倘若有人问起在法学领域,英格兰民族贡献的最伟大、最杰出的成就是什么?那就是跨越数百年发展起来的信托理念,我相信没有比这更好的答案了。"①如此推崇信托,并非仅仅因为信托体现了基本的自由、信赖、效率原则,而是因为其具备灵活性、创新性,是一种极富弹性和普遍性的法律制度。此外更有学者大胆预测,"信托概念将在21世纪广泛传播,至少会像英国人的其他发明创造(如足球和蒸汽机等)一样,风靡全球"。② 土地受益制和衡平法为信托制度的诞生提供了深厚的历史环境和法律条件,并最终为信托制度的全球化奠定了丰厚的基础理论和法律文本。

1. 以土地受益制为制度雏形

土地受益制(Use)是13世纪在英国出现的土地利用制度,是指土地所有人将土地所有权转移至他人,但约定第三人享有该土地的收益权。③ 土地受益制的出现有其历史背景,即大多受制于普通法规定的土地所有权人不能依照其真实意愿将土地移转至继承人、受赠人及其他人名下,只得通过土地受益制保障土地收益的归属。十字军东征以及《死手法》的施行等因素在客观上推动了土地受益制的广泛传播,促成了英国《1535年受益法》这一具有信托制度雏形的法律的颁布。

---

① F. W. Maitland, *Introduction to the Memoranda de Parliamento*, in H. D. Hazeltine, G. Lapsley and P. H. Winfild(edited), Maitland: Selected Essays, London, Cambridge University Press, 1936, p. 129.

② Sir William Goodhart QC, *Trust Law For the Twenty-first Century*, in A J Oakley(ed), Trends in Contemporary Trust Law, London, Clarendon Press, 1996, p. 259.

③ "use"一词有两种不同的汉语翻译,一是何宝玉先生译作用益,意指使用、利用;二是李双元先生译为受益权。对此,笔者更赞同李双元先生受益权的翻译,即"use"的目的在于他人受益,与成熟后的信托目的一致,且不至于与用益权相混淆。参见何宝玉:《信托法原理与判例》,中国法制出版社2013年版,第14页;[英]戴维·M. 沃克:《牛津法律大辞典》,李双元译,法律出版社2003年版,第1148页。

一是十字军东征导致土地领主无法管理土地。12 世纪末叶,在罗马天主教的煽动下以争夺地中海国家领土为目的的十字军东征依然旷日持久。参加东征的英国土地领主和骑士们久别故乡,担心土地得不到有效管理,家族无法维持生计,家人得不到良好照顾,便托付可靠的近亲属或挚友经营和保护自己的土地和房产,并事先约定土地和房产收益除去必要的成本支出和报酬佣金后,必须用于满足其家人日常生活的基本需求。如此,领主和骑士们便可以毫无后顾之忧地投身东征。土地受益制的出现不仅能够保障部队家属的正常生活,具有稳定军心之效,还能够使土地得到合理利用,具有稳定经济的作用。土地受益制因此得到英国王室的认可,并在土地领主间开始流行。

二是国王禁止国民向教会捐赠土地。11 世纪英国民众的信仰宗教极为虔诚,他们潜移默化地受宗教教义的引导和安排,一般人笃信唯有将房产和土地悉数捐赠给宗教机关,死后才能救赎灵魂升入天堂。当时英国规定教会对其所有土地享有永久免税权,若不对国民捐赠土地进行限制,一方面,英国的税赋将因国民源源不断地向教会捐赠土地而大幅减少;另一方面,教会的势力则因获赠大量土地而日益强大,最终演变为与封建领主和王室分庭抗礼的对立局面。为防范统治风险并保证税收,英国国王爱德华一世(King Edward I)于 1279 年颁布《死手法》(Statutes of Mortmain),明确规定未经国王或领主的同意或许可,任何人不得向宗教组织捐赠房产和土地,否则将对其财产予以没收。然而,该法难以阻挡国民向教会捐赠土地,他们通过土地受益制来规避法律。即将土地交由他人经营管理,所得收益悉数捐赠给教会。如此既不违反法律规定,还能实现向教会捐赠财产的目的,故而土地受益制深受教会和信徒的欢迎,并随之得到更加广泛的传播。

三是规避继承土地的高额税赋。英国在《1540 年遗嘱法》颁布之前,严格执行嫡长子继承制。土地的继承人必须是土地所有人的成年长子,长子以外的其他子女及配偶不享有继承权。在正常情况下,成年长子继承土地时必须向封建领主缴纳高额的土地继承税。土地所有权人遂在生前通过土地受益制,将土地交由他人经营管理,这样不仅能够规避长子继承制的弊端,将所获收益用于配偶及全部子女的生活需求,还能以不发生继承为由逃避高额的土地继承税。逃避税负并能照顾家族的土地受益制,逐渐盛行起来并被农民普遍接受。

2. 以衡平法为法律保障

14 世纪以前的英国，普通法是解决市民间法律纠纷的唯一途径。但随着社会发展水平的日益提高，传统的普通法囿于严重的形式主义、机械的诉讼规范以及僵化的救济方法，已不能满足当事人寻求公正的意愿。法官面对新情况、新问题，无法拥有自由裁量权对案件作出超越前人的裁判。时常出现借款人出于对贷款人的信任，还款后未撕毁借条反被贷款人提起诉讼要求再次还款的现象。普通法的冷酷无情和机械僵化在被莎士比亚的著名戏剧作品《威尼斯商人》中受到了极大的讽刺。此时的英国国王还享有极大的权力，被喻为正义的基础和源泉，被请求弥补普通法上的缺陷或法院裁判的非正义。随着衡平案件的增多，国王逐渐授权大法官根据“正义、良心和公正”处理申请人在普通法院未获正义的案件，以保护申请人的权益。历经百年，大法官办公室发展为独立的衡平法法院，并于 1615 年的 Earl of Oxford（牛津伯爵）案中确立了衡平法规则优先于普通法规则的基本原则。

《1535 年受益法》在普通法范围内试图废除土地受益制，规定了土地所有权必须归受益人所有。衡平法法院虽然承认土地上的普通法规则，但更倾向于支持土地所有权人为了受益人的权益行使其普通法上的所有权，即普通法规定的土地所有权人有权在其有生之年管理、使用和处分土地。为此，衡平法法院对该法进行了 3 项限制性解释：一为该法仅适用于自由保有的土地（freehold land），动产和其他非自由土地不受限；二为该法仅适用于被动的受益权，承担积极责任（如出租土地）的主动受益权不受限制；三为在 1634 年的萨班奇诉达斯顿（Sambach v. Dalston）①案中承认“双重受益权”（use upon a use）。双重受益权，②是指 A 为了 C 的利益转让土地给 B 之后，C 因享有法定所有权可以再次为了第三人 D 的利益占有土地，前者为第一项受益权，后者为第二项受益权。第二项受益权的结果是 C 为了实际受益人 D 的利益占有并实际管理土地。为区别双重受益与受益制，衡平法法院称第二项受益权为“信托”，即 C 为受托人，是土地的法定所有权人；D 为受益人，享有土地的衡

---

① 参见张淳：《信托法原论》，南京大学出版社 1994 年版，第 103 页。

② 可以理解为“甲将土地委托给乙和丙，要求乙和丙为了乙和丙的利益持有土地，而乙和丙又为了甲的利益而持有土地”。See David. J. Hayton, *The Law of Trusts*, London, Sweet & Maxwell, 2003, p. 12.

平法权益，是土地的衡平法所有权人。衡平法对受益制的不断支持和保护，促成了信托制度的诞生。长期以来，衡平法制度孕育并催生了现代的信托制度，可谓“信托之母”。① 换言之，“离开衡平法，是无法弄懂英国的信托制度的”。②

3. 信托制度的成熟与传播

英国信托虽发展数百年，但囿于缺乏信托的成文法定义，时至今日也没有非常准确且令人满意的定义。究其原因在于信托概念自判例法发展起来，衡平法法院注重先例判决和具体案情，未考虑信托的定义，而且信托不断发展，出现特征差异性明显的明示信托、法定信托以及推定信托，难以通过一个信托概念将其完美诠释。

英美法系学者普遍认为，信托是“拘束受托人为受益人利益管理其所支配的信托财产的衡平法义务”。③ 大陆法系国家继受信托这一新的权利思想后，分别出现了“法主体说”“物权说”“债权说”“物权债权说”，④但基本的观点是，信托制度是以独立的信托财产为核心，通过特殊的法律关系安排保障和维护信托当事人之间的信赖关系的新型法律结构。信托中不仅含有物权关系，还蕴含债权关系以及其他非物权、债权关系，因而信托是一种具有独立形态的权利义务关系，不能简单借用罗马法的类似概念进行衍生解释。我国2001年颁布的《信托法》第2条即规定了较为贴合社会主义法律体系、结合我国国情的信托概念，即我国立法认可了信托的特殊性。⑤ 总体而言，信托概念的差异性，并没有影响信托制度在世界各国的广泛使用，也未影响信托业的发展，⑥信托业已跻身四大金融行业。仅以我国为例，截至2019年第三季度末，

---

① 何宝玉：《信托法原理与判例》，中国法制出版社2013年版，第2页。

② 江平口述：《浮沉与枯荣：八十自述》，陈夏红整理，法律出版社2010年版，第407页。

③ Patrick Mcloughlin, Catherine Rendell, *Law of Trusts*, London, Palgrave Macmillan, 1992, p. 6.

④ 参见刘书燃：《论国际信托的法律适用——兼谈我国涉外信托关系的法律适用立法》，载北大法律网，http://article.chinalawinfo.com/ArticleHtml/Article_21689.shtml，2015年5月13日最后访问。

⑤ 我国《信托法》第2条规定，信托是指委托人基于对受托人的信任，将其财产权委托给受托人，由受托人按委托人的意愿以自己的名义，为受益人的利益或者特定目的，进行管理或者处分的行为。

⑥ 参见杨林枫等：《信托产品概述》，中国财政经济出版社2008年版，第6页。

全国68家信托公司作为受托人所执掌的信托资产规模已达人民币22万亿元,较第二季度末下降5376.90亿元,环比下降2.39%,与第二季度降幅0.02%相比,下降幅度较大。第三季度同比增速为-4.94%,与2018年第三季度末的-5.19%降幅趋同,信托资产规模继续保持稳步下降。自此,我国信托业正式跨入"22万亿元时代"。(详见图1-1)①

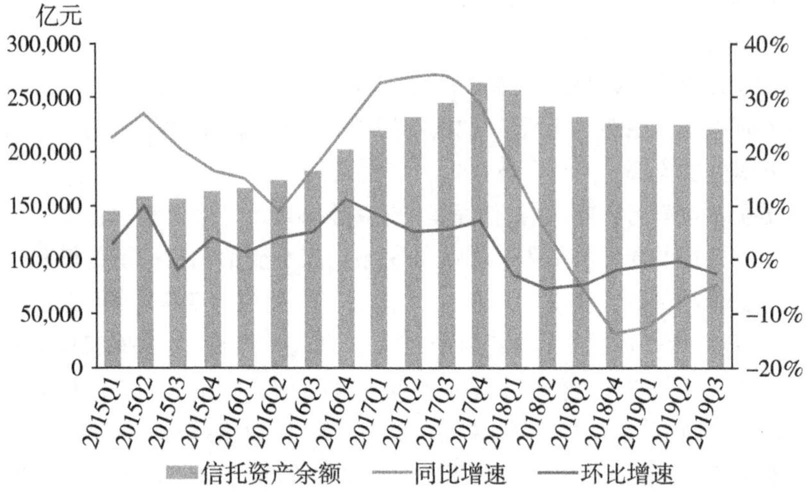

图1-1 2015年第一季度至2019年第三季度信托资产及其同比增速

为了促进信托制度的全球化和普遍性,第十五届荷兰海牙国际私法会议集中审定并通过了影响全球信托立法规范的具备里程碑意义的《关于信托的法律适用及其承认公约》(Convention on the Law Applicable to Trusts and on Their Recognition)。其第2条规定了国际公认的信托概念。②

总结上述有关信托的不同定义,可以大致确定信托的基本特征分为四个

---

① 中国信托业协会:《2019年3季度中国信托业发展评析》,载中国信托业协会官网,http://www.xtxh.net/xtxh/statistics/45657.htm,2020年1月1日最后访问。

② 当财产为受益人的利益或为了特定目的而置于受托人的控制之下时,"信托"这一术语系指财产授予人设定的在其生前或身后发生效力的法律关系。信托具有下列特点:(1)该项财产为独立的资金,而不是受托人自己财产的一部分;(2)以受托人名义或以代表受托人的另一个人的名义拥有信托财产;(3)受托人有根据信托的条件和法律所加于他的特殊职责,管理、使用或处分财产的权力和应尽的义务。See *Convention on the Law Applicable to Trusts and on Their Recognition*, http://www.hcch.net/upload/conventions/txt30en.pdf, October 1, 2015.

方面：(1)信托以信任为基础。市场经济就是信用经济，保持信任是维护信用关系的核心要件。与此同时，信托就是以信任为核心的财产管理制度，信任的缺失，既不能产生之后托付的财产管理行为的法律效果，更会衍生一定的法律风险和道德风险。委托人基于信任而选任受托人是信托关系的核心，一方面表现为委托人对受托人的道德品质、办事风格、守信程度的信任；另一方面还表现为委托人对受托人承托能力的肯定或信赖，受托人也同样自信有能力按照信托目的经营管理信托财产。(2)信托法律关系的多方性。信托是典型的多方法律关系，一般以委托人、受托人和受益人为基础，以监管者、中介机构等其他主体为补充。在不同类型的信托中，可能会存在委托人与受益人合为一体的现象，或者出现信托初期委托人与受益人均不明确具体的主体不特定现象，前者如自益信托，后者如集合投资信托或公益信托。(3)信托财产的独立性。信托财产自信托设立生效后，虽已由委托人让与受托人，但其具备独立地位，可独立承担法律责任，因而不属于委托人、受托人和受益人任何一方的固有财产。一个不争的事实是，无论对信托财产的归属是否存在争议，信托存续期间的信托财产具有独立地位，并不从属于任何一方信托当事人，更不从属于任何第三人。[①] 虽然委托人在设立信托时必须依法依约将信托财产转移给受托人，但受托人在以自身名义对外处置财产时，必须受到信托法律关系的束缚，将信托财产排除在自有财产之外，不得将信托财产占为已有，最终保障信托财产损益的独立性。其结果是信托财产独立于信托当事人的固有财产，仅因信托目的而存在。(4)信托权利义务的差异性。信托在英美法系中表现为强制的义务性，大陆法系对此也予以承继。受托人一旦接受委托人的信托，必须按照信托文本及相关法律规范，谨慎忠实地行事，努力实现委托人的愿望，兑现受益人的权益。因而受托人是信托法律关系的核心主体，信托亦要求受托人除有权以自己的名义管理财产并请求报酬外，必须承担遵守信托文本的强制义务、忠实谨慎义务、分别管理义务、亲自管理义务、支付信托收益义务、禁止享受信托利益义务[②]以及最终清算义务。相比之下，委托人和受益人所

---

① 参见周小明：《信托制度：法理与实务》，中国法制出版社2012年版，第212页。

② 禁止享受信托利益是英国信托法的最重要原则，即“受托人不得从信托中获益”，已为全世界各国信托法所认同。原因在于信托的法律功能在于分离信托财产的所有权人和受益权人，一旦受托人在信托中获益，受托人与受益人合二为一时，信托的法律功能也将毫无价值，信托制度也名存实亡。参见刘金凤等：《海外信托发展史》，中国财政经济出版社2009年版，第8页。

享有的权利义务则较为简单,如知情权、解除解任权、救济权和信托合同的遵守义务等。

(二)英国慈善信托的源起与发展

信托在其发源国英国虽以规避国王法律为初衷,但实质意图为排除向教会捐赠财产的法律障碍。虔诚的信徒通过设立信托向教会长期、无偿地提供信托收益,表面上满足了救赎灵魂的心理慰藉,实质上是将个人财产用于教会所倡导的救济贫困、发展教育等慈善事业。根深蒂固的"赎罪"思想、深入人心的慈善理念以及日趋成熟的信托制度,造就了未来走向世界的英国慈善信托制度。

1. 慈善信托的源起

慈善信托即以慈善为目的的信托,其诞生毫无争议地源于宗教思想的倡导。中世纪之后的英国深受基督宗教的影响,极为遵从《圣经》中蕴含的丰富的慈善教令,使参与公益慈善事业深入人心并成为一项传统。"一个人不仅应当将其合法财产看作是自己的,也应当看作是公共财产的一部分。在此意义上,财产不能仅仅用来增加自身的利益而且也应该用来增加他人的利益。"①受此影响,英国慈善性捐赠不断增多,慈善资产随之水涨船高,因而慈善赠与行为也面临应当加以监管的局面,以防止慈善资金的滥用、擅用甚至盗用。《1601 年慈善用益法》(Charitable Act 1601)的正式颁布成为慈善信托诞生的里程碑事件,该法不仅首次以成文法形式建立了监管慈善财产的程序,设立了审查专员,还在序言中列举了最为常见且重要的慈善目的,为诠释慈善目的这一慈善信托最为复杂的核心要件提供了明确的立法范本。《1601 年慈善用益法》列举的慈善目的种类可大致分为救济贫困人群和保障公共设施,前者如救济贫困或伤残的孤儿老弱、俘虏囚犯、士兵水手、未婚女子等人群,后者如资助学术机构、兴办公益性教育院校、修筑桥梁港口和公路堤坝、援助惩教所、支持年轻商人和手工艺人等。1634 年衡平法法院正式承认双重受益权并确立了信托制度,真正现代意义上的"慈善信托"法律术语应运而生,慈善信

---

① [德]卡尔·白舍客:《基督宗教伦理学》,静也、常宏等译,上海三联书店 2002 年版,第 746 页。

托的数量也随之出现了爆炸性的增长。①

此后的300余年时间里，大批慈善捐赠成文法相继颁布并不断修正，与慈善信托有关的强制性规范也在逐步增加。如《1812年慈善捐赠法》(Charitable Donation Act 1812)要求慈善信托必须在衡平法法院进行登记，《1853年慈善法》(Charities Act 1853)建立了旨在监督慈善信托财产的全国性常设机构——慈善委员会(Charity Commission)，《1853年慈善信托法》(Charitable Trusts Act 1853)则正式开启了慈善信托的成文法时代，《2000年受托人法》(Charitable Trustee Act 2000)在全面修订受托人制度的基础上对规范慈善信托受托人的管理行为起到了积极作用。在英国，信托始终是慈善事业中占据主导地位的法律制度，目前依旧是英国非营利组织的重要组织形式。② 慈善信托制度自其诞生以来，在英国已历经近5个世纪的发展，形成了从设立、运行、优惠政策到终止的全面规范体系，建立了非常完善的慈善信托监管体系，有效保持了慈善信托的公益性特征，促进了慈善信托的全球化传播，提升了本国乃至世界的社会福祉，推动了慈善事业的繁荣发展。

2. 慈善信托的发展——以国民信托为例

慈善信托法律制度的不断完善，推动着英国慈善事业的快速发展。截至2018年第三季度，英国慈善委员会监督管理的慈善信托数量已有16.8万件，年度业务收入金额超过500万英镑的慈善信托基金多达2263个，年度管理近680亿英镑的信托资产用于各项英国及世界慈善事业，约占2018年英国同期国民生产总值的4.31%。③ 见表1-1。英国1999~2017年慈善信托资产规模见图1-2。

---

① See Wilbur K. Jordan, *Philanthropy in England 1480 - 1660*, in James J. Fishman, The Faithless Fiduciary and the Quest for Charitable Accountability 1200 - 2005, Durham, Carolina Academic Press, 2007, p. 116.

② 参见解锟：《英国慈善信托制度研究》，法律出版社2011年版，第49页。

③ 数据源自英国慈善委员会2018年第三季度统计结果，载英国慈善委员会官网，https://www.gov.uk/government/publications/charity-register-statistics/recent-charity-register-statistics-charity-commission，2020年1月1日最后访问。

表 1－1　2018 年第三季度英国慈善信托一览

年度收入（英镑）	信托数量（件）	数量占比（%）	资产总额（10 亿英镑）	资产占比（%）
1 万以下	65,176	38.8	0.216	0.3
1 万～10 万	58,054	34.5	2.071	2.7
10 万～50 万	22,484	13.4	4.941	6.4
50 万～500 万	9355	5.6	14.000	18.1
500 万以上	2263	1.3	56.176	72.5
以上合计	157,332	93.6	77.404	100.0
未知	10,854	6.4	0.000	0.000
总计	168,186	100.0	77.404	100.0

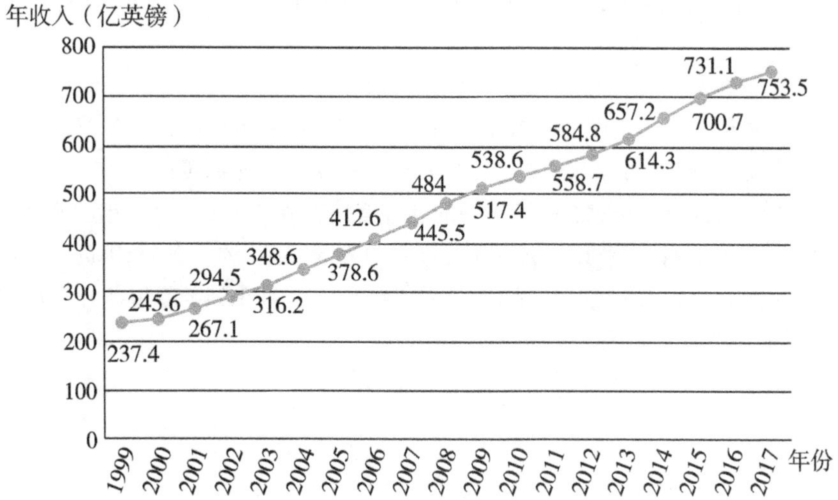

图 1－2　英国 1999～2017 年慈善信托资产规模

资料来源：英国慈善委员会网，https://www.gov.uk/government/publications/charity-register-statistics/charity-register-statistics-for-previous-years-charity-commission。

以英国最大的慈善信托——国民信托（National Trust）——为例即可窥见英国慈善信托的发展状况。英国国民信托始创于 1895 年，其创始人奥克塔维亚·希尔(Octavia Hill)女士曾指出创办国民信托的目的在于,满足对宁静、空气、健康、蓝天以及其他任何人都需要事物的渴望。英国国民信托是独立的法人机构,通过筹集资金并购买土地、名胜古迹等财产的形式,达到保护这些财产并提供给人们良好生存环境的初衷。任何向国民信托捐款的本国居民或他国公民均可成为国民信托的会员(慈善信托的委托人),有权免费观光景点。截至目前,国民信托已有超过356万名会员,拥有709英里海岸线、25万公顷自然景色优美的公园或绿地、300余处历史古迹、纪念碑、博物馆和名人故居,有5万余名志愿者免费提供志愿服务。[①] 英国国民信托的慈善公益性和全民参与性,受到世界各国的追捧和模仿,至今已有美澳日韩等23个国家和地区参与了"世界国民信托协会",通过国民信托的形式保护历史古迹和生态绿地,并已成为时代发展趋势。

(三)美国慈善信托的停滞与创新

美国虽与英国同属普通法系,但认识和接纳慈善信托制度的过程可谓先抑后扬,经历了被宣告无效的低谷和创新的阶段。美国慈善信托的停滞与恢复不仅反映了美国各历史时期主流文化对法院判决及法律制度的影响,更体现出脱离英国本土的慈善信托在法律移植的全球化传播方面仍具有不小的难度,即便同属普通法系的美国也经历了半个多世纪的继受和承认过程。

1. 美国慈善信托的停滞与反弹

北美大陆在美国建国前属于英国殖民地的势力范围,直接继受了英国的普通法和衡平法体系,慈善信托制度也随之根植于此并在一定范围内发展和传播。[②] 1783年美国独立战争结束后,美国摆脱了英国殖民地身份一跃成为独立的民主自由国家,美国爱国主义情绪逐渐上扬,导致美国社会各界对包括法律制度在内的英国舶来品普遍进行抵制乃至弃用废除。因而18世纪末期至19世纪上半叶,慈善信托制度难以获得美国部分州法院乃至联邦最高法院的承认和执行,发展停滞不前。继受判例法传统的美国法院,成为独立战争之后美国建国之初的立法先行者,尤其对于适用部分美国国会无暇顾及的中小法律制度,拥有裁判权。受美国建国初期反英思潮的影响,美国各州法院对慈

---

① 参见刘金凤等:《海外信托发展史》,中国财政经济出版社2009年版,第40~41页。

② See Fowler, *Law of Charitable Uses, Trusts and Donation*, New York L. Rev 2, 1896, p. 43.

善信托这一英国“舶来品”采取了消极肯定、积极限制甚至完全废除的态度。美国联邦最高法院甚至在费城浸礼派协会受托人诉哈特遗嘱执行人案(Trustee of the Philadelphia Baptist Association v. Hart's Executors)①中错误地理解了慈善信托的管辖权,对后续各州法院有关慈善信托的判决产生了消极引导。包括纽约州、密歇根州、明尼苏达州、马里兰州、弗吉尼亚州在内的部分州法院将慈善信托视为英国殖民地法律的一部分,直接宣布其无效,不具有任何法律效力。②

然而,随着美国爱国主义情绪和反英思潮的逐渐消退,加之社会对慈善信托的需求高涨,最终促使美国法院在19世纪中叶扭转了对慈善信托的态度,肯定了慈善信托的优势,支持慈善信托的发展。如今美国所有的州议会均已经承认和接纳了英国的慈善信托制度,并且将其转化为州内的普通法。此后的慈善信托犹如雨后春笋般在北美大陆频频设立,并与非营利法人、非营利非法人社团并称美国三大公益组织形式。③

2. 美国慈善信托的创新发展

美国对于慈善信托的创新主要体现在两个方面:一是允许设立慈善目的与非慈善目的相混合的准慈善信托(或言混合目的信托);二是赋予慈善信托丰富的税收优惠政策。其一,准慈善信托的出现反映了美国商事信托不断创新的传统。美国信托法突破了英国慈善信托目的的纯洁性约束,④创造性地规定了慈善信托的衍生制度。即如果委托人设立信托的慈善目的与非慈善信托目的存在清晰的界限并能够保证信托的确定性,则允许委托人设立兼具慈善目的和非慈善信托目的的准慈善信托。也就是说,准慈善信托中有关信托

---

① 在这一案件中,最高法院被要求确认一弗吉尼亚州人向某一非法人社团的遗嘱的有效性,该人意图设立一个奖学金,向未来志愿做牧师的浸信教会年轻人提供教育奖学金。该遗嘱被认为是一个以给非法人社团为受托人的慈善信托。然而,早在立遗嘱人死亡的前三年,弗吉尼亚州就已经废止了公益用益法,因而该遗赠就被认定为无效。因为最高法院的结论认为,法院对公益信托的管辖只能源于普通法律,衡平法无法实施这类信托。

② See Edith L. Fisch, Doris Jonas Freed and Esther R. Schachter, *Charities and Charitable Foundation*, London, London Publications, 1974, p. 141 – 171.

③ 参见金锦萍:《论公益信托制度与两大法系》,载《中外法学》2008年第6期。

④ 英国信托法规定慈善信托的信托目的必须是完全彻底的,有关慈善信托目的的论述详见后文。参见《最新大不列颠法律袖珍读本:信托法》,文杰译,武汉大学出版社2003年版,第211页。

财产的慈善目的安排和非慈善目的的收支应当有所区分,否则不予成立并被法院强令分割或判令无效。其二,一般而言,慈善信托的受托人一般由具备免税资格的慈善机构担任,其受让和管理慈善信托财产时所获得的收益通常豁免企业所得税、遗产税和资本利得税。捐赠财产的委托人及其家庭同样可以享受个人所得税的税收优惠措施,委托人得以依据捐赠财产的经济价值,在5年的期间内进行个人所得税税前扣除。此外,美国国税局(Internal Revenue Service,IRS)对慈善机构的免税资格进行审核注册,并成为美国慈善信托的数据统计部门和实际监管部门,具体论述详见后文。

总而言之,法律架构的突破创新和税收优惠政策的科学完备不但鼓励受托慈善机构积极地进行运营管理、提高了资本市场的投融资效率,还通过降低委托人税负的方式引导民众积极投身慈善事业。根据全美最大的慈善组织数据库导星(Guide Star)的最新披露,已有超过180万家慈善机构在美国国税局注册并获得免税资格。[①] 如果把慈善机构等非营利组织整合为单独的经济体,其2010年的从业人数约有1300万人,占美国就业人口的近10%,所拥有的资产价值约3万亿美元,约占美国国民生产总值的20%之多,[②]经济实力或影响力甚至超越了法国、英国或者意大利等经济体。同年私人慈善信托基金发展至6387个,整体资产规模已达6400亿美元。[③] 发展至2016年,美国慈善信托数量下降至6195个,年收入虽经历起伏,但仍达6.3亿美元。见表1-2与图1-3。其中,最大的匹佑慈善信托(The Pew Charitable Trusts)以"改善公共政策、提升居民生活"为宗旨全方位资助教育医疗、公共管理、环境保护等公益领域,其拥有超过67亿美元的资产,年收益达到3.7亿美元,已经启动上市计划。[④]

---

① 导星(Guide Star)是美国慈善组织的国家数据库,不仅收集和分配超过180万家国税局认可的非营利组织的详细数据,还提供慈善机构的名称、规模及地址等信息查询服务,载导星网,http://www.guidestar.org/Home.aspx,2020年1月1日最后访问。

② 徐彤武:《美国政府对公益慈善事业的管理及启示》,载黄平、倪峰主编:《美国问题研究报告(2011)——美国的实力与地位评估》,社科文献出版社2011年版,第36页。

③ 参见美国国税局2010年慈善信托统计数据,载美国国税局网,https://www.irs.gov/pub/irs-soi/10pf02ta.xls,2015年8月2日最后访问。

④ 参见匹佑慈善信托2019年第二季度财报,载匹佑慈善信托网,https://www.pewtrusts.org/-/media/assets/2019/12/financialstatements_pct_2019.pdf? la=en&hash=7BAEFDF753F38C2DCCF9E46465BD3FFD19F6E30C,2020年1月1日最后访问。

表1－2　2016年美国慈善信托一览

资产规模(美元)	信托数量(个)	年收入(千美元)
未公布	148	2218
10万以下	809	2211
10万～50万	2489	29,266
50万～100万	1056	44,057
100万～1000万	1551	213,018
1000万以上	142	339,664
总计	6195	630,434

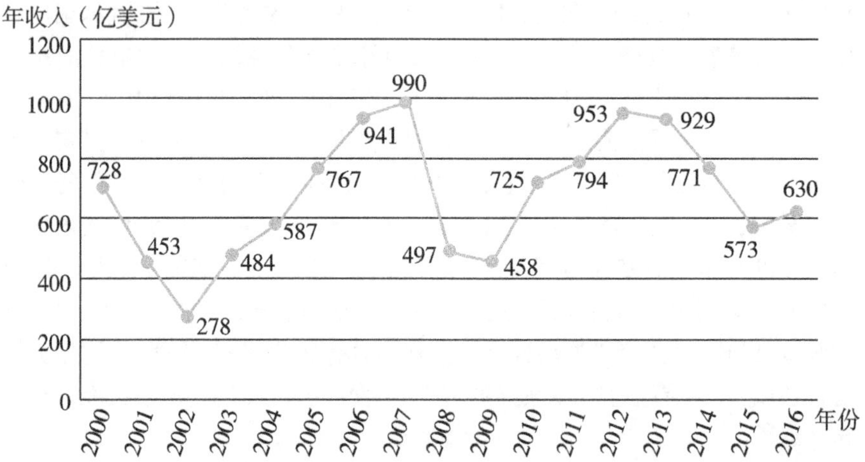

图1－3　美国2000～2016年慈善信托资产规模

资料来源：美国国税局2000～2016年统计数据：https://www.irs.gov/uac/SOI-Tax-Stats-Domestic-Private-Foundation-and-Charitable-Trust-Statistics。

二、公益信托的“水土不服”

民族的片面性和局限性日益成为不可能，各民族的精神产品成为公共的财产，各自独立的、各有不同利益、不同法律、不同政府的各个地区，现在已经结合为一个拥有统一政府、统一法律的统一民族。[①] 全球化对世界各国的影响，已不单单限定在经济金融的贸易范围，而是从经济贸易领域扩张到文化艺术、精神思想以及政治法律领域。法律全球化的今天，英美法系与大陆法系的融合不断加深，公益性与慈善性兼备的慈善信托自然得到大陆法系学者和立法者的青睐。但法的移植绝非简单如商品买卖，必须与当地的政治文化、法律体系等复杂因素经历漫长的融合期。“漂洋过海”的慈善信托，在与秉承罗马法思想的欧洲大陆以及盛行儒家文化的东亚相结合后，衍生出类似但有差异的公益信托。然而，公益信托的发展并非一帆风顺，而是在本土文化传统与法律制度的冲击下一波三折，并未实现构想的发展预期和应有的法律效果。

（一）“一物一权”的思想束缚

众所周知，信托的构造分为3个层面：一是委托人将其财产权依法转移给受托人，受托人将信托财产进行登记公示并与其固有财产相区分；二是受托人按照信托目的，对外以自己的名义管理和处分信托财产，获取信托收益，维持信托关系的平稳运行；三是受托人依约向受益人分配信托收益，受益人享受信托财产的收益并按照事先约定的用途处分和使用。为此，以委托人和受托人的行为为基础，以受益人的权利为中心的法律关系构成便成为掌握和理解信托的关键。[②] 换言之，如何理解信托的法律性质，成为大陆法系接纳信托并对其改造的核心问题。然而受制于传统权利观念——物权、债权和人身权三大观念——的束缚，大陆法系面对信托无法本能地直接套用观念进行解释，“一物一权”的传统思维受到源自英美法系的双重所有权的巨大挑战。

1. 罗马法源下信托遗赠的混沌

部分学说主张罗马法也是信托的源泉之一，古罗马时期的信托遗赠（fidei commissum）孕育着信托的萌芽。[③] 罗马法的信托遗赠同样源于“规避当时法律，转移财产利益”的动机。公元前169年颁布的巴克纽斯法（Lex Vokonia），主要宗旨在于防止女性占有过多的财富，因而直接剥夺了女性的继承权和接

① 参见《马克思恩格斯选集》，人民出版社1995年版，第276页。

② 参见［日］中野正俊：《信托中受托人的忠实义务》，载《法学志林》第98卷第2号。

③ 参见张天民：《失去衡平法的信托》，中信出版社2004年版，第93页；［日］新井诚：《信托法》（第3版），有斐阁株式会社2002年版，第3页。

受遗嘱赠与的权利。然而,为了保障至亲们正常的生活水准,将财产遗留给妻子儿女是财产权利人去世前的最大心愿。为规避巴克纽斯法,立遗嘱人一般通过遗嘱的形式将财产遗赠给可信赖的男性第三人,由该男性第三人按照约定将该遗赠财产无偿转让给立遗嘱人的妻子儿女,此举被称为迂回术。其中的受遗赠第三人,虽合法取得财产的所有权,但取得该财产并非为了自身利益,而是依约定为了立遗嘱人的利益,因此受遗赠第三人成为立遗嘱人向其妻子儿女等利害关系人转移财产的桥梁。某种程度上说,信托遗赠与现代信托的法律构造基本一致,并且有很多相似或共同之处,换言之已具备信托的雏形。

但显然,罗马法的信托遗赠就其性质而言,仍止于遗赠,并非真正意义上的信托。[①] 深层次原因仍是受到"一物一权"与"物权法定"等传统观念的束缚,一项财产之上只能设立一个物权,导致财产的名义管理权与受益权无法分割,脱离了信托关系中受托人管理信托财产、受益人享受信托收益的所有权与受益权相分离的本质。一方面,信托遗赠中的受遗赠第三人虽取得法律上的财产所有权,但无法对该财产进行管理和处分而只得无偿转让给立遗嘱人的妻子儿女。此举导致受遗赠第三人无法成为信托中的受托人,并无法以自身名义行使财产权利人应有的权利。此外,受遗赠第三人还无法获得相应的报酬,纯粹沦为立遗嘱人规避法律转移财产的桥梁和通道,缺乏信托基本的经营营利性特征。另一方面,信托遗赠的法律效果是在"一物一权"的思维定式下,受益人最终获得遗赠财产法律上的所有权,其中包括受益人依法占有、使用、收益和处分该财产的全部权利。受益人的收益来源于无偿受让的遗赠财产,而非受遗赠第三人管理处分该财产所获收益的交付。因此,信托遗赠仍是大陆法系中"一物一权"和"物权法定"等传统观念的产物,尽管其涉及财产转移,但无财产的使用与创新,"仅有信托之名,并无信托之实"。[②]

2. 双重所有权与大陆法系的理论解释

诚如前述,英美法系对信托的最大贡献就在于赋予信托财产以双重所有权的法律构造,即将信托财产上的财产所有权,分割为普通法与衡平法治下的财产所有权。换言之,受托人对信托财产享有普通法上的财产所有权,即在一

---

① 参见张淳:《信托法原论》,南京大学出版社 1994 年版,第 2 页。

② 赵磊:《公益信托法律制度研究》,法律出版社 2008 年版,第 3 页。

般经济活动或交易行为中,有权以自己的名义管理和处分信托财产;受益人则对信托财产享有衡平法上的财产所有权,有权依照委托人意愿,要求享有信托财产及其所有孳息,并有权撤销受托人的不当行为甚至申请变更受托人来管理信托财产。由此可见,英美法系坐拥两套均衡的法律制度,所创设的双重所有权制度,成功地将信托财产上的管理权和收益权分割开来,实现以受托人名义使得受益人获取利益的目的。因而,有学者通过如下表述形容信托的本质:受托人是信托财产的名义所有人(the nominal owner),受益人是信托财产的实际所有人(the real owner)。① 然而与英美法系有所不同,大陆法系面对信托这一新兴法律制度,尝试提出多种理论和学说解释信托的法律本质,尤以日本、韩国等大陆法系国家为最盛。日本作为较早引入信托制度的大陆法系国家,时至今日还未解决信托的理论本质问题。

一为最早的"债权物权说"。依债权物权说之观点,受托人虽享有信托财产的所有权,但信托的最终目的为实现受益人的信托受益权。因而,受益人的信托受益权因向受托人主张而具有债权请求权的本质和属性,也就是说,信托正是由受托人享有的物权所有权和由受益人享受的债权共同构成。② 债权物权说发现了受托人与受益人享有权利的不同,但无法解释受托人行使物权所有权的限制和受益人对信托财产拥有诸如撤销权、追回权等物权权利。二为"实质法主体说"。该说从信托财产的归属角度出发,认为信托财产不完全归属于受托人或受益人,其是从受托人和受益人分离出来的独立实质法主体。③ 实质法主体说尽管探察到信托的确具有类似法人的功能,但无法解释信托财产的独立性地位,与受托人对信托财产的管理责任和受益人对信托财产享有一定的物权性支配权之间的逻辑冲突。三为"限制性权利转移说"。该说由日本学者中野正俊和我国学者张军建共同提出,二人认为,委托人在设立信托时实际上并没有,或者说并不是向受托人转移了信托财产的全部权利或完整权限,其最终仅仅是限制性地向受托人转移了有关的财产权,且这一在财产权转移方面的限制决定于信托目的。④ 限制性权力转移说为信托法律本质的理

① See P. V. Baker and P. St. J. Langan, *Snell's Principle of Equity*, London, Sweet & Maxwell, 1982, p. 41.

② 参见[日]新井诚:《信托法》(第3版),有斐阁株式会社2002年版,第30页。

③ 参见[日]四宫和夫:《信托法》,有斐阁株式会社1994年版,第23~27页。

④ 参见[日]中野正俊、张军建:《信托法》,中国方正出版社2004年版,第26页。

论解释提供了折中的、创新的见解,但无法诠释信托财产的独立性地位与隔离功能,以及民法上物权所有权人所享有的排他性权利问题。四为"附解除条件法律行为说"。该说存在于德国信托法理论中,其基本要义是信托的本质体现为民法上附带解除条件的法律行为,信托存续期间受托人享有信托财产的处分权利,当解除条件成就时则由受益人享有信托财产的处分权利。① 附解除条件法律行为说虽以解除条件为时间区间分割点阐述信托财产权的归属,但无法对受托人的法律地位、信托受益权的属性予以解答,只能说是德国信托法理论研究的特色表现。

如上的债权物权说、实质法主体说、限制性权利转移说和附解除条件法律行为说基本能够代表大陆法系对信托制度的理论研究成果。大陆法系尤其是日本学者试图在大陆法系的物权债权体系下,依照物权法定原则和"一物一权"的传统观念剖析信托制度的内在法律结构,研究成果颇丰但解释力度不足。如在信托关系中,委托人、受托人和受益人均对信托财产享有物权性质的财产权利,但信托财产仍不从属于任何一方,对此问题的解释显然无法通过"一物一权"的罗马法原则予以实现。大陆法系基于历史文化、法律传统以及地域特征等因素,使其对信托制度的解释无法达到英美法系的完美。一方面,大陆法系的单一集权式的法律体系无法仿照英美法系的普通衡平式法律体系,允许存在同一法律行为的不同认定;另一方面,也是最为重要的,英美法系对财产权利的认定没有固定范式,财产权除依据现行法律设立外,还可依据衡平法院之判例进行拆解和分离,显然在这一点上,大陆法系封闭固化的权利观念无法适应信托这一英美法系创新性的法律制度。大陆法系发端于罗马法的民法体系,无法解释信托制度的法律性质,只能被动接受和确认这一新型法律机制。"确立这种独立法律形态和独立形态的权利义务组合的方式,就是在传统民法之外另立特别法——信托法,以特别法的形式明确信托构造的特殊权利义务关系,并赋予这种权利义务关系以法律效力。"②如此亦在提示大陆法系或成文法系国家,信托制度的研究应当扬弃传统观念和权利体系,秉承开放自由的态度,保持对信托法律构造的接纳和吸收,为信托立法提供理论支持与制度创新。

---

① 参见何孝元:《信托法之研究》,载《中兴法学》1987 年第 1 期。

② 周小明:《信托制度:法理与实务》,中国法制出版社 2012 年版,第 71 页。

（二）从慈善到公益的目的转变

信托目的是分辨信托具备慈善性或公益性的标准。慈善与公益虽然语义大致相同，但外延存在明显的不同。大陆法系国家移植英美法系的慈善信托时，将其慈善目的改为公益目的，不仅是为了准确直观地界定公益信托，更是为了进行公益目的的列举式立法，推动公益信托的成文法化。

1. 英美慈善信托的慈善性与公益性

英美慈善信托目的经历了漫长的历史发展过程，现已基本呈现为慈善性与公益性的结合。其一，依据英国《2006 年慈善法》的划分，主要的慈善目的包括以下几个方面：①（1）防止或救济贫困；（2）促进教育；（3）促进宗教；（4）促进健康或者拯救生命；（5）促进公民意识或社区发展；（6）促进科学、文化、艺术与历史遗产保护；（7）促进业余体育活动；（8）促进人权、解决冲突或和解，以及增进宗教、种族和谐、平等与多样化；（9）促进和改善环境保护；（10）救济因年幼、年老、患病、残疾、经济困难等需要帮助的人；（11）促进动物福利；（12）提高皇家军队或者警察、消防急救人员的效率；（13）已依法确认的慈善目的，或者可以合理地认为与已承认的慈善目的相类似的其他目的。其二，依据 2008 年英国慈善委员会正式发布的公共利益指南《慈善与公共利益》，界定公共利益的基本原则有二：②一是必须有可确认的利益；二是利益必须是为了公众或者社会公众的一部分。前者要求利益必须是清楚的且与目的相关，同时如果利益会招致损害时利益应当大于损害。后者要求：（1）受益人必须符合目的范围；（2）利益如果是为了社会公众的一部分，受益的机会不得不合理地受到地域、支付成本的能力或者其他因素的限制；（3）穷人不得被排斥享有受益的机会；（4）任何私人利益必须是附带的而非主要的。因此，只有同时具备慈善目的和公共利益原则的信托，才能成为法律上认可、享受税收优惠政策的慈善信托。

---

① 参见《最新大不列颠法律袖珍读本：信托法》，文杰译，武汉大学出版社 2003 年版，第 181～202 页。

② See D J. Hayton, *Commentary and Case on the Law of Trusts and Equitable Remedies*, London, Sweet & Maxwell, 2010, p. 229.

2. 大陆法系公益信托的公益性

公益信托的大陆法系称谓,源自20世纪90年代初期日本国会制定实施的《信托法》。该法综合考察了英美法系慈善信托中的信托目的限定,认为将具备公益属性的“charitable trust”翻译为公益信托更加贴合慈善信托的核心思想,便在立法中统一使用“公益信托”一词。尔后,由于韩国、中国等大陆法系其他国家和地区的信托立法秉承日本信托的立法模式,均沿用了日本有关公益信托的表达范式。大陆法系国家对公益信托的公益目的采取了明示列举的方式进行规范。[①] 显然,大陆法系对公益信托中“信托目的”的描述,没有使用英美法系慈善目的和公共利益原则的二元描述,直接将慈善目的嵌入公共利益原则,形成公益目的的一元列举,一定程度上简化了公益信托的界定程序,增强了设立公益信托的可操作性,不失为大陆法系的整合与创新之举。在信托目的和法律客体方面,慈善信托实现了从英美法系向大陆法系的顺畅转变。值得注意的是,大陆法系部分国家和地区并没有盲目仿制他国立法例,而是将信托目的是否使大多数人获益作为划分标准,用以区别公益信托与私益信托。换言之,公益信托可以像普通信托一样向有价证券、不动产和动产等领域投资并获利,但是公益信托的收益因其公益属性可以减免部分税负并在扣除必要的管理费用之后,用以资助受益人或实现信托目的。公益信托目的公益性的具体剖析详见后文。

(三)日本公益信托

起初,大陆法系国家由于对信托制度的研究陷入难以自圆其说的尴尬境地,而对肯认和引入信托制度摇摆不定。深受罗马法传统思想影响的法国,拖延至2007年才公布《关于建立信托制度的法律》,在《法国民法典》中增设“信

---

① 日本《信托法》第66条规定,以祭祀、宗教、慈善事业、学术、技艺和其他公益为目的的信托,应作为公益信托,并按下述6条规定进行监督。新《公益信托法》第1条同样规定,在信托法中规定的受益人不确定信托中,以学术、技艺、慈善、祭祀、宗教以及其他公益为目的,并获取下条许可者(以下称公益信托),依此规定。韩国《信托法》同样规定,以学术、宗教、祭祀、慈善、艺术等公益为目的的信托为公益信托。参见张军建:《信托法基础理论研究》,中国财政经济出版社2009年版,第231页。

托”编共计21款条文，至此正式确立并引入信托制度。[①] 相反，自明治维新之后，日本秉持开放的态度学习和借鉴西方列强的法律制度，一跃成为大陆法系国家中最早也较为成功移植信托的国家。1922年日本首次颁布《信托法》，以此作为调整信托法律关系的基本规范，并在此后的80余年时间里未做任何修改，直至2006年才对《信托法》进行了大幅修订。[②]

由上可知，日本引入信托法时已进入20世纪，然而公益信托的发展却经历了漫长的消极沉默阶段。日本虽自1922年颁行《信托法》时已同时规定了公益信托的相关条款，但由于制度竞争与制度监管等因素，公益信托在半个世纪里未曾出现。其一，针对慈善公益事业的支持和帮助，整个社会对公益信托不甚了解，相反日本公益法人制度的建构已经较为成熟，因而社会各界基本无须寻找公益法人的替代制度。此外，公益信托所应享受的税收优惠政策等相关制度尚无建树，其在与公益法人竞争中的制度优势无法显现。信托法起草制定时，对于公益信托的建构尚有部分反对的声音，这些人认为既然已经在民法典和公司法中规定了公益法人，而且公益法人对社会公益事业有所帮助且实践效果较好，那么就无须再行考虑公益信托的建立了。[③] 其二，日本在公益信托的设立、运行和终止方面规定了监察人制度，但监察人的角色定位和监管机关的身份确定始终无法突破公益信托法律规范的模糊性，监察人和监管者可谓有名无实。其三，《信托法》于1922年颁行后不久，日本军国主义势力有所抬头并已发展为执政内阁，国内主要矛盾由继续维新发展经济转变为践行“武士道”精神对外侵略扩张，公益慈善事业受到政府和社会的冷遇，公益信托难以在第二次世界大战的特殊时期得到立法完善和制度修订。“由于主管官厅的许可基准和监督体制不完善等，同时也不具备相应的社会需求，所以在长时间也没有公益信托的相关实践。”[④]

第二次世界大战后的日本百废待兴，在重建家园的同时也相继恢复和修缮了部分法律制度。公益法人在救济贫困、发展教育、治理城市等方面发挥积极效用的同时，也频繁出现不法经营、私设组织、逃避税负等社会与法律问题。

---

① 参见李世刚：《论〈法国民法典〉对罗马法信托概念的引入》，载《中国社会科学》2009年第4期。

② 参见杨方方：《慈善文化与中美慈善事业之比较》，载《山东社会科学》2009年第1期。

③ 参见[日]川崎诚一：《信托》，刘丽京等译，中国金融出版社1989年版，第118页。

④ [日]能见善久：《现代信托法》，赵廉慧译，中国法制出版社2011年版，第293页。

为更好解决公益法人的制度漏洞,时隔半个世纪,人们重新将目光投向已被束之高阁的公益信托制度。1977 年 5 月,日本首例公益信托终于横空出世。日本企业家今井保太郎最初打算将土地贸易中所获暴利以设立公益法人的形式造福国民,但当其了解到设立法人具有诸多不便以及捐赠资产不断缩水的实际情况后,转而决定依托公益信托制度,向受托人三菱信托银行转移财产并设立今井海外协力纪念基金,首开日本公益信托之先河。自此,公益信托灵活易操作、简便低成本的制度优势日益显现,政府相继出台设立公益信托的便捷措施、增加鼓励市民积极投身社会公益活动的税收优惠待遇,其结果可想而知,日本公益信托事业备受瞩目,其发展及适用领域不断扩大。

日本公益信托的设立数量自 1977 年逐年上升,资产规模亦在不断扩张。2002 年公益信托的数量为 572 件,2000 年公益信托的资产规模为 736.99 亿日元,分别为公益信托数量与资产规模的历史之最。日本经济虽受全球金融危机的影响并不乐观,但截至 2014 年年末,在册并实际运行的公益信托总量仍达 484 件,信托资产账面余额为 644.27 亿日元。[①] (2019 年 3 月末日本公益信托信托目的汇总见表 1-3;1978~2019 年 3 月末日本公益信托规模发展状况见图 1-4)此外,日本公益信托还呈现独具的特色,即捐赠单位及限额的低门槛化。由于监管机关严厉要求信托财产限定和明确用途,公益信托允许获捐的财产价值日趋变小,以获取社会大众对公益慈善事业最大的支持。一如"爱媛县灾害支援基金"每个捐赠单位仅为 500 日元,价值相当于市民的一顿普通午餐;二如募捐型公益信托(类似募集设立公司法人),往往会设定一定的捐赠限额,多则千万少则百万日元,以便于设立具有特定资助目的的公益信托,此举显然比最低设立金额为 50 亿日元的公益法人更加便捷和灵活。

表 1-3　2019 年 3 月末日本公益信托信托目的汇总

信托目的	存续件数(件)	信托财产余额(亿日元)
设立奖学金	145	206.34
资助自然科学研究	66	72.55
振兴教育	57	20.30

① 参见日本信托业协会官方统计数据,载日本信托业协会网,http://www.shintaku-kyokai.or.jp/data/,2015 年 5 月 13 日最后访问。

续表

信托目的	存续件数(件)	信托财产余额(亿日元)
促进国际协作、国际交流	31	30.28
社会福利	32	32.49
振兴艺术与文化	22	47.74
城市环境治理	27	70.79
自然环境保护	18	40.72
资助人文科学研究	13	8.95
保护利用文化遗产	3	1.22
繁殖和保护动植物	1	2.52
促进绿化	1	0.22
其他	22	46.61
合计	438	580.73

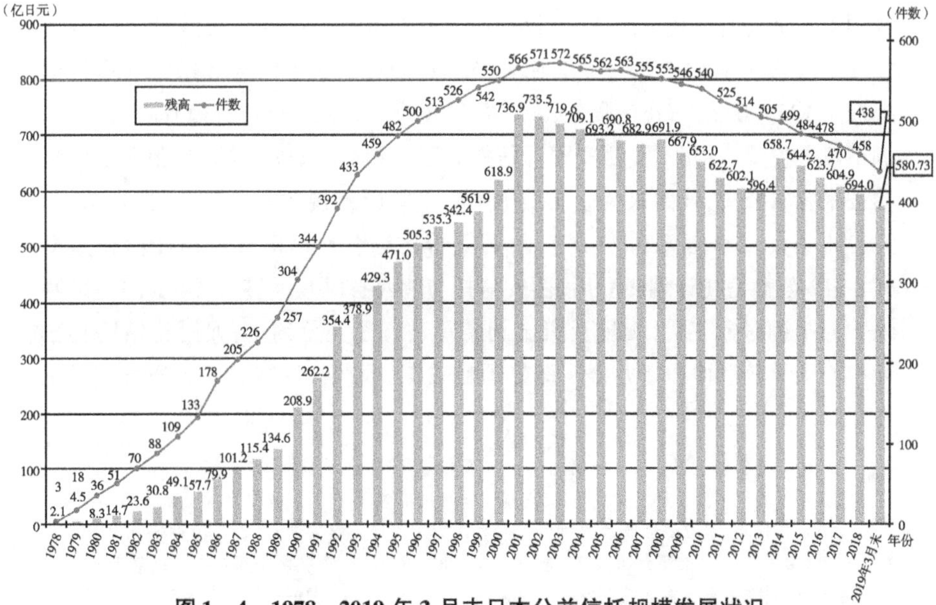

图 1-4　1978～2019 年 3 月末日本公益信托规模发展状况

资料来源:日本信托业协会官方统计数据,载 https://www.shintaku-kyokai.or.jp/archives/041/public_interest_trusts_20190625.pdf,最后访问日期:2020 年 1 月 1 日。

(四)中国公益信托

得益于大陆法系国家成功引进信托制度的实践经验,我国也颁布了信托法律,并专章规定了公益信托的相关法律制度。然而,我国公益信托虽经法律确立,但其相关制度的模糊性规定、主体的不确定性以及税收优惠措施的滞后,使公益信托"在我国仍处于难以操作、作用未能发挥的窘况"。[①] 我国《慈善法》的颁行,无疑为慈善信托的发展注入了一剂强心剂,慈善信托于2017年起进入发展"快车道"。但不可否认的是,《信托法》规范下我国对公益信托的十余年实践,不失为一次立法者懵懂的尝试。

我国于2001年正式颁布与实施《信托法》。公益信托作为信托法体系中的重要组成部分,得以第六章专章规定的形式出现,共计15条,标志着我国公益信托法律框架基本建成。然而与日本公益信托发展初期相同,我国由于欠缺相应的配套实施措施,公益信托的发展并没有随着《信托法》的颁布而逐渐升温,而是在沉寂7年之后终于"千呼万唤始出来"。及至2008年6月6日,我国第一个公益信托资产资助计划——"西安信托'5·12'抗震救灾公益信托计划"(以下简称512公益信托)才得以出现。[②] 512公益信托计划募集信托资金1000万元,信托期限为3年,委托人为上海证大投资管理有限公司、深圳市淳大投资有限公司、西安国际信托有限公司(今长安信托)及深圳市思科泰技术有限公司,该四家企业无偿捐赠的信托财产规模分别为人民币370万元、320万元、200万元和110万元,西安希格玛会计师事务所担任信托监察人。512公益信托计划成立后,西安信托与陕西省民政厅签订了《定向捐赠协议》,对捐助对象、项目实施及资金划转等进行了充分约定,如援建镇巴县三元中心小学教学楼和宿办楼。援建项目竣工验收后,意味着512公益信托正

---

① 赵俐:《完善我国公益信托制度的法制环境》,载《中共中央党校学报》2012年第4期。

② 为帮助和支持汶川灾区重建工作,响应陕西省银监局关于在做好自身金融服务的同时,更应发挥机构优势,通过金融产品创新为灾后重建工作做出贡献的号召,西安国际信托有限公司严格按照《信托法》《公益事业捐赠法》等相关法律和文件精神,在陕西省银监局各级领导的关心和指导下,顺利推出全国首例仅以公共利益为信托目的的信托计划——"西安信托'5·12'抗震救灾公益信托计划",通过金融创新向参与公益事业的捐赠者提供了一种新的途径和公益活动模式。参见贾玉峰、贾艳:《全国首个公益信托诞生记——西安国际信托有限公司造福山区教育事业》,载《陕西日报》2011年6月3日,第3版。

式终止。然而深入剖析可知,由于信托存续期间并未发生受托人经营信托财产获得收益的法律行为,该公益信托依旧沿用公益捐赠的传统思维,其实质是委托人借用受托人的身份便利将捐赠资金转交至受益人的财产捐赠行为。显然,公益信托"管理财产、创造价值、造福社会"的核心功能尚未发挥。

此后,512 公益信托的示范效应立刻显现,加之国家政策的扶持,[①]信托公司纷纷推出具备公益性质的信托计划。如北京信托推出的"同心慈善 1 号新股申购集合资金信托计划",中信信托推出的"中信开行爱心信托"。部分企业在积极承担社会责任的同时,有些企业家也希望将捐赠财产设立公益信托,实现创造价值与造福社会的"双赢"。一如中国著名慈善家、香港企业家余彭年仙逝前将生前所有资产转移给余彭年公益信托,资产经营所获利润都将直接由余彭年公益信托资助白内障康复和教育发展两个慈善事业。[②] 二如阿里巴巴的两位创始人马云和蔡崇信宣布,将其在阿里巴巴集团拥有的、占阿里集团总股本 2% 的期权,用于成立个人公益信托基金。预计信托财产规模可以达到 20 亿美元以上,并有望成为亚洲最大的公益信托。[③] 然而,这个庞大的公益信托计划在中国遭遇诸多困难,如期权可否作为信托财产设立公益信托、期权捐赠的税收减免、审批部门不确定等现实问题。

然而时至今日,私益信托或投资信托始终占据信托领域的主导地位,公益信托计划的设立寥寥无几,即便时有设立也难逃单纯捐赠的一元性特征,无法发挥信托制度的优势。《信托法》中的公益信托的制度安排难以落地,毋宁言其税收激励与监察管理的推进。全国人大于 2016 年 3 月审议通过的《慈善法》,虽另行专章规定了慈善信托[④]及其相关制度,明确了慈善信托的设立规则、完善了信息公开的程序与内容,增添了企业慈善捐赠的税收优惠措施,但仍未改变其慈善捐赠之初衷与本质。该法中慈善信托的受托人被限定为提供

---

① 中国银监会于 2008 年 6 月发布《关于鼓励信托公司开展公益信托业务支持灾后重建工作的通知》。

② 参见李荣华:《中国裸捐第一人逝世已实现捐百亿承诺》,载《南方日报》2015 年 5 月 8 日,第 5 版。

③ 参见侯雪竹:《马云"公益信托"的三重门槛》,载《京华时报》2014 年 5 月 12 日,第 5 版。

④ 我国《慈善法》第 44 条规定,本法所称慈善信托属于公益信托,是指委托人基于慈善目的,依法将其财产委托给受托人,由受托人按照委托人意愿以受托人名义进行管理和处分,开展慈善活动的行为。

慈善服务的慈善组织而非具备专业财产管理能力的信托公司，监察人的确立已由《信托法》中的强制性设置规定转为委托人根据需要选择的自愿性规范。《慈善法》中有关慈善信托的制度安排有所完备和提升，但并不能掩饰我国对公益信托连接慈善与金融、平衡市场与政府、衔接公益与私益的经济合同本质的模糊认知。异军突起的慈善信托与不为人知的公益信托并存的二元模式，虽在一定程度上推进了我国公益信托事业的发展，但也分化和割裂了我国公益信托制度的完整性和合一性，形成了法律术语不统一，法律规范相冲突的局面。

总体而言，我国公益事业的发展起步较晚。一方面，我国现阶段公益信托的特点为：设立条件实践中难以操作，审批主体模糊待定，监察人制度缺失，税收优惠政策无法落实。公益信托的基本原理或运行机理认识不清，导致公益信托的设立、运行与监管存在诸多先天性制度不足和后天性发展不良的问题，信托制度尚未发挥其应有的制度优势，暂时还无法向社会公益事业提供一定的金融支持，如资产的保值增值、信托财产的破产隔离、税收优惠减免、公益计划活动的积极推广等。另一方面，社会本位、财务公开等科学理念难以在公益信托中落实，受托人与监察人的角色定位不清。对于社会普遍热议的社会保障基金、[①]政府性基金、社会抚养费等财政预算外资金的管理与监督，理应充分借鉴发达国家和地区之经验和做法，以设立公益信托的方式保障资金安全和实现“取之于民、用之于民”。

三、公益信托的本土化思考

法律移植是社会发展的需要，移植不可避免；但移植若要真正推动社会发展，必须十分慎重，要考虑移植所需的一系列条件，力促移植成功。[②] 慈善信托从英国迈入北美大陆，并未有何异样感，但将慈善信托引入我国并转换为大陆法系的公益信托制度，应当秉承唯物辩证法的判断标尺，从源头省思公益信托本土化的实然与应然，以深思慎行的态度探究移植公益信托的可行性和可

---

① 参见彭丽萍：《社会保障基金信托法律问题研究》，法制出版社2013年版，第275页。

② 参见陈传法：《法律移植简论——从发展的观点看》，载何勤华主编：《法的移植与法的本土化》，法律出版社2001年版，第17页。

操作性。

(一)移植公益信托的必要性

回顾前述英美日有关慈善信托和公益信托的发展史可知,慈善信托或言公益信托有其天然的优势,对支持与帮助一国社会福利事业的效果巨大。虽然在慈善信托从英美法系向大陆法系传播时被译为公益信托,但究其实质,均是利他主义下的信托制度,并无本质上的差异。相反,大陆法系为确保公共利益的实现,还创设性架构了多项法律制度。尽管有部分学者建议将公益信托还原为慈善信托,[①]对此笔者不甚赞同。慈善与公益虽在汉语词典中有些许差异,如慈善是对他人的爱心关怀,公益则是更多涉及公共利益和社会福利,但并不影响我国普通民众对二者的认识,即奉献个体利益而救济群体利益。纵观英美慈善信托和日本等大陆法系国家和地区的公益信托实践,也印证了慈善信托与公益信托资助帮扶领域的高度契合,无外乎扶贫、教育、医疗、人文和自然等几大领域。因而无须探讨和纠结于"charitable trust"的翻译精确性与否,更无须提出创造性词汇徒生晦涩。

1. 公益信托的自身特性

依目前学界通说,公益信托是以委托人基于对受托人的信任,将其财产权委托转移给受托人,受托人按照委托人的公益意愿所形成的公益目的,对外以自己的名义对该财产进行管理或者处分的法律行为。简言之,公益信托是以公共利益为信托目的的信托,是公益与信托的权利义务集合。因此,公益信托能够融合公益的政策扶持与信托的制度优势,以其特有的创新性和灵活性在慈善福利事业中发挥强大的生命力和创造力,这也是应当积极推动我国公益信托相关立法的主要动力。纵观英美日等国家和地区的公益信托成就史,可以看到公益信托的制度优势主要体现在如下 4 个方面。

第一,公益信托的投融资功能。毫无疑问,信托因其具有财产转移和财产管理的制度功能,使信托具有财产隔离与创造价值的实际效果。在公益信托中,信托资金处于专业受托人的管理下,受托人专业的资金运用能力有助于信

---

① 参见刘迎霜:《我国公益信托法律移植及其本土化——一种正本清源与直面当下的思考》,载《中外法学》2015 年第 1 期;王建军、燕冲、张时飞:《慈善信托法律制度运行机理及其在我国发展的障碍》,载《环球法律评论》2011 年第 4 期。

托资金的保值与增值,防止不必要的资金亏损。[①] 然而从我国大陆学者的研究成果来看,对于公益信托能否投资资本市场并允许委托人收获部分利益,能否投资期货、期权、外汇等高风险业务,一直存有较大理论争议或避而不谈。[②] 概言之,普遍认为慈善事业是利他主义的体现,投资获利则是利己主义的特征。公益信托仍被拘泥于英国慈善信托慈善目的的纯粹化或公益化,不能将公益信托财产因妥善管理所获得的收益,部分交付委托人或指定受益人。值得注意的是,我们应当借鉴发达国家对公益信托的开放态度,不能故步自封,应当支持和认可公益信托的创造性和灵活性,如此才是对公益信托“创造价值、造福社会”理念的尊重和善用。如允许委托人在信托合同中约定委托人或指定受益人可以获得不大于法定比例的收益等。

第二,公益信托的公益持续性。与以社会募捐或私人捐赠财产为收入的公益法人不同,公益信托在设立时获赠委托人财产权后,能够凭借受托人的经营管理源源不断地取得收益,保障公益信托的长久持续。如若将公益法人比喻为吃草产奶的奶牛,那么公益信托就是会下蛋的母鸡。前者依靠捐赠的不间断供给而维系,后者则会不断创造价值发展壮大并具备一定的传承性。公益信托长期运行的结果是,以资助生活费、教育费或研究经费为宗旨的公益信托,只要它的存续时间较长,资助范围合理,就能使社会中的相当一部分人受益。[③] 如最负盛名的诺贝尔基金会就是诺贝尔以遗嘱方式设立的特定目的公益信托。1896 年诺贝尔临终前立下遗嘱,将 3100 万瑞典克朗(约合 920 万美元)的部分遗产设立公益信托基金,以低风险投资所获之收益,表彰世界各国在相关领域对人类社会做出重大贡献的仁人志士。瑞典政府委任的受托人积极管理信托财产,并将其投入资本市场和房地产市场。由于受托人成功的经营策略,诺贝尔信托基金的资产总额 2013 年年末已增至近 40 亿瑞典克朗(约 6.5 亿美元)。[④] 公益信托在诺贝尔奖百余年发展史中扮演着输送资金的重要角色,深刻表明了其在公益事业的支持和资助方面大有可为。

---

① 参见李青云:《我国公益信托发展中存在的问题及对策》,载《经济纵横》2007 年第 16 期。

② 参见赵磊:《公益信托法律制度研究》,法律出版社 2008 年版,第 107 页;解锟:《英国慈善信托制度研究》,法律出版社 2011 年版,第 55 页;刘迎霜:《我国公益信托法律移植及其本土化——一种正本清源与直面当下的思考》,载《中外法学》2015 年第 1 期。

③ 参见朱志峰:《公益信托的法律特征及我国模式的探索》,载《当代法学》2008 年第 6 期。

④ 参见蒲坚、张继胜等:《论信托》,中信出版社 2014 年版,第 216 ~ 217 页。

第三,公益信托的运行模式简便。公益信托的实质从金融学角度出发,是收益归社会的投融资业务,就法学角度而言则是以公益为目的的信托行为。因此,公益信托的设立有别于法人组织,无须按照工商登记管理制度办理营业执照和税务登记证等事项,无须拥有自己的办公场所和复杂的组织机构,只须依法申请行政审批,由受托人按照信托业务的相关流程办理。在公益信托的有效运行中,通常只有信托公司可以采用"信托合同"的形式受托管理资产。① 其结果是单个信托公司可以经营管理多个公益信托计划的信托财产,直观体现了公益信托管理专业性、资源集中性、成本低廉性的制度优势。

第四,公益信托的二元监督模式。除却借鉴英美法系国家设立慈善信托监管机关之外,大陆法系国家还对公益信托的监督管理具有创新之举,即增设公益信托监察人制度,形成特有的二元监督模式。纵观日本等大陆法系国家和地区的立法例和实践例,信托监管机关为国家行政机关或授权部门,信托监察人则是行业同仁,一般来自行业协会、会计事务所或律师事务所等第三方中介机构。信托监察人制度与证券发行时的保荐人制度较为类似,不仅是公益信托设立的必要条件,还在公益信托运行时起到重要的内部管理作用,以此保障公益信托财产的安全管理与保值增值。此外,信托监察人得以自己名义,为保障受益人的合法权益,向他人主张权利或向法院提起诉讼,因而信托监察人的地位乃是受益权及信托利益的管理权人,②有关公益信托监察人制度的论述详见后文。至此,监察人与监管者共同形成公益信托内外部相结合的二元监督管理模式。

2. 公益信托与非营利法人的比较优势

目前,我国主要从事公益慈善活动的社会组织有两类:一为基金会;③二为社会团体。④ 前者如规模较大的中国青少年发展基金会、中国扶贫基金会、中国人民大学教育基金会、中国残疾人福利基金会、中国国际战略研究基金

---

① 参见胡卫萍、杨海林:《我国公益信托法律制度的完善》,载《江西社会科学》2012 年第 7 期。

② 参见[日]四宫和夫:《信托法》,有斐阁株式会社 1994 年版,第 339 页。

③ 依照 2004 年《基金会管理条例》的规定,基金会是利用自然人、法人或者其他组织捐赠的财产,以从事公益事业为目的,按照本条例的规定成立的非营利性法人。

④ 1998 年《社会团体登记管理条例》规定,社会团体是指中国公民自愿组成,为实现会员共同意愿,按照其章程开展活动的非营利性社会组织。

会、中国红十字会基金会以及深圳壹基金公益基金等。后者社会团体的成立，除应当经其业务主管单位审查登记，还应当具备法人条件。如中国残疾人联合会和中华全国妇女联合会等。因此，基金会和社会团体在我国现有法律框架内，均属于《民法典》所规定的非营利法人。实践中，基金会是我国资产规模最大、活跃程度最高、帮扶范围最广的公益组织，截至 2019 年 9 月 19 日，基金会总数达 7542 家，其中公募基金会 1616 家，私募基金会 5926 家，净资产规模高达 1472 亿元人民币，年公益支出已近 600 亿元；①社会团体则主要以提供志愿服务、对接受困群体为主，截至 2018 年我国共有社会团体 36.6 万个，比 2017 年增长 3.1%，②主要涉及科教文卫、社会服务、创业就业、安全救灾、国际事务、见义勇为、人权保护、少数民族、社区发展、环境保护、法律援助、宗教体育、农业及农村发展等领域。

基金会和社会团体这两大类非营利法人的繁荣发展，离不开我国法人设立登记制度的日益完善以及公益慈善法律制度的基本建立。然而，我们也应当看到，非营利法人的发展并非完美无瑕。法人监管机制欠缺的法律制约以及多数获捐资金沉淀的增值困扰，阻碍非营利法人的可持续发展，更让广大热心群众寒心。一方面，基金会和社会团体挪用善款、管理失察、逃避税负等案件时有发生，如郭某某引发红十字会百年危机、嫣然天使基金善款不明去向、成龙慈善基金大额行政开支等新闻事件。2018 年民政部共查处社会团体违法违规案件 9295 起，行政处罚 8665 起。③ 另一方面，基金会获捐的近半数财产沉淀在托管银行，未能起到应有的保值增值作用。根据 2019 年 12 月 4 日中国基金会中心的统计数据，1472 亿元基金会净资产中的 648 亿元资金为货币资金，意味着 44% 的基金会资产沉睡在银行账户中，同时 2018 年进行投资活动的基金会仅有不到三成（28%），投资收益占基金会总收入的比例仅为 5%，投资回报率高于通货膨胀率的基金会仅占整体的 16.2%。以上数据足

---

① 参见中国基金会中心各项数据统计报告，载中国基金会中心网，http://www1.foundationcenter.org.cn/report/list，2020 年 1 月 1 日最后访问。

② 参见民政部：《2018 年民政事业发展统计公报》，载民政部官网，http://images3.mca.gov.cn/www2017/file/201908/1565920301578.pdf，2020 年 1 月 1 日最后访问。

③ 同上。

以表明,我国基金会的保值增值活动较为消极。①

因此,为更好地解决慈善事业、监管机制与金融投资之间的关系,业界学界转而将目光集中到尚处襁褓之中的公益信托,参考日本等大陆法系国家和地区公益信托的发展历程,期待能够发挥公益信托的制度比较优势。值得一提的是,在总结归纳公益信托与其他社会组织的比较优势时,部分学者多以比较美国慈善信托与非营利法人、非营利非法人社团,抑或比较日本公益信托与财团法人为论据。② 然而笔者认为,史料翔实的域外经验比较无疑有利于我国公益信托的制度构建和模式探索,但由于在我国法律体系中并无非营利非法人社团和财团法人的概念,因而在研究我国公益信托制度时,更应当"接地气"地关注其与我国法治环境的比较优势和适宜程度,而非将公益信托在他国的法律制度机械地照搬至我国。

与我国基金会、社会团体等非营利法人相比,公益信托的制度优势主要表现在法律性质、设立条件、经营管理、投资方式、税收优惠、资产规模、存续方式、内部监察、外部监管等多个方面。作为现代社会公益事业的主要组织形式,慈善信托与慈善基金会在功能上存在一些差异。换言之,慈善信托具有一定的功能优势。③

大致说来,一是就经济法角度而言,公益信托是典型的经济合同,即体现国家意志和国家需求并具有"经济内容"的合同,关于公益信托的经济合同属性,后文将详细探讨,此处不再赘述。公益信托设立时的行政审批、运行中的监察人和监管者,均体现了国家对公益慈善事业的支持和引导,并通过信托法这一特别法对其进行规范和调整。因而,公益信托不应接受法人特别法的调整,省略了非营利法人所需的场所人员、章程经费等设立程序。二是公益信托由受托人进行专业管理,并且紧密围绕信托开展投融资业务,无论投资范围还

---

① 参见中国基金会中心:《数说基金会——经济寒冬,他们何以跑赢通胀?》,载中国基金会中心网,http://www1.foundationcenter.org.cn/report/content? cid=20191210175405,2020 年 1 月 1 日最后访问。

② 参见金锦萍:《论公益信托制度与两大法系》,载《中外法学》2008 年第 6 期;赵磊、崔利宏:《基金会与公益信托关系探析——兼论公益事业组织形式的选择》,载《西南民族大学学报(人文社科版)》2008 年第 9 期。

③ 参见倪受彬:《现代慈善信托的组织法特征及其功能优势——与慈善基金会法人的比较》,载《学术月刊》2014 年第 7 期。

是投资方式均要比非营利性法人广泛和灵活。此外,随着我国税收制度的日趋完善,公益信托还享受一定的所得税、流转税和财产行为税等税收优惠待遇。有关公益信托与非营利法人的比较优势详见表1-4。

表1-4 公益信托与非营利法人的比较

类别	公益信托	非营利法人
法律性质	经济合同	独立法人
适用法律	信托法	法人特别法
设立条件	1. 公益信托合同 2. 设置监察人 3. 监管机关审批	1. 必要的财产或者经费 2. 法人名称、组织机构和场所 3. 法人章程 4. 民政管理部门批准 5. 办理工商税务登记手续
经营管理	受托人经营信托财产,所获收益资助受益人	管理获捐财产用于公益支出
投资范围	有价证券、房地产等金融领域	金融债券、国债等领域
投资方式	以信托为核心灵活创新	以银行定期存款、购买国债为主
税收优惠	所得税、流转税和财产行为税	所得税
资产规模	保值增值	资产缩水
存续方式	主动的资产收益	被动的捐赠财产
内部监察	监察人	无
外部监督	行业监管机关	民政部门

(二)移植公益信托的可行性

曾几何时,对于法律移植的可能性,法学巨匠孟德斯鸠、萨维尼等人则以不同的方式予以质疑。孟德斯鸠认为,“为某一国人民制定的法律,应该是非常适合于该国人民的;所以如果一个国家的法律竟能适合另外一个国家的话,那只是非常凑巧的事”。[①] 萨维尼强调法律的民族精神,他同样宣称法律是

① [法]孟德斯鸠:《论法的精神》,张雁深译,商务印书馆1976年版,第5页。

“内在的、默默地起作用的力量”的产物，它深深植根于一个民族的历史之中，而且其真正的根源乃是普遍的信念、习惯和“民族的共同信念和具有内在必然性的共同意识”。[①] 我国著名法学家苏力先生的“法律本土资源说”则是从某种角度对“移植进来的法律与继受国已有法律和社会诸多因素之间的不兼容”现象进行了形象说明。[②] 然而时过境迁，经济全球化、一体化的同时，法律的传播和借鉴已是司空见惯，部分崛起独立的国家甚至直接嫁接他国法律制度以实现法制的现代化。随着海运航运以及互联网的发达，一国的政治经济、社会文化已难求封闭，不得不接受相互影响的事实，这是3次工业革命后的必然趋势。因此，时至今日，一国移植他国法律已不可避免，更不存在可能与不可能之诡辩，而是应当结合实际国情，审慎地思考他国先进法律引入本土能否实现其应有的功能，抑或是反省本土是否具备移植他国法律的经济水平、法治程度和社会共识的条件。“一项成功的法律移植——正如人体的器官移植——应该在新的机体内成长，并成为新机体的有机组成部分，如同那些在其母体内继续发展的规范与制度一样。”公益信托制度能否在我国如鱼得水般地落地生根，与社会主义法律体系的母体有机结合，考验着我国经济法律以及社会共识的现代化、国际化水准。

1. 社会经济的发展水平

当代法律移植有两个明显不同的特点，即法律走向国际统一化和以经济法律移植为主。[③] 对于我国而言，引入连接慈善与金融的公益信托亦是如此，既反映了我国对公益信托的迫切需求，亦能够推动我国信托法律迈向国际化。经济全球化的今天，虽有诸多学者探讨法律与经济之间谁决定谁的“鸡生蛋，蛋生鸡”问题，但马克思主义哲学有关经济基础决定上层建筑的论断仍不失为经典。法律制度的建构与发展，离不开同期经济社会的支持与融合。回首新中国成立以来，国民经济的发展俨然是一部法制建设的历史。在摆脱贫困线、解放生产力的改革开放初期，在鲜见率先富裕的社会精英的经济发展初期，在金融市场尚未建成的投融资产业真空期，很难想象强行引入公益信托的

---

① 参见[美]E. 博登海默：《法理学——法律哲学与法律方法》，邓正来译，中国政法大学出版社2004年版，第92页。

② 参见苏力：《法治及其本土资源》，中国政法大学出版社1996年版，第244～247页。

③ 参见冯卓慧：《法律移植问题探讨》，载《法律科学(西北政法学院学报)》2001年第2期。

法律实施效果，此时的公益信托也必然是空中楼阁而难以施行。历史性和世界性地回眸，韩国等大陆法系国家和地区即在经济发展水平已荣登“亚洲四小龙”之后才适时引入信托法和公益信托制度。法国更是在经济发展势态的最佳时期1997年才正式引入信托。反观日本虽前瞻性地最早建立公益信托制度，但公益信托萌芽发展之际已届战后经济恢复之时。在我国经济已跃至世界第二大经济实体的今天，毫无疑问，推动经济的生产力突破发展，胸怀慈善的社会精英阶层崛起，融通资金的投融资渠道日新月异，已为我国移植公益信托栽培了厚重的经济土壤。

2. 本土法治的发达程度

犹如物种迁徙一般，法律的移植势必带来对原有法治生态的影响，引发新法律对旧制度的冲击和突破。为积极保障新法律制度的顺利移植，难免要整合原有的机构安排和程序设置，对存有较大缺陷和弊端的旧制度进行系统性改良。与此同时，还需平衡与协调其他权力部门的职权和职能。显然，法律移植的过程考验着一国法治的发达程度。否则，当法律尚未真正成为全国上下的最高行为规范之时，即便拥有精明强干的专家队伍、科学合理的路线蓝图、迎合民意的变法需求，法律移植也都将在非法治的状态下夭折或是昙花一现。思想启蒙的戊戌维新如此，推翻帝制的辛亥革命亦如此。甚至在改革开放之前，在以党和政策为行为指导纲领的年代，法律创制举步维艰，毋宁言及法律移植。反观美国、日本、韩国等国家，法律的移植已成为完善本土法制的重要途径，同时已成为体现本土法治发达程度的“晴雨表”。美国继受慈善信托之时，正是美国反英主义平息、独立司法回归之际；日本移植公益信托之时，正是日本明治维新后民主成效初显、本土法律体系基本建成之际；韩国引入公益信托之时，也正是军政统治时期结束、法律制度深入人心之际。“法治的客观社会环境和基本条件尚不具备，新建立的法律制度（包括移植的外国法律）在不同层面、领域和时间的运行则出现五花八门的形态，法律的效果也大打折扣。”①因而，法律移植抑或公益信托的引入，应当以法治水准为前提。如今，在以习近平同志为核心的党中央领导下，我国社会主义法律体系初步建成并不断完善，基本法律制度业已建立，现代立法技术日渐提升，立法修法过程已呈民主公开化。相比信托法颁行的21世纪初，当下的法治水平已然今非昔

① 王晨光：《法律移植与转型中国的法制发展》，载《比较法研究》2012年第3期。

比,公益信托也将顺应党的十九届四中全会“坚持和完善中国特色社会主义法治体系”的时代春风,得到更好的栽植与培育。

3. 社会共识的进步水准

英国著名法史学家沃森曾断言,移植法律在新的环境中不应由于原有文化的抗拒而萎缩,可见其对文化意识在法律移植中的重要作用较为认同。本土民族精神、社会意识形态以及传统思想文化,不仅影响着本土法律的创制和实施,还阻碍或推进着法律制度的移植过程。历史已经先验性地告知我们,社会共识是域外法律得以移植的基本环境。域外法律脱离了本土文化,难以立足并毫无建树;反之,与本土文化融合,则利于传播且初具成效。诚如前述,慈善信托在美国经历了先抑后扬的发展,虽因反英情绪的高涨而遭摒弃,但终因宗教博爱观念的影响而焕发生机。类似地,日本公益信托的发展亦受军国主义和战后失落情绪的消极影响而陷入低谷,但也在热衷慈善事业的社会共识中重获新生。纵观两国公益信托发展史,似乎当前我国公益信托的发展正处在由停滞不前向继往开来迈进。因为当下的社会共识已经初步形成,国民奉献意识提升,慈善事业蒸蒸日上,并且已经涌现马云、陈光标等爱心人士希望委托专业团队管理部分资产资助社会公益事业的社会需求。与此同时,慈善法、税法等法律在现有政策的引导下,也更加关注公益活动的法律保障促进机制,并有意针对性地倾斜修改。诚如学者所言,从“法律与政治”的应然关系入手,在“当下”社会共识的建立中寻找、追求,是解决法律移植问题的一个新的重要路径。① 随着生产力解放和社会思想解放,慈善事业与资本运作已非天敌,资本收益反哺社会已是大势所趋,俨然为移植衔接慈善与金融的公益信托问题,提供了新的解决方式和重要路径。

(三)移植公益信托的操作性——时间、空间与法律的整合

朱斯煌教授曾言,信托业务仿行西法,贵当适合国情,不能强为所难……尤当中西兼酌,倡为中国化之信托。我国经济社会及法律制度经过改革开放30余年的快速发展,已初具现代化规模。党的十九届四中全会专题讨论依法治国问题,明确提出坚持和完善中国特色社会主义法治体系,提高党依法治

① 参见刘星:《重新理解法律移植——从“历史”到“当下”》,载《中国社会科学》2004年第5期。

国、依法执政能力。我国政治经济和思想文化的利好形势,已为法律移植公益信托制度,发挥信托优势,提升社会福祉提供了良好的开局环境。然而诚如前述,我国重铸公益信托制度虽已具备一定的必要性和可行性,但法律移植并非引进产品生产线、翻唱外文歌曲般简单,应当清醒地认识到移植公益信托不可能一蹴而就,而是需要空间地域和法律制度的长期融合,方能扎根中国、创造价值。

1. 法律移植的漫长性

法律制度,作为一国融汇本土历史文化、政治经济、社会发展等诸多因素的有机体,其创制和实施过程并非轻而易举,毋宁论及其吸收域外法律制度的复杂程度。法治、现代化与民族复兴成为中国社会建构的理想蓝图,法律移植的立法过程也逐渐暴露出其内在的各种张力与困境,主要体现在事实与规则、建构与自生、生活世界与价值世界、地方主义与普适主义等范畴的紧张关系之中。[①] 法律制度虽影响着资源配置和效益最大化,但制度的创制和引入如同罗马绝不是一天建成的,须不间断进行立法论证、效果评估、经验总结、重新修订等程序。刻意奉行“拿来主义”追求法律舶来品的法律效果和经济效率,既不现实,也会徒生“橘生淮南则为橘,橘生淮北则为枳”的窘境。综观世界法律制度变迁史,日本、韩国、新加坡、印度等亚洲国家历经百年继受和引入发达国家的法律制度,阿富汗、伊拉克、利比亚等国家在战后接受发达国家法律制度改造时仍存有极大的排斥性和不适应性,尚需经历漫长的法律制度筹建过程。回顾我国鸦片战争之后,清末组织浩荡的修律运动,我国除抵触条款外基本援用清末律法,并从北洋政府到国民政府的法律变革中完成了中国法制的现代化转型。然而域外法律制度,在中国百年社会变迁过程中因与中华法系的观念、利益、组织和力量不同,而鲜有作为,对此情形更有学者作出了晚清遗产谁人继承的呐喊。[②] 我们此前虽未抓住信托法的改革良机,但仍沐浴了全面完善社会主义法律体系的时代机遇。美国与日本、法国、韩国等大陆法系国家和地区几乎用时半个世纪才完成了公益信托的移植和法律效果的实

---

① 参见马剑银:《法律移植的困境——现代性、全球化与中国语境》,载《政法论坛》2008 年第 2 期。

② 参见梁治平:《礼教与法律——法律移植时代的文化冲突》,上海书店出版社 2013 年版,第 140 页。

现，我国通常推行自上而下的渐进式法律改革，因而公益信托制度的成功移植必将耗费长期的时间成本，需要立法者和社会各界不断地消除弊端、创新完善。

2. 法律移植的地域性

针对孟德斯鸠、萨维尼以及苏力先生因法律制度的民族精神、本土资源等因素否定了法律移植的可能性和可行性，已有学者在全球化背景下戏称"全球化"是解决法律移植奥妙的"万能钥匙"。[①] 但不可否认，当今学者在扬弃地批判其学术观点时，并未忽视地域文化对法律移植的深刻影响。地域文化或其文明，就其广泛的民族学意义而言，是一个复杂的整体，它包括知识、信仰、艺术、道德、法律、风俗以及所有其他作为社会成员习得的能力和习惯。[②] 因而，移植国母体吸纳被移植法律的过程并非物理结合，而需有机融合，并且与物种迁徙的道理相似，被移植法律为适应移植国的地域文化难免发生一定的变异或改良，移植国也会依据国情对被移植法律加以改造或优化。

公益信托的全球化亦是慈善信托制度的变迁史。慈善信托在由英国向美国的传播过程中，经历了一波三折的否定与肯定，并创设了力求近似原则解决慈善信托的意外终止问题；慈善信托在由英美法系向大陆法系的移植过程中，转变为公益信托，并被添附监察人制度以实现对公益信托的内外部监管。尤其对于迈向现代化的我国而言，法律移植的引进和改良也成为常态，我国在充分借鉴大陆法系、英美法系以及国际惯例的基础上建设中国社会主义法律体系，并已经形成立足国情、渐进改革的法律移植思路。独立董事制度、资产证券化规则、合同法、信托法乃至民刑体系，都是移植域外法律制度的结果。总而言之，供求非均衡固然引导制度变迁，但任何制度的变迁都是在一定的制度环境下发生的，[③]我国公益信托制度的法律移植也不例外。紧密结合国内历史文化、政治经济和社会发展等诸多因素的实际情况，积极推动行业监察、税收优惠、部门监管等相关配套制度，才是我国公益信托法律移植的审慎抉择和应有之义。

---

① See Zygmunt Bauman, *Globalization*: *The Human Consequences*, London, Polity Press, 1998, p. 1.

② 参见梁治平：《法律的文化解释》，三联书店1994年版，第6页。

③ 参见康锐：《我国信托法律制度移植研究》，上海财经大学出版社2008年版，第159页。

本章小结

随着救济贫困、繁荣教育为主要价值追求之一的宗教信仰对社会公众的影响广泛而深刻,慈善信托逐渐兴起并成为推动慈善事业、提升社会福利的重要模式。根植于英美法系教会法土壤的慈善信托,被以日本为代表的大陆法系国家和地区进行了艰难的法律移植和系统改造,成为今日的公益信托。时至今日,公益信托因具备投融资功能、公益持续性、运行模式简便和二元监督模式的制度优势,而成为风靡世界的公益活动之一。我国公益信托虽自《信托法》实施以来发展较慢,但随着我国经济社会发展水平、法治建设程度、社会共识秤谌的提高,公益信托在我国已具备生根发芽、茁壮成长的制度土壤,并通过《慈善法》的助推重新以慈善信托的面貌进一步发展。同时应当清醒地认识到,我国公益信托的法律移植过程不可能一蹴而就,而是需要空间地域和法律制度的长期融合,实现公益信托的中国化或本土化,方能实现公益信托应有的功能与价值,造福于我国的社会公益事业,促进国民经济和社会的健康可持续发展。

第二章　公益信托的运行机理

传统民商法大多将公益信托置于特殊民事法律行为的范畴内进行剖析，其研究范式基本固化为公益信托的委托人、受托人、受益人以及监察人围绕实现信托目的而产生的权利义务关系，简言之即公益信托的主体、客体与内容。然而，受制于大陆法系的民商法传统的研究方法和研究内容，不仅无法在一物一权的框架内更加科学准确地诠释公益信托的本质，亦无法释明公益信托如何与市场经济秩序相互关联、共同发展。因有监察人在公益信托设立、运行、监管以及税收优惠方面发挥作用，故而经济法视角下的公益信托更加符合经济合同的实质。与此同时，经济法的社会本位理念和创新开放的态度，还有利于纾解公益信托相关权属登记制度、忠实勤勉义务以及慈善金融化的难点问题。

一、经济法视角下公益信托的本质解构

毫无疑问，公益信托中从事慈善活动、提升社会福利的信托目的，十分契合经济法的社会本位理念。公益信托的经济合同属性和实质，不仅有利于缓解和消弭公益信托的理论障碍、确认信托财产的独立性地位，还能促进受托人的专业管理，释放公益信托制度

的创新与活力。

(一)公益信托的经济合同属性

摒弃物权法定的干扰,信托因其饱含极大的信任与托付内涵而演化为实然的契约关系。信托设立之时,委托人、受托人和受益人之间产生对应的权利义务关系。公益信托则因监察人与监管者的介入,符合经济法有关经济合同的理论阐释和特征架构,使之具备社会本位与平衡协调的价值理念。

1. 公益信托与经济法的理念契合

经济法强调以社会为本位,立足于整体利益促进社会经济稳定、协调发展的理念。① 市场经济步入社会化生产之后,经济人的私有财产和个体权益受到国家与法律的有效保护,但面对贫富差距过大、交易信息不对称、不正当竞争行为和垄断行为等经济活动负外部性现象,再欲坚持意思自治的资本自由主义已然无助于甚至有碍于国民经济和社会的发展。市场经济的主要矛盾存在于社会整体利益与社会个体利益之间,为避免社会个体利益的无限膨胀而损害社会整体利益,诱发破窗效应,经济法本着社会整体利益为主、兼顾社会个体利益的理念,有能力平衡和妥善处理二者之间的尖锐矛盾。在经济法平衡协调、系统调整的方法论指引下,公与私由对立转向精诚合作,如 PPP 项目的全球化热潮,预示着经济法能够正确处理和解决市场经济与国家调控间的微妙关系。

公益信托吸纳委托人捐赠,引导受托人为受益人利益而恪守信托目的、专业管理财产、获取信托收益、资助公益事业、提高社会福利。显然,以促进社会整体利益提高为己任的公益信托制度,尽可能地有效平衡委托人、受托人、受益人以及内外监管者的利益,其社会本位、公益导向以及利益平衡的本质完美地契合了经济法的基本理念。公益信托已难以继续禁锢于民法意思自治纯洁性的传统思维体系。公益信托基于其社会本位的核心理念,无法抗拒和排斥反而必须主动接受国家的介入和干预。由于社会化程度的不断加深,国家意志直接渗透进了许多原先为当事人意思自治的领域,私法的原则和精神不断被侵蚀,民事法律行为的形式性和程序性不断加强,强行性规范不断增加,已

① 参见史际春主编:《经济法》(第3版),中国人民大学出版社2015年版,第70页。

经成为现代民法的一个两难困境。[1] 如果依旧固执坚持和套用传统民法学的研究视角，来解决本质为经济合同且兼具市场经济与政府调整特征的公益信托法律移植问题，显然容易误入歧途。政府能不能管、政府怎么管、政府管多少等实际问题在意思自治的指导下，只会长期处于争议状态而无助于问题的解决和事务的推进。其结果是不仅不能满足委托人设立公益信托的意愿，挫伤公民和组织设立公益信托的积极性，还未发挥政府所具有的监管、引导职能，使公益信托的发展陷入停滞。这也是当前我国公益信托事业发展遇到的理论问题。

国家的权力属于人民，人民让渡权利予政府，依赖其集中且有效地加强社会治理。政府常以公共利益为导向，旨在处理公共事务，服务社会生活，进而实现国家繁荣发展之目的。这种人民对政府的依赖关系，上升为道德的信任和法律的契约，“根植于法治国原则的法定性要求，继而衍生法不溯及既往、行政机关承诺保证效力等原则”。[2] 相互信任依赖，表明双方之间存有某种联系和利害关系，己方利益除了自身行为外还需依靠对方方能实现。[3] 公益信托的纯粹私人化，无论在我国还是他域都是不可能的，相反，公益信托必须接受政府职能部门的监管，并且还会产生监管的多元化和内在化。

公益信托建立在委托人对受托人的充分信任之上，符合市场经济以信用为核心的时代特征。市场主体依照契约尽力维护信任关系，政府部门则通过各项措施保障公益信托的运行，确保受托人财产管理行为的合法合规。如今，公益信托能够迅猛发展，得益于市场经济与政府调控的动态耦合，二者齐头并进，时刻交汇，以促进社会整体利益和社会个体利益实现双赢局面为终极目标。市场调节机制难免出现信息不对称、恶意串通等市场失灵现象，因而政府部门会采取各项措施，旨在更好地维护经济社会的均衡和谐状态，保障公益信托发挥其应有的社会效益、经济效率、法律效果和协调效能。

2. 公益信托与经济合同的特征吻合

随着原《民法通则》和《合同法》的颁布实施，此前经济法学界热议、经济

---

① 参见刘文华：《经济法》（第4版），中国人民大学出版社2012年版，第47～48页。

② ［德］哈特穆特·毛雷尔：《行政法学总论》，高家伟译，法律出版社2000年版，第277～278页。

③ 参见刘佳：《政府经济决策的法治路径探析》，载《商业研究》2015年第3期。

立法认可的"经济合同""涉外合同"逐渐被认为不复存在,合同成为民商法的专属名词。然而事实并非如此,推崇意思自治的民商合同无法有效防范可能发生的纠纷和风险介入合同法律关系。此外,以国家及其具备管理职能的相关机构为合同当事人的合同普遍存在,因而仍需要在经济法范畴内对调整国家调控市场的合同制度进行重构,并且有必要对经济法视野下的合同进行反思和梳理,依照经济法理念价值及其基本原则,将其重新定性为经济合同,即市场经济条件下直接体现政府意志或以政府意志为主导的合同,如政府采购合同、农村土地承包合同、招投标合同、政府特许经营合同、国有土地使用权出让合同、PPP 模式建设运营基础设施合同,等等。合同制度的发展表明,合同已由意思自治的本质异化为一种确立权利义务的形式,经济合同甚至广泛用作国家进行个别性调整的手段,合同已成为具有不同特征,涵盖复杂的社会关系,受不同法律原则和规范调整的跨部门法律制度。尽管在合同发展中出现了异化和对意思自治的限制,但是,对于走向市场经济的中国和当代成熟的资本主义而言,都必须通过宏观调控、微观规制等手段,确保意思自治在最合理的范围和程度上得以适用。这也是现代民商法与经济法相互关系的辩证法。①

早些年,经济法学者在遵循"国家通过政府及其行政机关、设立特殊企业、授权社会组织行使一定的社会管理职能,直接介入市场经济关系,与市场主体开展经济活动"的范式下,将经济合同的特征概括为如下几个要点:②(1)经济合同的主要条款一般由政府依照法律预先规定,换言之,就是政府提供要约,市场活动主体竞标承诺;(2)经济合同的主体一方通常是经济管理主体,即政府及其行政部门、事业单位或经授权执行公共政策的社会组织,另一方则为市场活动主体,包括企业法人、自然人、社会团体、商户;(3)经济合同具有明显的经济性或商事性,通常涉及贸易活动、产权交易、服务外包等经济性内容;(4)经济合同中存在事实上或合同上的政府主导性,无论合同的成立生效过程抑或合同主要条款的拟定,大多由政府及其行政部门牵头完成;(5)经济合

① 参见史际春、邓峰:《合同的异化与异化的合同——关于经济合同的重新定位》,载《经济法论丛》1999 年第 1 期。

② 参见张宇霖:《经济合同的概念与特征新议》,载《法学杂志》1993 年第 2 期;余能斌:《经济合同的概念及其法律特征》,载《法学研究资料》1982 年第 6 期;史际春主编:《经济法》(第 3 版),中国人民大学出版社 2015 年版,第 431 ~ 433 页。

同与政府及其运作机制有着密切联系。经济合同的成立、生效以及后续履行与政府机器的运转模式息息相关,如政府采购合同必须经过政府的招投标活动,财政性支出还必须经过财政绩效评估。

结合上述对经济合同基本特征的梳理,可以看到,以社会公共利益为目的、以社会整体利益为本位的公益信托,极好地契合了经济合同的诸项特点:(1)公益信托的基本条件或主要条件已由法律强行性规定、政府政策性指引;(2)合同主体中的监察人通常由政府职能部门规定或授权的社会中介机构组成;(3)公益信托投资于资本市场,毫无疑问具有经济品格;(4)接受政府和社会的内外部监管,其合同内容势必也受国家意志的主导;(5)由于关乎社会整体利益,公益信托的"生老病死"自然与天然公共管理者的政府运行机制息息相关。一言以蔽之,公益信托是经济法理念下的经济合同,承受国家意志的介入和管理,具备着经济合同的时代特征。如今,现代市场经济生活中客观地存在一种不同于民事合同的经济合同,[①]"自由放任主义学说作为一种政治力量已经黯然失色了,这标志着人们已不再用老眼光看待法律。合同法已不再被认为是一种消极的,其主要作用仅是执行当事人经选择而达成的协议的一种工具。现在的趋势是把合同看作达到公平的一种积极的工具"。[②] 具备经济合同属性的公益信托制度,动摇且突破了私法与公法、民法与行政法、契约与法律之间的僵死藩篱,促使市场机制与政府管理、他域法律与本国制度的渗透融合,从而在神州大地繁衍出一个崭新的公益法律领域。

(二)公益信托主体间的平衡协调

传统信托中的当事人有三方,即委托人、受托人和受益人。但与之不同的是,公益信托的当事人中不仅增加了监察人,而且其相互之间的权利义务关系也有所差别,如图2-1所示。总体而言,公益信托因其社会本位而受到政府部门的更多关注,公益信托主体享有的权利和需承担的义务责任,均涉及国家意志的介入和调整。

---

① 参见张晓婷:《税收合同的性质辨析》,载《新疆大学学报(哲学人文社会科学版)》2008年第4期。

② [英]P. S. 阿蒂亚:《合同法概论》,程正康等译,法律出版社1982年版,第24页。

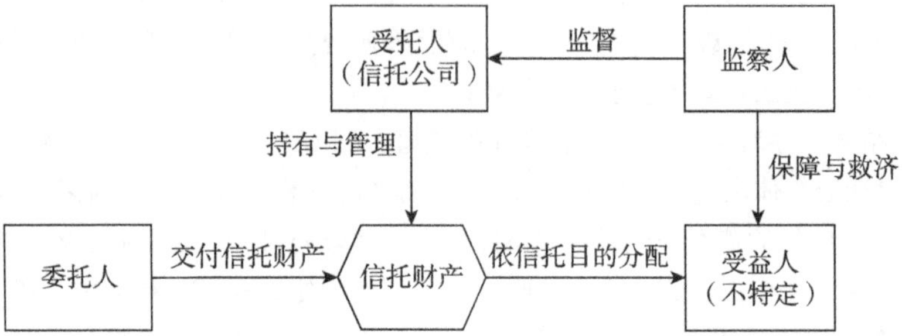

图2-1　公益信托法律结构

1. 委托人的默默无闻

依照前述信托的基本模式，就委托人的权利而言，一旦公益信托依法设立，委托人已完成转移财产权的使命，除约定或法定的权利外，即丧失对信托财产所享有的权利和利益，最终退出信托财产的管理主体。其结果是信托财产虽名义上归属于受托人并由受托人实际管理和处分，但其实际处于独立地位，信托财产的受益权则由受益人享有。也就是说，委托人一旦依约将财产让与受托人并设立公益信托，便不再享有信托财产之上包括管理处分权和收益权在内的一切权利。这也是为何日本、韩国等大陆法系国家和地区学者对委托人没有专章讨论分析的缘由，从理论上看，信托一旦成立，委托人不再是不可或缺的存在，英美法中一般认为委托人即已脱离了信托法律关系。① 然而，委托人对信托财产所有权的丧失并不意味着自动退出信托。由于公益信托的信托目的由委托人确定，并作为对受托人的管理行为和受益人的获益行为的契约限定和方向引导，因而委托人此时仍对具有独立地位的信托财产的管理、处分和收益存有密切的利害关系。只不过委托人的权利仅限于对受托人管理处分信托财产的监督权。委托人正常情况下默默无闻，一旦受托人违背信托目的损害信托财产或更改受益人范围，委托人有权知晓信托运行情况、要求受托人调整管理方法、申请损害救济、解任受托人，甚至解除信托。以上委托人的法定权利已经由我国《信托法》予以确认。但是，只要不违背法律强行性规定和公益信托目的，委托人亦可在信托合同中约定保留管理权、解除权、解任

① 参见［日］道垣内弘人：《信托法入门》，姜雪莲译，中国法制出版社2014年版，第35页。

权和变更权及其具体条件,这也是我国《信托法》对委托人权利的扩张,[①]间接反映了当前我国社会信用的不足以及国家与法律保护信用关系的力度。

2. 受托人的忠实勤勉

毫无疑问,受托人处于信托法律关系的核心地位,其一方面在信托设立前与委托人商议信托合同并在信托成立后受让信托财产,另一方面则在信托目的的指引下积极管理信托财产,获取收益并交付受益人。在西方国家,受托人最原则性的义务就是要依照信托文件和公平公正原则管理信托财产、处分信托事务。[②] 这个最原则性义务在实践活动中具体体现为受托人的忠实勤勉义务、专业管理义务等,其中的忠实勤勉义务被学者誉为"20 世纪以来现代信托法的核心"。[③] 除却依法应当享有的获取报酬的权利,公益信托的受托人在忠实勤勉义务方面更多受到法律和信托合同的双重规范。

一方面,受托人积极担负理性管理信托财产的义务。公益信托财产关乎社会整体利益以及不特定多数的实际受益人,因而公益信托受托人必须具备专业的资产管理素养,"履行比普通受托人更高标准的专家注意义务"。[④] 一是善于运用组合投资模式保障公益信托的最低收益;二是投资高收益项目时应当经过内外部增信、尽职调查、现场访谈、审计评级等多种手段确保投资风险以及信用风险降至安全范围;三是根据市场价格和服务水平合理控制管理成本,减少对投资收益的影响;四是主动披露日常经营信息和重大事项,及时向监察人和监管者报告或备案相关信息。五是依照信托目的筛选受益人并主动支付财产收益。

另一方面,受托人管理信托财产的禁止性义务。一是禁止混同记账、管理信托财产和受托人固有财产;二是禁止享有信托利益;三是禁止直接或间接自我交易,以及以卖出回购方式管理运用信托财产;四是尽量避免可能涉及利益冲突的资产交易;五是禁止在管理处分财产时滥用自由裁量权。概言之,公益信托需要一个忠实的执行人(也即受托人)来执行长期的、复杂的事务。[⑤]

---

① 参见周小明:《信托制度:法理与实务》,中国法制出版社 2012 年版,第 244 ~ 248 页。

② See J. G. Riddall, MA(TCD), *The Law of Trusts*, London, Butterworths, 1987, p. 303.

③ 于海涌:《英美信托财产双重所有权在中国的本土化》,中国政法大学出版社 2011 年版,第 152 页。

④ 霍玉芬:《信托法要论》,中国政法大学出版社 2003 年版,第 89 页。

⑤ 参见王道远、周萍、翁两民等:《信托的逻辑——中国信托公司做什么》,中信出版集团 2019 年版,第 191 页。

3.受益人的甄别选定

信托关系中,受益人与信托财产的经营管理、占有处分以及信托利益的分配与取得不发生直接的法律关系,一般处于接受信托利益的较为被动地位。普通信托中的受益人有权取得、放弃、变更、继承信托受益权,但不得处分信托财产。普通信托受益人无参与信托管理的法定默示权利,但享有信托文件授予的信托管理参与权,如若未授予则不享有。[①] 此外,受益人能够获得与委托人同样享有的知情权、调整信托财产管理方法的请求权、派生诉权、受托人解任权以及新受托人选任权,但前提条件是信托合同未特别约定不存在前述权利且委托人怠于行使权利。然而与委托人或其他普通信托不同之处在于,公益信托的受益人可能处于确定或不确定的状态。一方面,若在公益信托设立时确定了具体的受益人,如学校、公益组织、爱心团体、敬老孤儿院等,则可依前述受益人的权利义务内容加以规范。另一方面,受益人尚未确定时依旧可以设立公益信托,但由受托人依照信托目的甄别和选定受益人进行信托利益的分配。此时受托人享有选择受益人的自由裁量权,但应当以信托目的为限。[②] 如信托目的为资助科研活动,则受托人应当确定符合信托目的、从事科研活动的法人或自然人为受益人,并在交付信托利益前进行信息公示。

4.监察人的日常监督

诚如前述,公益信托的受益人常常在信托设立时处于不确定状态,需要受托人结合信托目的进行甄选。加之委托人在信托中处于丧失对信托财产控制权的静止状态,公益信托受托人在三方关系中“一家独大”,管理财产和选定受益人的权限过于强大,容易滋生腐败或有损信托利益,因而大陆法系创造监察人制度以加强对受托人权利的日常监督。公益信托存在受益人不特定的情形,因如欲使其受益人得以一致行使权利恐生困难,固有必要设置信托监察人,以维护受益人的权益。[③] 由此可见,信托监察人是以维护信托当事人之间权利平衡的产物,更凸显了国家对公益信托制度的监督管理。目前,信托监察人往往由被授权执行公共政策的事业单位或行业协会担任,如此不仅能够有

① 参见刘正峰:《美国商业信托法研究》,中国政法大学出版社2009年版,第304页。

② 参见[英]加利·瓦特:《衡平法和信托法简明案例》(第2版)(英文影印版),武汉大学出版社2004年版,第23~25页。

③ 参见[日]四宫和夫:《信托法》,有斐阁株式会社1994年版,第337页。

效发挥社会组织的协作力量，激发社会组织的积极性和主观能动性，还有利于强化公益信托中的内部管理，督促受托人自觉履行忠实勤勉义务。因而，信托监察人被誉为受托人的“监督人”和受益人的“保护人”。[①] 由于篇幅所限和逻辑架构之安排，有关信托监察人制度的具体内容，详见本书第五章公益信托监察人制度的论述。

（三）财产的独立性与目的的公益性

基于信托财产的独立性和信托目的的公益性，公益信托得以发挥其应有的创造性和灵活性。不从属于任何当事人但用益于不特定多数受益人的公益信托财产，具备破产隔离功能，不仅赋予受托人更加广泛的管理空间，还维系着法律关系长期稳定的存续。

1. 信托财产的独立性

信托设立后的两大法律效果便是受益权的产生和信托财产的独立地位。其中，前者是信托主体间权利义务关系的法律效果，后者则是针对信托客体财产的法律效果。信托财产作为信托的基本要素有着重要的意义，亦是中心内容。[②] 信托设立之初即当存有确定的信托财产并发生财产权的转移，此时的信托财产包括但不限于货币，股权，房屋土地等不动产，航空器、汽车、轮船等动产，股票、债券、票据等有价证券，专利、商标、著作权等知识产权，但财产权利（采矿权、渔业权）等能够用金钱衡量价值的非专属性权利，名誉权、姓名权等具有人身属性的人格权以及期货期权、掉期互换合约等无法衡量确定价值的金融衍生产品则被排除在外。信托财产虽名义由受托人所有，受托人对其享有经营管理权和物上代位权（亦有学者称其为信托财产的同一性[③]），但受托人受到信托契约和信托目的的约束，无法实现完整的所有权能。公益信托因其财产的公益性支出，将面临更为严格的监控，权属登记制度和财产公示制度成为维护信托财产独立性的重要屏障。公益信托财产的独立性，则具体表现为信托当事人对信托财产所享有权利的有限性。换言之，信托财产虽有别

① 参见雷宏：《信托监察人制度研究》，知识产权出版社 2011 年版，第 5 页。

② 参见［日］能见善久：《现代信托法》，赵廉慧译，中国法制出版社 2011 年版，第 35 页。

③ 参见赖源河、王志诚：《现代信托法论》（增订 3 版），中国政法大学出版社 2002 年版，第 79 ~ 81 页。

于信托当事人的固有财产但与各方有着密切的利害关系。与此同时，民法学者备受信托财产独立性问题困扰，相关理论尚未妥善解释清楚。我国信托法不仅对信托财产的所有权是否转移保持沉默，还对信托财产的独立性问题却已开始就毫无困难地接受了，一旦委托人将财产"委托"至信托中去，这笔财产就独立于委托人、受托人和受益人，尽管其所有权在此时此刻到底属于谁还不清楚，或者根本不想也不需要弄清楚。① 相反，经济法所秉承的开放态度能够以经济合同范式加以诠释。

一是委托人一旦决定将信托财产权交付受托人，委托人的债权人不得申请法院对该信托财产强制执行或破产清算、继承人不得申请遗产继承，这是信托法的基本原则，体现了国家立法对于信托这种新兴权利义务组合的认同和肯定。二是信托财产独立于受托人和受益人的固有财产，不得用于清偿或抵销债务。至于受益人能否在不能清偿到期债务时以信托财产清偿的问题，曾出现过肯定受益人以信托财产清偿债务的误读观点，其错误在于混同了信托财产与信托目的，错误认为为了受益人利益而设立的信托财产自当归属受益人。债权人只得以受益人的受益权为偿债客体，但同时不得取而代之成为新受益人，否则会造成信托因信托目的无法实现而终止。② 三是信托财产损益亦具有独立性。受托人依法必须对其固有财产和信托财产分别记账、分别管理、分别计算损失和收益。（信托财产的独立性示意见图2-2。）

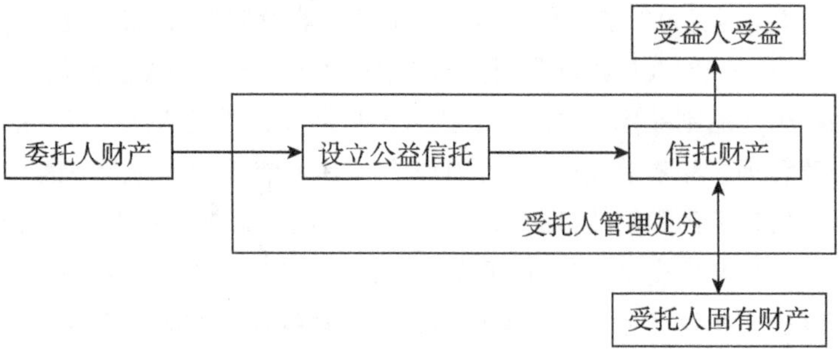

图2-2 信托财产的独立性示意

① 参见高凌云：《被误读的信托——信托法原论》，复旦大学出版社2010年版，第29页。

② 参见周小明：《信托制度：法理与实务》，中国法制出版社2012年版，第217~218页。

2. 信托目的的公益性

卢梭曾断言：自然状态中几乎不存在不平等；随着人类能力的发展和智慧的进步，不平等获得了生长的力量；最终，由于私有制和法律的建立，不平等变得根深蒂固并且合法化了。[①] 然而，人类的不平等尽管客观上存在并呈现不断加剧之势，但并不意味着人类会任由其发展而不加以阻碍和延缓。“一切社会制度、所有有德公民都应当尽最大努力向个体正义和社会正义这一最高抽象标准靠拢。”[②]如此也极度契合儒家“修身齐家治国平天下”的理想抱负。公益慈善旨在救赎人类不平等所招致的罪恶、弥补社会发展不平衡所导致的负外部性，已成为社会各界仁人志士的共同追求。也正是基于此，作为公益法律制度的创新之举，公益信托逐渐得到追捧和青睐。信托目的的公益性约束着受托人的经营管理行为和资助帮扶行为，受托人应当以其专业素养尽最大努力维持信托财产的保值增值，最终以其专业判断将所获收益交付符合信托目的条件的受益人。

公益信托目的的公益性，经历了慈善信托对信托目的的限缩和明晰的过程。慈善，一种人类最悠久的社会传统，体现了“人之初，性本善”的天赐秉性，是从同情、怜悯或宗教信仰的角度对弱势群体施舍捐赠财物，帮助其渡过目前的难关和困苦。[③] 但发展至今的公益信托，其目的他益性已呈现社会化，即委托人是为不特定多数人之利益设立公益信托，而非出于同情和怜悯而将自己的财产信托至贫困病患的近亲属等利害关系人。根据我国《公益事业捐赠法》第 3 条和《信托法》第 60 条有关公益目的的规定，[④]我国立法中的公益拥有三重概念，一为仁爱帮扶之义(charity)；二为涵盖教育、科学、文化、卫生、

---

① 参见[法]让－雅克·卢梭：《论人类不平等的起源》，吕卓译，江西教育出版社 2014 年版，第 71 页。

② [英]约翰·斯图亚特·穆勒：《功利主义》，叶建新译，江西教育出版社 2014 年版，第 60 页。

③ 参见赵华文、李雨：《慈善的真相》，安徽人民出版社 2012 年版，第 5 页。

④ 《公益事业捐赠法》第 3 条规定：“本法所称公益事业是指非营利的下列事项：(一)救助灾害、救济贫困、扶助残疾人等困难的社会群体和个人的活动；(二)教育、科学、文化、卫生、体育事业；(三)环境保护、社会公共设施建设；(四)促进社会发展和进步的其他社会公共和福利事业。”《信托法》第 60 条规定：“为了下列公共利益目的之一而设立的信托，属于公益信托：(一)救济贫困；(二)救助灾民；(三)扶助残疾人；(四)发展教育、科技、文化、艺术、体育事业；(五)发展医疗卫生事业；(六)发展环境保护事业，维护生态环境；(七)发展其他社会公益事业。”

体育和环境保护等非营利、涉及社会进步、可持续发展的公共治理领域概念(philanthropy);三为囊括公共安全、社会保障等更为广阔的公共利益领域概念(public interests)(见图2-3)。因而为保持法律制度的连续性,同时更加贴合我国传统文化,我国公益信托目的中的“公益性”应当以《信托法》中关于公益目的之规范为外延,以期接地气式地提升国民社会福利。

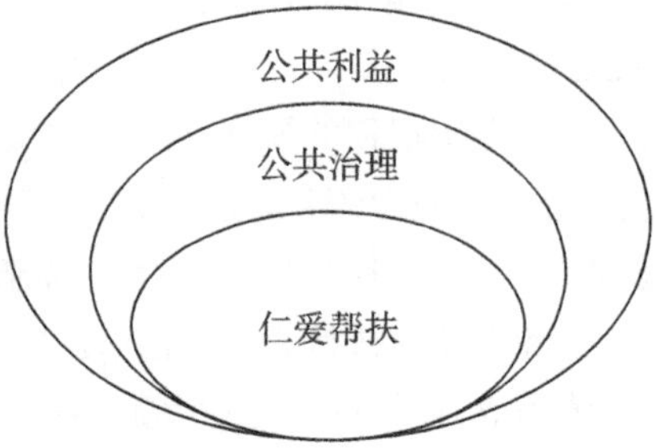

图2-3 信托目的公益性的三重概念

二、经济法理念下公益信托的价值观

公益信托之所以能够受到英美法系和大陆法系发达国家和地区的青睐和追捧,究其实质原因,在于公益信托创造性地将个体与社会、市场与政府有机结合起来,具有浓厚且丰富的法律精神。公益信托所反映出的人权保护、社会再分配、市场创新与政府职能转变等价值理念,统合与协调了当前国民经济和社会发展的诸多重要方面,强有力地促进了社会整体利益的提升。启蒙思想家卢梭曾以自然法的角度指出保障公民基本人权、提升社会福祉的必要性和坚决性。无论“不平等”如何被定义,一个孩子命令一个老人,一个低能的人统领一位睿智的人,在一小撮人尽享奢侈品的同时大量的饥民却缺乏生活必需品,这些都显然是违背自然法的。[①] 人类在奔向现代化文明的进程中,尽管努力改变和缩小两极分化、贫富差距拉大的局面,但无法彻底消除这一不平等现象。经济总量和社会环境快速发展的同时,如何保障老弱病残、孤寡鳏独、

① 参见[法]让-雅克·卢梭:《论人类不平等的起源》,吕卓译,江西教育出版社2014年版,第71页。

贫民乞丐等社会弱势群体的基本人权，如何在现有财政再分配体系缓慢运转的形势下尽快提升社会再分配的效率，成为公益信托极为关切并给予帮助的关键问题。

（一）人权的保障与发展

《世界人权宣言》以列举的方式，鲜明地指出，人权福利的世界性通用标准，不仅包含维持人类生存的衣食住行和医疗，还囊括了促进人类发展以及天性释放的社会福利。[①]《世界人权宣言》第26条还规定了人人都有受教育的权利、而教育的目的就在于充分发展人的个性并加强对人权和基本自由的尊重。三大公约组成的国际人权宪章均详细列举了人权的基本标准和一般范畴。[②] 我国有关人权保障的态度同样坚决而务实，即一定要最先保障人的基本生存及发展条件，否则其他公民权利成为无水之源、无本之木。[③] 根据以上国际公约和法律文件的规定，我们可以抽象出人的基本生存权是指个人所应该享有的保证自己及其家人最基本的经济和文化生活的权利。在现代民主国家，实现个人自由、发展人格及维护尊严可以说是人类社会共同的价值观念，每一个人的自我实现和自我成就是其人格发展和尊严维护所必需的。[④] “由宪法上民生福利国家原则所产生之福利立法，与其说针对社会及经济情势，毋宁说在确认及创造国民之自由。”[⑤]在一国经济快速发展的阶段，无论在政治制度还是社会发展方面，人权保障的基本原则在宏观层面均转换为对社会民生的关注，演化为与全体社会成员休戚相关的教育、医疗、社会保障等社会现

---

① 联合国《世界人权宣言》第25条第1款明确指出：“人人有权享受为维持本人和家属的健康和福利所需的生活水准，包括食物、衣着、住房、医疗和必要的社会服务。”

② 《经济、社会及文化权利国际公约》，是最重要的国际人权文件之一，与《世界人权宣言》和《公民权利和政治权利国际公约》一起，并称为“国际人权宪章”。《经济、社会及文化权利国际公约》第11条第1款规定：“本公约缔约各国承认人人有权为他自己和家庭获得相当的生活水准，包括足够的食物、衣着和住房，并能不断改进生活条件。”《公民权利和政治权利国际公约》则以数十款条文事无巨细地规定了公民应当享有的人权保障。

③ 2014年《中国人权白皮书》认为：“生存权和发展权是首要人权，没有生存权、发展权，其他一切人权均无从谈起。”

④ 参见钱俊文：《国家征税权的合宪性控制》，法律出版社2007年版，第201页。

⑤ 葛克昌：《国家学与国家法——社会国、租税国与法治国理念》，台北，月旦出版社股份有限公司1996年版，第199页。

实问题。

公益信托能够基于其强劲的创造力,将资本市场的投资收益源源不断地贡献给社会福利事业以及公益慈善事业。公益信托的前身慈善信托就是在救济苍生、悬壶济世的宗教教义和人权精神指导下,发展至如今的繁荣景象。从信托目的的公益属性来看,公益信托在现行国家立法的规范下,仅能够将信托收益支持于安全救灾;帮扶救助弱势困难的社会群体;科教文卫事业;大气、水土、动植物的生态保障;城市、农村、社区、郊县的公共基础设施建设等领域。总体而言,自然人生存于这个地球之上,离不开衣食住行和社会服务的供给。这些促进社会发展和进步的社会公共事业和慈善事业,均与公民人权、与公民生存发展权休戚相关,不仅保障着社会成员作为人类个体对吃穿住行和教育医疗等生存发展必需品的刚性需求,还促进了环境保护、科学创造等经济效果缓慢但社会效益巨大的公共产品的开发,维系着人类社会和现代文明的长久存续和健康发展,并直观反映在公益信托的价值目标与贡献领域上。

(二)资源分配的正义与效率

长久以来,“正义”一词被誉为人类的崇高价值。虽然“正义有着一张普洛透斯似的脸(A Protean Face),变幻无常、随时可呈不同形状并具有极不相同的面貌”,①因而不同的哲学家基于个人学识、思想阅历、文化传统等诸多因素的不同,对正义的理解认识、剖析解释有所不同。如亚里士多德认为正义就是一种分配的正义,这一思想在古罗马法中有所体现,查士丁尼所编纂的法典里将正义定义为“使每个人各得其分”;②罗尔斯将作为公平的正义定义为“在不伤害他人自由的前提下保证个人自由的原则,以及导向在社会中公正地分配机会的原则”。③ 经过数个世纪的探讨与争论,国内外学者尝试性地总结和

---

① [美]E.博登海默:《法理学:法律哲学与法律方法》,邓正来译,中国政法大学出版社1999年版,第252页。

② [英]丹尼斯·罗伊德:《法律的理念》,张茂柏译,新星出版社2005年版,第97页。

③ [美]罗尔斯:《正义论》,何怀宏、何包钢、廖申白译,中国社会科学出版社1998年版,第9页。

归纳公正分配的标准或实质性因素,见表 2 - 1。①

表 2 - 1　公正分配的标准或实质性因素

公平标准	正义标准
1. 完全平等原则(每人一份)	4. 能力
2. 普遍福利(公共产品的需求)	5. 努力
3. 平等需求	6. 成就
	7. 贡献(如教育、资本和时间)
	8. 个人状况(如年龄、身体条件)
	9. 市场供需

随着追求经济效率和建立私有制保护,现代社会的资源分配已无法在传统的市场配置中实现,转而借助法律建立的财政制度予以大规模、有计划地实现。然而,财政对社会收入再分配的影响主要集中于公平标准,即均等化的公共服务,尽管亦存在对能力、个体状况等正义标准的考量,但总体而言财政供给公共产品的进程较为缓慢和滞后。法律箴言常曰,迟到的判决并非正义,同理,迟到的救济亦非正义,救命的馒头总比免费的公墓要好得多。因而,在分配正义已成为全人类共识的情况下,提高分配正义的效率显然成为当前公共产品供给的关键。与此同时,公益信托具有广泛的社会基础和高效的协调能力。公益信托中,以行业协会等社会自治组织作为监察人,以主观能动性较强、奉献社会意识较强的社会志愿服务团体作为受益人,显然有助于调动社会的积极力量,促进民间组织对正义分配的参与度和高效率。公益信托受托人将资本市场的投资收益资助给深入基层、了解实情的社会志愿服务团体,能够提升帮扶合计救济受助群体的效率,实现因人制宜、因地制宜的实质正义,针对不同群体施以不同的恩惠和福音。"法律与正义的关系可以从维护社会稳

① 关于公正分配的标准或实质性因素,参见 Jennifer Hochschild, *What's Fair: American Beliefs about Distribute Justice*, Boston, Harvard University Press, 1981, p. 47 - 82; George Scher, *Desert*, Princeton, Princeton University Press, 1987, p. 6 - 7; Morton Deutsch, *Equity, Equality and Need: What Determines Which Value Will Be Used as the Basis of Distribute Justice*?, J. Soc. Issues 31, 1975, p. 137, 139; Ronald Dworkin, *What Is Equality? Part3: The Place of Liberty*, Iowa L. Rev. 1, 1987, p. 37.

定和发展的客观机制中去把握。这样,正义就不是一种虚无缥缈的东西,或者相对的无法确定,它犹如一道阀门或过滤器,处在社会的治与乱、国家的兴与衰之间,决定着国家权威的凝聚和流失。"[①]公益信托法得益于法律通过对权利和义务的具体规定,实现对资源、利益的公正分配。可以说,公平正义的价值天然地根植于法律之中,并与公益信托不谋而合。

(三)市场秩序的创新与有序

欲揭开信托法的神秘面纱,正本清源之道应当是从经济面或制度的角度来体察它的性质与内容。人类社会交易方式经历了实物交换、以货币为媒介的交换以及依靠信用完成交换三个发展阶段。在现代经济中,通过合同或契约设立的债权债务关系替代了货币资金实现了商品的转移,因而信用经济成为市场经济的同义词。[②] 起源于信任与托付思想的信托制度,无论对资产管理抑或资金融通始终具有广泛的适用性和高度的灵活性。公益信托的出世,则依托市场秩序中契约精神和职业伦理精神,将社会福利事业与金融资本市场紧密结合起来。

1. 契约关系的巩固

与传统民商事信托有所不同,公益信托俨然不仅继续追求意思自治,还创造性地融入国家意志并与之形成更为稳固的公共经济契约——经济合同。除却信托关系的自律约束和目的约束,政府基于天然地代表社会公共利益,以提供公共产品和履行社会管理职能为己任,直接参与市场经济活动,强化经济契约的约束,公益信托自然也不例外。一方面,政府为了更好地提供社会服务,通过强力监管或者授权社会组织参与公益信托,作为监管者和监察人,"将其意志体现到原本是私人自治的契约关系中去"。[③] 得益于政府诸多支持鼓励、引导发展的社会治理方式,有效地监督受托人的财产管理行为,公益信托能够进行平稳运转并长期存续,减少了不必要的法律风险和纠纷。如此不仅有利于维护市场秩序的公平与效率,还有助于市场与政府的"双赢",推动经济合

① 夏勇:《法理讲义——关于法律的道理与学问(上)》,北京大学出版社2010年版,第3页。

② 参见刘佳:《政府经济决策的法治路径探析》,载《商业研究》2015年第3期。

③ 史际春:《经济法》(第2版),中国人民大学出版社2010年版,第456页。

同之于经济活动的普遍适用性,促进社会本位和平衡协调等价值理念的深入人心。另一方面,为了帮助公益信托更好地实现社会公共利益,国家积极调整立法、政府积极调整政策,综合运用税收优惠、权属登记、近似原则等多元政策工具增进对公益信托的社会治理,建立事前、事中、事后的三维立体式风险防范机制,维系公益信托法律关系的稳定和健康。任何社会得以存在的起码条件是确立一些机制,不管它们是多么低级或简陋,以便做出权威性的社会决议来规定应该如何分配精神利益和物质利益。[①] 申而论之,旨在推动社会治理现代化的政府打破传统私权至上的藩篱,以其权威的公信力参与公益信托(经济合同)之中,防范自由契约下的纳什均衡,巩固市场信用经济下的契约关系。

2. 职业经理人的专业自律

毫无疑问,公益信托的受托人是整个法律制度的核心,不仅肩负着信托财产的经营管理与保值增值职责,还担负着受托人的甄别与选定义务。在经济学中,我们称之为理性的职业经理人。职业经理人依靠其强大的团队背景和专业的知识储备,为公益信托的发展推波助澜。新教的伦理精神,是促进早期企业家创业和发展的内在精神动力,是推动资本主义市场经济发展的根本动因。[②] 职业经理人,对法人财产拥有绝对的经营权和管理权,需要在具备完善的法人治理体系的企业中,向股东会和董事会负责,并且依靠自身专业的管理能力和独到的商业视野,忠实勤勉地经营和管理该企业,保证企业资产的保值增值。汇集和掌管委托人资产的信托受托人亦是如此,同样需要具备良好的品德和职业素养,能够运用所掌握的投资知识以及所具备的综合判断能力和丰富的实践经验,为信托财产提供经营管理服务并承担其保值增值的责任。与商业职业经理人不同的是,公益信托受托人还需具备更健康的伦理精神和职业道德,甚至公益服务的观念,自律性地减少类似证券投资基金的“老鼠仓”[③]现象。建立“老鼠仓”违背了职业经理人的一般诚信原则,是严重的职业

① 参见[美]戴维·斯顿:《政治生活的系统分析》,王浦劬译,华夏出版社1999年版,第42页。

② 参见[德]马克斯·韦伯:《新教伦理与资本主义精神》,陈平译,陕西师范大学出版社2007年版,第1页。

③ “老鼠仓”是金融投资中有意识的利益输送行为,具体指庄家(公有资金管理人)在使用公有资金拉升股价之前,先用个人(机构负责人,操盘手及其亲属,关系户)的资金在低位建仓,待用公有资金拉升到高位后个人仓位率先卖出进而私自获利的违法行为。

操守问题,并涉嫌犯罪。"老鼠仓"几乎没有投资风险,还能帮助受托人获得高额回报,但它损害了委托人和受益人的利益,甚至有可能导致所服务的公益信托财产严重亏损。政府机关和监察人虽然对"老鼠仓"有所监管,但鉴于其深藏的隐蔽性,自律管理往往比刑事处罚更为有效。因而,能够担任并胜任公益信托受托人的信托公司、证券公司、基金公司、资产管理公司及其麾下的职业经理人,均应当属于行业翘楚抑或同业典范,不仅保障着公益信托的健康运行,还促进和引导着市场中职业经理人群体的形成,提高受托人的管理能力和专业水准。

(四)政府职能的转变与适应

唯有真正树立现代法治理念,在步入社会后才能自觉维护法律尊严,领悟通过约束权力来保障权利的法治作用。① 一旦真正转变执政理念,遵循法治思维,政府在面对纷繁复杂的各方利益和管理任务时,便能牢记使命、尽职尽责,始终在法律授权范围内行使权力。马克斯·韦伯将服从的动机分为"合法型统治""传统型统治""魅力型政府"三种类型,其合法性基础依次为理性、经验和情感。② 可见,合法律性仅是合法性的一方面,合理性和人本性亦是法治的重要组成部分。公益信托的发展,不仅依靠普适性法律的颁行,还需政府以人本思想、法治思维平衡各方利益,服务于社会公共利益。

经济活动纷繁复杂且瞬息万变,导致立法建设往往滞后于经济的发展与创新,实践中常代之以程序简便的行政立法。公益信托便在一步步行政立法中有了一点点起色和示范性项目,然而,公益信托法律制度的建立和完善不能再依靠银保监会等政府机关的部门规章进行推动。政府以公权介入公益信托的设立和运行时,尤其在公益信托的投资领域,易陷入法无明文规定的尴尬状态,无法单纯依靠上位法制定实施细则,是故必须有所创制。此时,政府除却传统的法治思维外,还需注重利益之均衡、责任之落实。经济法的理念为经济社会化条件下的实质公平正义,其核心内容是实现社会的整体经济利益,表现

---

① 参见赵秉志:《现代法治理念》,北京师范大学出版社2012年版序言。

② 参见[德]马克斯·韦伯:《经济与社会》(上卷),林荣远译,商务印书馆2006年版,第241页。

为经济法是公私交融、社会本位法,是平衡协调、综合调整法。① 其要求凡涉及经济社会发展和人民群众切身利益的政府经济决策,均应采取平衡协调的手段,均衡委托人与受托人、受托人与受益人、金融市场与慈善事业、国家与纳税人之间的利益关系。对于公益信托的监管和规制,政府应当组织立法评估、公开听取专家建议和社会意见,注重公益信托运行的政府介入方式及其平稳过渡;同时对违反决策规定、出现重大决策失误、造成重大损失的,要按照"谁决策,谁负责"的原则严格追究责任。法治作为一种治国方略或者说社会调控方式,其特质是以民主为前提和目标,以严格依法办事为核心和以制约权力为关键。② 政府应当秉承法治思维、平衡协调、责权利效的多元化现代理念,对公益信托法律制度的移植提供服务和保驾护航,而非以公权力、以行政审批的模式进行阻碍,应当进行政府与市场的良性互动,保障公共政策与经济秩序的平稳发展。

三、公益信托——公益的金融化思考

诚如前述,有别于传统普通信托或公益法人的纯粹性,公益信托则兼具公益与金融的双重功能。公益信托,一方面依托慈善法律投身公益事业,另一方面依靠资本市场获取信托收益。然而,困顿于普通认知,慈善的慷慨似乎与金融的逐利格格不入,历来常有借公益非营利之名行阻碍公益信托发展之实者。经济法的开放态度、社会本位理念以及平衡协调手段,或许能够为公益信托的妖魔化帽子提供辩护与支持,为公益信托的金融化指明方向。

(一)金融与公益的融合与反思

长期以来,不求效益和回报的公益性捐赠已成为社会成员投身社会福利事业的主要方式。然而其结果是公益法人的主要收入来源于社会捐赠或政府补助,因而缺乏一定的自主经营或自食其力的能力,缺少资产管理的专业素养。一方面,单纯依靠社会和政府慷慨解囊的公益法人只能成为无源之水、无

---

① 参见史际春:《经济法》(第2版),中国人民大学出版社2010年版,第76页。

② 参见姚建宗:《法理学——一般法律科学》,中国政法大学出版社2006年版,第384~385页。

本之木。数据显示,2019 年我国基金会整体收入为 756 亿元人民币,其中捐赠收入为 664 亿元,财政补助收入为 43 亿元,投资收入为 38 亿元,服务收入为 11 亿元,分别占全年收入的 87.83%、5.69%、5.03% 和 1.46%。① 一旦财政收支或社会财富陷入困境,公益法人将无以为继,难以长久持续。另一方面,经济发展繁荣时期公益法人收大于支,其净资产虽不断膨胀却因无法及时支出而形成托管银行的沉淀资金或沉睡资本。尽管以长期借款的形式能够获取一定的孳息收益,但在负利率时代,沉默的公益法人净资产只得不断贬值。从公开渠道获得的 4254 家基金会 2018 年年度工作报告显示,2018 年我国基金会净资产已达 1472 亿元,其中 648 亿元为货币资金,意味着 44% 的基金会资产沉睡为银行存款。此外 2018 年我国平均通货膨胀率为 2.1%,平均活期存款利率为 0.35%,4254 家基金会中有 3063 家(占 72%)基金会未开展投资活动,同样意味着近 2/3 的基金会资产在默默贬值。② 非营利组织未必不能经营,如果举办者或出资者不取利,或者举办者、出资者本身就是非营利组织,取利后仍用于自身宗旨内的事业的,如非营利的教育组织、护老康复机构等,则不妨任由其赢利,多多益善。③ 显而易见,从资产利用效率和保值增值的角度,公益慈善对金融投资有着浓厚的兴趣和需求。

值得注意的是,资本天然喜好追逐利润。公益信托中,倘若受托人将信托财产投资于资本市场,极端情况下可能触发资本的贪婪,因追逐信托利益而过度偏好风险投资,产生有碍于信托财产安全的交易风险,如诺贝尔基金会在 2008 年的亏损。不过需要强调的是,资本市场的投资风险始终存在,即便较为安全的国债、金融债券以及评级较高的公司债券,均有违约兑付的信用风险存在,但不应当就此因噎废食、自废武功地断定金融与公益之间存有壁垒而不得融通,相反,应当辩证地看待该问题,平衡金融与公益的“双赢”与风险。一方面,公益信托受托人应当以信托财产的安全为首要原则,即保值是第一位的,增值是第二位的。受托人有责任凭借其专业的资产管理能力保障信托财

① 数据源于基金会中心网,http://www1.foundationcenter.org.cn/report/content? cid = 20200103104524,2020 年 1 月 4 日最后访问。

② 具体数据详见国家统计局 2018 年国民经济和社会发展统计公报和基金会中心网官网,http://www1.foundationcenter.org.cn/report/content? cid = 20191210175405,2020 年 1 月 4 日最后访问。

③ 参见史际春:《论营利性》,载《法学家》2013 年第 3 期。

产不贬值，如在国债、金融债券、黄金、保险、货币基金等低风险低收益领域参与投资，对于股票、证券投资基金、期货期权、资产证券化、信托等高风险高收益产品则需受忠实勤勉义务的约束，秉承审慎的态度，采取尽职调查、资信评级、现场访谈、防火墙隔离、信用增级等措施将风险尽可能降至最低。另一方面，公益信托的监管者和监察人应当恪尽职守，防范投资风险。相关金融监管部门、民政部门以及行业协会可以通过信息公示、风险预警、业务指引、抽查抽检等多种方式对公益信托受托人的投资行为进行引导和监督。受托人与监管者和监察人实现分工协作、相互配合之际，也能够促成“准公益信托”的出现。如当前风靡欧美的公益风险投资（venture philanthropy）（以下简称公益风投或VP），以解决社会问题为目标，然而其投资对象并非完全属于传统的非营利事业，许多VP基金投资于兼具社会和经济效益的社会企业，乃至具有一定社会效益的商业企业，具体如替代能源企业、公平贸易企业、营利性的以贫困人口为目标市场的小额信贷机构、以残疾人或无家可归人士为主要雇员的营利性企业等。①

（二）公益信托金融化的正负效应

按照福利经济学的解释，只要一个人或一群人的经济行为和决策影响并造成了他人的受损或受益情况，外部性即会出现。② 经济法对此亦较为赞同，社会个体利益与社会整体利益之间的矛盾始终存在，应当着力平衡协调二者关系，实现外部性内部化，即改变激励机制，以使市场主体考虑到自身行为的外部效应。公益信托的慈善金融化理想总是十分美好的，但同时应清醒地认识到现实依旧残酷与严峻，尽量避免陷入南辕北辙的境况。

1. 信托的便捷灵活与投机的伪善目的

现代社会的股份制，有效地分离了财产的权属和管理权，充分体现了市场经济的信用本质。尽管财产所有权人的管理权被剥离，财产的经营和管理悉

---

① 参见赵萌：《慈善金融：欧美公益风险投资的含义、历史与现状》，载《经济社会体制比较》2010年第4期；[美]马里奥·莫尼罗：《美国公益风险投资运行概述》，吴梅摘译，载《经济社会体制比较》2010年第4期；[英]罗伯·约翰：《高度参与的慈善：公益风险投资在欧洲的发展》，顾冀梅编译，载《经济社会体制比较》2010年第4期。

② 参见[美]曼昆：《经济学原理》（第5版），梁小民等译，北京大学出版社2009年版，第212～214页。

数交由受托人负责，但其结果是效益增加可能更加高效，实现收益最大化，这亦是股份公司大行其道、经济实力富可敌国的主要原因之一。相比而言，除却所有权和管理权的分离，信托还将所有权、管理权和受益权实现在财产权利法律关系之中并形成“三权分立”。所有人、管理人和受益人三方的权利义务泾渭分明、各自独立，如此三方各显其能，委托人之初衷或信托目的得以充分实现，受托人之信赖品质得到充分肯定、专业能力得到最大限度的发挥，受益人之利益得到最大化保障，最终实现“多赢”的和谐局面。因而，厉以宁先生谓之“信托既不是舶来品也不只是金融手段，而是一种古老的人际关系和生产关系”。[①] 此外，信托的操作流程较为简便灵活，主要以委托可信赖的受托人为核心环节。然而在公益信托中，由于其享有的税收优惠等外部激励，会形成政策洼地并驱使以利润最大化为目标的投机者参与公益信托。假借公益目的行逐利之实，“郭某某”事件、河南宋庆龄基金会风波、中华慈善总会尚德“发票门”等乱象频出。为防止公益信托的金融异化，一是要严格限定投资领域与界限，约束投资规模和控制市场风险；[②]二是有必要严格信托目的的公益性，尤其在科研、教育、医疗卫生、历史艺术等容易产生潜在利益的领域，禁止设立伪善目的信托，防范利益输送风险。

2. 国家税式支出与财政收入流失

税式支出，是制度经济学派针对税收优惠措施的经济效益和公共财政支出的征收成本与社会公共福利之间的关系，提出的全新理论。依学界通说，税式支出具体是指在维持国家现有税制的条件下，政府对特定的纳税人或应税行为实施税负上的差别性对待或超国民待遇，给予不同程度的税收减免、抵免扣除、税款缓交等优惠待遇而形成的支出或放弃的收入。税式支出通过放弃税款收入的做法，直接鼓励特定的经济行为，以期节省税收征管和财政转移支付的人力物力成本，实现社会效益的最大化和政府治理效率的最大化。赋予公益信托税收优惠待遇已成为世界发达国家和地区促进公益信托的重要举措。公益信托的税式支出安排，有利于支持和鼓励公益信托，有利于提高弱势群体生存和发展的待遇继而提高整个社会的福利水平，还有利于吸引社会资

① 蒲坚、张继胜等：《论信托》，中信出版社2014年版，序言。

② 参见冯果、窦鹏娟：《公益慈善组织投资风险的法律控制》，载《政治与法律》2013年第10期。

本，孵化培育先进技术和提高精神文明。但税式支出并非完美无瑕，亦存在负的外部效应，如若公益信托过度享受税收优惠条件，一是会背离市场经济所要求的税收公平原则，引发不必要的不公平竞争现象，容易扰乱市场秩序；二是导致税法的复杂化，客观上导致税务机关的臃肿和税收征管的难度增加，以及寻租行为的机会；三是最终结果为税收收入的直接流失，侵蚀了税基，减少了国家的财政收入。"税收政策的核心问题是，一项有效率的税收政策通常似乎并不公平，看起来似乎公平的税收政策却没有效率，公平与效率之间存在权衡的问题。"①同样，也应当在公益信托的税收效率与税收公平之间寻找平衡点，协调纳税人与国家、市场与政府之间的利益关系。

3. 信息公开与信用评价

"法律规制的目标，不仅是要将基金会拥有的公信力和财富权力限制在其设定的公益目标范围内，更是要为基金会透明、高效地运作而构建治理规则，促使公众更加信任基金会，进而使基金会得到更多的社会财富，以便其更为广泛地服务于社会公益。"②与其他公益法人同理，公益信托的公信力同样至关重要。阳光是最好的防腐剂，公信力的维护常常需要法律强制性地规定信息主体披露信息。证券交易市场如此，公益事业领域亦如此，只为寻求信息的对称性交流，以防范内幕交易、利益输送和假公济私等行为的发生。与此同时，面对公布于众的多如牛毛的信息，如何鉴别信息的真伪、筛选有价值的信息并以此判断公益信托的公信力强弱，是摆在每个公益信托委托人的现实问题。比较优化的法律制度建议是仿照证券交易的信用评级制度，由第三方评级机构负责整合分析已公开信息，对公益项目的信息公开程度以及公信力作出评判，并简化为类似 A、B、C 的层级。借鉴信用评级机构的做法，将有利于提高公益信托信息披露的公开程度，有利于公益信托的广泛传播，便于社会公众了解和支持公益信托，同时亦便于公益信托广泛和优质地服务于社会公益。

（三）公益信托的监管与创新协同

公益信托的金融化进程，能够不断激发广泛的社会力量参与公益慈善事

---

① ［美］保罗·克鲁格曼、［美］罗宾·韦尔斯：《微观经济学》，黄卫平等译，中国人民大学出版社 2009 年版，第 619 页。

② 姚海放：《公益基金会投资行为治理研究》，载《政治与法律》2013 年第 10 期。

业、持续增加金融市场的资本流动性。与此同时,政府及职能部门作为市场和公共服务的监管者,亦不能忽视公益信托金融化因一贯创新而产生或隐藏的风险与问题。如何在公益信托的有效监管与鼓励创新之间寻求平衡点,是对国家治理体系现代化的现实挑战,亦是提升公共治理能力的时代机遇。

1. 监管理念与金融创新水平相适应

毫无疑问,创新始终是推动人类社会不断前进的巨大动力。工业革命后期,人类社会大多对工程技术的创新给予政策肯定和法律保障,相继建立了知识产权与商业秘密的国内保护和国际协作。与之不同的是,金融服务在给全球和国内经济带来繁荣的同时,也招致过经济危机或经济萧条,可谓成也萧何败也萧何。因而金融服务也常常纳入政府的严格管控领域,其创新水平也因政府的政策宽严与否而上下波动。

当前我国正处于产业转型的变革时期,在对实体经济优化的同时亦需要虚拟经济的创新。“创新自然是稀缺的,因为这种创新会创造经济需求。”①改革开放以后,我国经济体制实现从计划经济向社会主义市场经济的转变,然而部分政府职能部门的监管理念仍然遵循着“一管就死,一放就乱”的传统思维范式,金融服务的创新与发展方向基本依赖于现行政策表现出的监管态度。我国信托业经历了支持鼓励、野蛮生长、全面清理、行业复苏、业务受限等多个历史时期,不仅反映出金融创新的规模化效应容易受到政府的监管预警和行政管制,还体现出我国对信托产品金融创新的监管理念始终与法治化存有差距,并且难以与市场需求或创新水平保持一致。其结果是,市场创新无法获得稳定的政策保障和发展空间,公益信托的发展始终受限。因此,政府的监管理念应与公益信托的创新水平相适应,受托人与政府职能部门之间虽然时刻处在利益的较量和博弈状态,但受托人的创新行为在挑战监管规则的同时亦在考验政府的监管水平和开放程度,二者间的博弈角力应当始终维持在良性且均衡的动态水平。“既能满足金融机构的创新和利益最大化的要求,又能使金融监管部门实现有效监管,维护金融安全与稳定的绩效得以实现。”②公益信托受托人依照委托人意愿和信托目的,为受益人谋求信托利益之时,应当以

① [美]苏珊娜·斯科奇姆:《创新与激励》,刘勇译,格致出版社、上海人民出版社 2010 年版,第 38 页。

② 韩忠亮:《全球化背景下金融监管的博弈研究》,北京大学出版社 2013 年版,第 210 页。

社会整体利益为限,以不扰乱金融秩序、不诱发金融危机为职业操守和法律底线,尽量降低投资风险并积极保障信托财产的安全,实现信托财产的保值增值与金融秩序的稳定局面。

2. 监管模式与公益支出方式相结合

在受托人的专业管理下,公益信托的运行分为两个环节:获取信托收益和交付信托利益。前者需要受托人依靠其专业的管理能力在资本市场实现信托财产的保值增值,接受金融监管部门的执法监督;后者则需受托人秉承信托目的完成对受益人群体的捐助和帮扶,接受公益监管部门的监督管理。获取信托收益环节,政府的监管理念应当与金融创新的水平相适应,而在交付信托利益环节,政府的监管模式则应与公益支出的方式相结合,严格监管公益信托财产的公益性使用,尽可能实现委托人的真实意愿,发挥国家扶持公益事业的政策导向性作用。信托只不过是解决问题的途径和方式,慈善才是解决问题的核心和根本。[①] 我国目前的公益性支出方式主要分为两种:一是以货币现金、能源物资为主的物质支出,如给付转赠扶贫济困救助金、建造修缮科教文卫等基础设施、奖励扶助补贴社会志愿服务组织等;二是公共服务的主动购买,如为残障人士购买保险、医疗和家政等商业服务以及为保护环境加入绿色家园计划或蓝色天空规划等公益服务。因此,除却物质捐赠支出,服务购买不仅需要大量的服务者团队,还需受托人、政府以及民间组织的共同参与,明确具体的受益人对象,给予受益人所需的物质或服务帮助,实现信托效益的最大化。

我国以民政系统和主管单位为监管部门的"双重管理体制",推行社会团体的注册年检和业务监督,虽能够保障慈善公益活动的公正性和纯洁性,但高准入门槛客观上抑制了致力于志愿服务的民间草根组织的发展。当前世界慈善管理模式大致以美国的"民间主导型"、英国的"政府干预型"、新加坡的"政府主导型"和加拿大的"志愿自律型"为主。这些公益监管模式我国可以借鉴四点,即低门槛的认可和备案制度、完善的法人制度、适度的税收优惠制度、合理的分类管理制度和健全的社会监督和评估制度。[②] 结合我国经济社会发展水平以及公益性支出方式的特征,相关立法如果能够实现监察人的强制性内置、社会审计的强制介入、公益支出的信息公示以及公信力的信用评级等监管

---

① 参见徐卫:《慈善宣言信托制度构建研究》,法律出版社2012年版,第2页。

② 参见赵华文、李雨:《慈善的真相》,安徽人民出版社2012年版,第234页。

模式的建立完善，将极大推动公益信托的制度化和社会化，促进社会福祉的提升，有利于和谐社会的长治久安。

本章小结

有别于传统民商法学的单一视角，经济法视野下的公益信托研究豁然开朗。遵循经济法学研究方法深度剖析公益信托，可以了解和知悉公益信托新颖且全面的运行机理和法律关系结构。首先，公益信托以人为本的价值追求和体现国家意志的制度结构，极好地契合了经济法的理念和经济合同的基本特征，具备经济合同属性的公益信托制度，动摇且突破了私法与公法、民法与行政法、契约与法律之间的僵死藩篱，促使市场机制与政府管理、他域法律与本国制度的渗透融合，从而繁衍出一个崭新的公益法律领域。其次，除却委托人、受托人和受益人的“黄金三角”，信托监察人因代表国家意志和公众意愿的监督功能而成为公益信托的新设当事人。基于信托财产的独立性和信托目的的公益性，公益信托得以发挥其应有的创造性和灵活性。不从属于任何当事人但用益于不特定多数受益人的公益信托财产，具备了破产隔离功能，不仅赋予受托人更加广泛的管理空间，还使法律关系长期稳定地存续。再次，公益信托所反映出的人权保护、社会再分配、市场创新与政府职能转变等价值理念，统合与协调了当前国民经济和社会发展的诸多重要方面，强有力地促进了社会整体利益的提升。最后，有别于传统普通信托或公益法人的纯粹性，公益信托则兼具公益与金融的双重功能，成为架设于公益慈善与金融资本之间的桥梁和纽带。一方面，我们应当清醒地意识到公益信托金融化的正负效应，在推崇便捷灵活的公益信托并赋予税收优惠待遇的同时，还应关切投机的伪善目的和国家财政收入流失的隐性问题；另一方面，不能忽视公益信托金融化因一贯创新而产生或隐藏的风险与问题，必须在公益信托的有效监管与鼓励创新之间寻求平衡点。既要使监管理念与金融创新水平相适应，还应使监管模式与公益支出方式相结合。

第三章　公益信托的设立规则

在现代经济社会中,成熟的公益信托因关涉经济自由、社会公共利益、金融市场秩序和国家税收优惠政策等重大问题,不仅无法如私益信托般自由设立,同时还应当接受国家意志的介入和监管。在政府职能部门监管下设立的公益信托,得以保障公益信托的经济效率和社会成本相统一,降低经营风险并促使效益最大化。我国虽对公益信托的设立模式采取许可主义,但具体的设立程序还欠缺明确的制度安排。设立模式的适度放宽,受托人资质的审定以及信托登记制度的建立,将极大激活公益信托的创设,推动公益慈善事业的发展。

一、公益信托设立的模式选择

基于人文历史、法律文化、发展观念等诸多因素的不同,在公益信托的设立模式方面,英美法系国家采取了市场标准化思维的登记主义,而大陆法系国家和地区则选择了带有浓郁行政色彩的许可主义。我国立法对公益信托的设立模式采纳了大陆法系的许可主义。简单照搬域外制度显然无益于法律移植,只会徒增立法成本,无法发挥应有的制度优势。我国公益信托立法中有关设立模式和设立程序的不足,无法调动社会成员的积极性,无法给予信托当事人一定的法律预期,这无疑阻碍了我国公益信托产品或样本的诞生和发展。结合我国国情加以审慎判断,我国公益信托的设立模式短期内应当继续采用许可主义,培育监管部门对公益信托这一新鲜事物的认知水平和监管能力,但长期而言,应当全面转向登记主义,以助推公益信托的发展和社会福祉的提升。

(一)英美法系的登记主义

尽管受到平等自由价值的影响,英美法系国家仍对慈善信托的监管起始于设立阶段。然而碍于自由经济思潮的传播,政府职能部门对于慈善信托的设立监管仅实施形式主义的要件登记和公示制度,即满足于法定慈善信托目的的信托文件在登记机关登记备案即可,无须进行实质内容的判定。

1. 英国慈善信托登记制度的兴起

英国慈善信托的快速发展及其相关问题,受到了政府监管部门的关切和重视。在慈善信托诞生之初设置了慈善专员对慈善信托及其受托人予以监督,但及至18世纪,慈善专员的权力衰落,使政府监管部门对慈善信托的监督力度也骤然减小。为掌握慈善信托受托人的投机现象和违法违规行为,1763年英国采取了有力的针对性措施,即由国家政府组织开展名为“调查慈善捐赠活动”的调查运动,要求公开慈善信托条款,以确保慈善信托的健康运行以及防止慈善信托的莫名消失。① 政府为稳固、保持和实时掌握社会捐赠活动的信息和数量,继而建立了慈善捐赠的强制登记制度。与此同时,英国普遍认同慈善信托活动的建立只需登记而无须公示,受益人为不特定多数人的慈善信托的收益和支出才需要公示。“慈善信托和内容不能太公开,如果这样,人们可能会担心别人误解他们的信托。”②至此,最早的慈善信托登记制度才在英国出现。然而,英国慈善信托登记制度的发展并非一帆风顺,经历了司法介入和机构剥离等多个阶段。

源自18世纪的英国慈善信托登记制度并非随信托制度同时诞生,其起步稍有滞后,主要随着信托制度的完善而逐渐发展起来。然而慈善信托制度在发展初期并不是一帆风顺的,由于信托财产登记制度执行力度不大,法律责任

---

① 参见解锟:《英国慈善信托制度研究》,法律出版社2011年版,第36~37页。

② Richard Tompson, *the Charity Commission and the Age of Reform*, London, Routledge & K. Paul; Buffalo, University of Toronto Press, 1979, p. 80.

没有落实，慈善信托的登记数量较少，慈善信托的监管力度依旧薄弱。为加强对慈善信托的监管，19 世纪英国国会议员萨穆尔·罗米利（Samuel Romilly）指出，慈善信托财产的滥用并非来自慈善组织本身的问题，主要是由于法律对其救济不力以及救济成本过高造成的。① 在其倡导下，《1812 年慈善捐赠法》（Charitable Donation Act 1812）明确规定慈善信托必须在衡平法院进行登记，以期通过法院强制登记的简单形式预防慈善信托财产的滥用和司法救济的滞后。

百余年后的 1952 年，英国内森委员会（Nathan Committee）对英国领土范围内所有的慈善组织（包括个人与教会组织）及其相关法律法规进行了全方位、地毯式的细致评估，最终公布了震惊朝野、堪称影响英国慈善立法的里程碑式的报告——“内森报告”（Nathan Report）。该报告认为，英国现行慈善信托法律所规定的慈善登记条款，属于形同虚设的规定（dead letter），在实践中处于几乎被束之高阁、无人问津的尴尬境地。至少有几千个慈善信托需要被监管，但只有不到 1/3 的慈善组织进行了不完全登记并提交了账目报告。②“内森报告”与之前已公布但堪称慈善法改革导火索的“贝弗里奇报告”（Beveridge RePort），均明确要求国会和政府重视《1853 年慈善法》所建立的慈善委员会，认清目前的现实问题，积极采取多项强有力措施，增加慈善委员会的财力、人力支持，扩大慈善委员会的权力，对不予登记且拒绝提交财务说明的受托人予以严格惩戒。政府采纳了“内森报告”的大部分建议，并将其集中体现在《1960 年慈善法》中。该法进一步扩大慈善委员会的职权，并在慈善委员会的内部设置独立负责慈善组织登记工作的专门机关。英国境内设立和境外设立、境内活动的所有慈善组织和慈善信托，都必须在慈善委员会办理强制注册手续，否则会遭受政府的严厉惩罚。慈善信托的登记以材料的形式审核为主，其中慈善信托文件是必不可少的重要文件。一般而言，慈善登记机关要求信托文件中的信托目的必须符合三个法定的基本条件，即“目的必须慈

① See William S. Holdsworth, *A History of Legal Law*, London, Routledge & K. Paul, 1945, p. 274 - 281.

② See James J. Fishman, *the Faithless and the Quest for Charitable Accountability 1200 - 2005*, Durham, Carolina Academic Press, 2007, p. 139.

善、为了公共利益、完全的慈善性”。[①] 慈善信托在登记后方能享受税收优惠待遇。至此,以慈善委员会为唯一登记部门,以慈善法为核心法律规范的慈善信托登记制度在英国正式确立,并逐渐影响着其他继受和移植慈善信托的国家和地区。

2. 美国慈善信托登记制度的实践

美国继受英国慈善信托制度虽一波三折,但慈善信托登记制度的施行却一帆风顺、平稳且有序。美国没有统一的慈善立法,但基于联邦制的政治体制,各州几乎均有详细的慈善州法。大多数州的慈善立法要求慈善信托必须进行登记,登记机关则为各州的总检察长(attorney general)。总检察长与英国慈善委员会同样作为慈善信托的重要监管者,也同样肩负着慈善信托的登记职责。例如,美国加利福尼亚州《慈善目的的受托人与捐赠人监管条例》规定,慈善信托受托人应当根据总检察长所列举的事项,在受让信托财产之日起6个月内,向总检察长申请公益信托的设立登记,并提交与慈善信托文件原件内容一致的复印件。[②] 不过值得注意的是,设立登记并非美国慈善信托成立和生效的法定要件,即使没有办理设立登记手续,慈善信托依旧能够合法成立并生效。慈善信托未完成设立登记仅表示受托人的专业能力值得质疑,其没有忠实勤勉地履行受托义务、违反了信托文件的约定和现有法律之规定。受托人可能会因此遭受行政处罚、承担违约责任甚至被委托人、受益人、监察人或监管机关申请更替,但这些都不影响慈善信托法律关系的成立和生效。

相比英国,美国慈善信托的强制登记效力较弱。究其原因在于设立登记是否成为享受税收优惠待遇的前置程序。英国规定慈善信托必须在慈善委员会进行设立登记后,方能启动享受税收优惠措施的相关程序。美国慈善信托的设立登记程序则平行于税收优惠注册程序,二者相互独立且互不影响,加之登记并非慈善信托成立的要件,因而美国慈善信托的强制登记效力相对薄弱。实际上,慈善信托受托人基于信托收益和税收成本的考量,会优先考虑向税务

① 参见《最新大不列颠法律袖珍读本——信托法》,文杰译,武汉大学出版社2003年版,第177~179页。

② See § 12584 Establishment of register of charitable corporation and trustees; § 12585 Filing of copy of articles of incorporation and instrument providing for trustee's tittle, powers and duties. Supervision of Trustees and Fundraisers for Charitable Purposes Act (California Government Code Sections 12580 - 12599.5).

机关申请税收优惠待遇,而相对怠于向总检察长提出设立登记的申请。这也是美国慈善组织和慈善信托的数据大多源自美国国税局(Internal Revenue Service,IRS),英国慈善信托数据源于慈善委员会的缘故。

(二)大陆法系的许可主义

设立许可主义是民法法系国家的公益信托的惯例。[①] 日本、韩国等大陆法系国家和地区作为大陆法系中较早引入公益信托的成员,根据本国实情,对英美法系慈善信托设立的登记主义进行了扬弃式的改革。此举体现了经济法社会本位之理念,推崇国家意志、政府监管从公益信托设立之初便开始介入的全程管理原则。即从源头预防公益信托的风险,规范公益信托的发展轨迹。

日本信托法学界在信托法起草过程中,便结合大陆法系相关制度和本国实情,对英美法系慈善信托的登记制度进行了反思。最终,日本信托法明确指出主管政府机关代表社会公共利益对公益信托负有管理职责,依法赋予主管机关对公益信托的监督职权,并进而规定受托人受让信托财产、委托人设立公益信托时应取得主管政府机关的批准。[②] 自此,日本公益信托的设立以行政审批为前提条件,否则公益信托无法成立生效,也不发生法律关系。显然,取得主管政府机关的行政批准或是审查同意,已然成为日本公益信托成立和生效的法定要件。为此,在选任受托人上,如果已确定的受托人没有经公益事业管理机构批准,则公益信托关系不能成立。信托财产亦不得发生转移,已转移的应当交还或给予补偿。“总之,这种批准或许可是对受托人承受信托的许可,而不是对委托人设立信托的许可。”[③]公益信托受托人的资格和能力,成为主管行政机关的主要审查内容。实践中,日本公益信托的设立流程为:(1)委托人选择明确的受托人,并与其商议确定公益信托文件的具体内容;(2)受托人依照约定内容起草和制作公益信托文件;(3)委托人与受托人可与相关机构进行预沟通,最终正式向目的事业主管机关递交公益信托文件及相关材料,申请公益信托的设立许可证,等候其审查批准。其中,受托人申请设立许可

---

① 参见张娜:《我国公益信托基金设立研究》,载《河南社会科学》2012 年第 3 期。

② 日本《信托法》第 67 条规定,“公益信托的监督权限属于主管政府机关”。第 68 条规定,“受托者接受公益信托时应取得主管政府机关的批准”。

③ 张军建:《信托法基础理论研究》,中国财政经济出版社 2009 年版,第 263 页。

时，应当向主管官厅提交“信托设立意向书”，“说明信托行为内容的文件”，“记载准备成为信托财产的财产之种类和总额的文件以及证明该财产权利和价格的文件”等；[①]（4）获得设立许可证后受托人与委托人、受益人（可能有）和监察人正式签订公益信托合同；（5）委托人向受托人转移信托财产并办理相关变更手续，至此公益信托正式设立。

日本主动引入公益信托但对其设立制度进行了改良，其初衷在于公益信托以实现社会公共利益为目的，且受益人一般为不特定多数人，代表着社会的公共利益。因而出于保护社会公共利益之目的，才规定公益事业管理机构对公益信托的设立和运用享有批准许可和监督权。[②] 此后，韩国也效仿日本的做法，同样规定奉行许可主义，即受托人申请设立公益信托时，必须获得目的事业主管机关的批准同意。[③] 可以说，韩国公益信托法律制度几乎全部借鉴于日本，公益信托的设立规则自然不能免俗。其借鉴和采纳日本许可主义的理由是，公益信托攸关公益，且其受益人多为一般社会大众，在法律上只有反射利益，为防范公益信托滥设，以确保社会大众权益，对公益信托的设立及其受托人的人选，规定须经目的事业主管机关的许可，使主管机关得衡量实际情形，给予许可。以此方式成立者，其性质上为生前行为及双方行为，因此必须按照法律行为及契约的规定，而且因必须向目的事业主管机关提出许可的申请，因此须具备书面契约的要式性。[④]

（三）我国公益信托设立模式的发展方向

公益信托的实际发展期并不长，有待不停探索、总结和改良。公益信托设立过程的登记主义和许可主义孰优孰劣，并不能一概论之，否则容易滋生以偏概全、揠苗助长的谬误。结合我国目前公益信托的发展现状和未来趋势，应当因时制宜地选择符合我国实际国情、经济社会发展水平以及法治化进程的公益信托的设立模式，扬弃辩证地借鉴他国法律，扎实建设中国特色的公益信托制度，阶段性地助推公益信托数量的增长，保障公益信托的效益与风险相

---

① 参见[日]能见善久：《现代信托法》，赵廉裴译，中国法制出版社2011年版，第295页。

② 参见[日]中野正俊、张军建：《信托法》，中国方正出版社2004年版，第213～214页。

③ 韩国《信托法》第66条规定，“接受公益信托时受托人须得到主管官署的许可”。

④ 参见赖源河、王志诚：《现代信托法论》（增订3版），中国政法大学出版社2002年版，第218～221页。

平衡。

1. 登记主义与许可主义的辨识

登记主义与许可主义的核心差异在于公益事业管理机构的登记程序是否成为设立公益信托的法定前置程序，抑或是公益信托成立的法定要件。“事实上，注册登记制和审批许可制都是为了在事前对公益信托进行监督，防止不合规定的信托借公益的名义侵害社会公共的利益。”①为了更好地保护公益信托所涉及的社会公共利益，登记主义与许可主义均认可国家意志应当介入公益信托的设立及其后续的运行阶段，但二者要求政府介入或管控的力度不一。可以说，在自由效益与安全秩序的法律价值的选择中，登记主义更加注重公益信托的自治和效率，许可主义则更加追求公益信托的稳定与规范。由于历史阶段以及经济社会发展水平不同，故难以直接判断登记主义与许可主义孰优孰劣。或许仅能在某种程度上讲在某个特定的经济社会发展的历史时期，登记主义或许可主义应为最优选择，能够更好地平衡社会整体利益与社会个体利益、国家与个体之间的关系。

许可主义与登记主义的利弊分析已是法科的老生常谈。许可主义提高了公益信托的准入门槛，政府职能部门依职权审核公益信托文件及受托人资质，以行政手段保障公益信托的合法性和真实性，敦促信托当事人更好地履行各自的信托义务，能够帮助社会大众及时掌握相关信息，事前防范公益信托可能诱发的风险，有效维护社会公益事业和金融资本市场的稳定格局和健康环境。但与此同时，许可主义也会提高政府监督公益信托的管理成本，导致行政机构的臃肿，滋生审批机关人员的寻租空间，是政府代替市场抉择、政府为市场背书的体现。长期处于许可主义下的公益信托，受制于低效的行政管理干预和欠缺辨识力的市场环境，难以有所作为，这也是日韩等国公益信托发展缓慢的原因之一。登记主义能够减少行政管理的过度干预，降低政府的管理成本，增强委托人设立公益信托的积极性，同时也有利于倡导当事人提交真实合法的公益信托文件的自律性与自觉性。登记主义固然具有较多优点，但其背后需要高水平的国家法治，亦需要配有政府对公益信托运行过程、受托人财产管理行为、收益分配行为的高标准监管能力和现代化社会治理水平，以及职业经理人制度的普遍性和公益信托受托人的高效自治。因此，对于政府和市场而言，

① 徐孟洲：《论我国公益信托的设立》，载《广东社会科学》2012年第5期。

许可主义是政府练就监管本领、市场培育创新服务的孵化器,登记主义则是考验政府监管能力、实现市场资源配置的试金石。

2.《信托法》许可主义与《慈善法》登记主义的冲突

法律的创制活动均有其一定的历史背景,我国立法机关自然要结合当时的法治水平和时代特征。负责起草信托法的全国人大法工委曾指出,规定公益信托设立的审批制度,可以加强对公益信托的管理,确保公益信托的名副其实,防止打着公益信托的幌子享受公益信托的有关优惠规定,而实际上为个人谋取私利。① 立法机关的担忧虽然受到部分学者的批判,②但也深刻反映了我国公益信托制度起步发展的立法心理和现实状况。信托于我国而言属于"舶来品",毋宁言及公益信托。上至政府下至民众,大多缺少对公益信托的基本了解和深度认知。这也导致我国出现《慈善法》孕育慈善信托制度,《信托法》构建公益信托制度的双轨制。尽管秉承简政放权思想的《慈善法》规定了慈善信托设立的备案管理制度,但与《信托法》有关监管主体、设立程序的衔接和平衡尚未成功,容易催生法律适用的两难困境。如何在《信托法》下重启公益信托,又如何监管公益信托,政府与市场对此新鲜事物暂时难以准确科学地判断和预见,也处在循序渐进的认识和交互过程中。总而言之,在《慈善法》颁布前期尚未有真正意义上的公益信托产品出现,表明该时期政府和市场对公益信托的未来走向信心不足,政府的监管能力和市场的自治水平还无法满足登记主义的要求。但随着《慈善法》以"慈善信托"之名义明确了其备案管理制度,这种"曲线救国"的方式则具备划时代意义和标杆效应,如今慈善信托产品如雨后春笋般成立。如何将慈善信托更好地融入修改后的《信托法》中,更好地总结立法技术和实践经验等,很是值得期待。

诺斯曾指出,制度变迁的路径始终取决于两个因素:一是显著的交易费用所确定的不完备市场,二是报酬递增。③ 因而,在当前公益信托市场逐渐重生

① 参见全国人大常委会法工委编、卞耀武主编:《中华人民共和国信托法释义》,法律出版社 2002 年版,第 155 页。

② 参见赵磊:《公益信托法律制度研究》,法律出版社 2008 年版,第 141 页。

③ 参见[美]道格拉斯·C.诺斯:《制度、制度变迁与经济绩效》,刘守英译,上海三联书店出版社 1994 年版,第 127 页。

并不断科学完善的情况下,为避免重现20世纪的海南烂尾楼、[①]深圳发行股票认购证“8·10”事件[②]等我国改革开放遭遇的市场风险和监管危机,深度培植我国公益信托的发展土壤,扎实培育公益事业管理机构的监管能力和执法水准,我国当前应当在现有法律框架内继续维持慈善信托的登记主义,将政府备案作为设立公益信托的前置程序。与此同时,未来应当明确和统一公益信托的负责机关(如允许民政部门和金融监管机构的二元监管),进一步明确和细化政府监管部门有关公益信托的备案行政流程及时限,以求真务实、简政放权的态度,切实推动我国公益信托计划的发展,助力慈善事业和社会公益,为未来我国《信托法》的公益信托设立模式转向登记主义营造良好的监管环境和市场秩序。

3.未来联动修法全面转向登记主义

自发和有效的市场秩序是一个双边的契约设置,它可以将协定或交易成本降至最低水平。[③] 诚如前述,较之许可主义,登记主义的制度优势较为明显。登记主义能够大幅减少公益信托设立程序的行政干预,有效调动社会力量积极投身公益事业,分担政府的社会管理职能,如此极为契合当前力求“创新发展、简政放权、放归市场”的政府倡议。监管和许可是两回事,不能因为要加强监管保证公益信托的良好发展就在一开始给公益信托制定高门槛,将其挡在公益事业门外,阻止其发挥公益效用。[④] 考虑到国家意志与公益信托设立的重要影响,以许可主义作为公益信托的事前监管措施,不仅无法起到有效的监管效果,反而还会因政府失灵扼杀优质公益信托的设立,阻碍公益信托市场环境的形成与开拓。

党的十八届三中全会已经明确指出,市场在资源配置中起决定性作用,政

---

① 我国海南省在20世纪90年代初期的开发建设中,由于新设省级经济特区的感召和优惠政策的吸引,投资商云集海南,资金流向海南,一举形成了房地产集中开发、四面开花的热潮。但是,由于当时规划调控能力薄弱,市场管理措施不到位,致使炒地皮、炒项目、炒楼花等不正当经营行为泛滥成灾,形成了海南省疯狂发展的房地产泡沫。参见杨彬彬:《上世纪90年代海南房地产泡沫警示》,载《财经》2015年8月30日,第4版。

② 参见聂庆平、蔡笑:《看多中国——资本市场历史与金融开放战略》,机械工业出版社2012年版,第三部分股市“狂热”与深圳“8·10”事件。

③ 参见[美]詹姆斯·M.布坎南:《自由的界限》,董子云译,浙江大学出版社2012年版,第49页。

④ 参见徐孟洲:《论我国公益信托的设立》,载《广东社会科学》2012年第5期。

府应当更好地发挥作用,正确处理市场与政府间的关系。因而,政府应当适当放开和降低公益信托的市场准入门槛,更加侧重行为业务监管而非主体适格的审批监督,在释放市场活力的同时提升政府的服务水平和监管能力。许可主义是我国改革开放以来审慎推进社会主义市场经济改革的必由之路,其结果是"先审批试点,中总结经验,后推广全国"成为经济体制改革的惯习。当公益信托市场初具规模,监管机构的执法水准卓有成效,转变政府治理观念,树立服务型政府,实现市场在资源配置中起决定性作用,亦是必然结果。以自由裁量行政行为为主向以羁束行政行为为主、许可主义向登记主义的转变,是依法治国、法治经济的必然路径。如今,关乎社会整体利益的上市公司首次公开募股(Initial Public Offerings,IPO)已全面开启注册制改革大幕并于2020年3月1日施行,步伐正在加快、未来成果可期;交易结构复杂但经济效益明显的资产证券化业务(Asset-backed Securities,ABS)则已施行注册制管理制度,由沪深交易所负责材料的核准。总体来看,随着国家治理能力现代化的实现、简政放权政策的落实以及我国政府及其行政部门监管水平的提升,公益信托的市场准入制度会逐渐放开,公益信托的设立规则逐渐规范且高效,公益信托的数量质量将会有所攀升。私益信托因纯私益在其成立及生效要件上不妨从严;然公益信托因嘉惠大众自宜使其易于成立而使资源得被用于公益目的。[①]成熟且具备规模效应的公益信托虽尚未建立,《慈善法》与《信托法》的冲突有待平衡,信托登记制度亟待建立,但相信随着我国信托业的蓬勃发展、商事信托的如火如荼、家族信托的破茧重生,旨在简化程序、促进公益信托成立的登记主义终将实现,相关主管部门或登记备案部门将更加明晰,公益信托的发展亦将步入法制化、效益化的快速轨道。届时,借鉴发达国家和地区的先进经验,实现许可主义向登记主义的转变,将一同改善我国公益信托的监管制度,促进政府服务型职能的转变,扎实推动我国公益慈善事业的发展和社会福祉水平的提升,真正实现公益与金融的良性互动。

二、公益信托目的的范围界定

公益性是日韩等大陆法系国家和地区划分公益信托与私益信托的重要标

---

① 参见方嘉麟:《信托之理论与实务》,中国政法大学出版社2004年版,第215页。

准,亦是判断公益信托能否成立的重要前提,更是能否享受税收优惠待遇的重要条件。不同国家对公益性的内涵与外延的界定不同,尤其是宗教是否属于公益领域则因国而异。我国在继承和发扬传统文化的同时,亦应当实现公益性范围国情和国际的接轨,更好地促进我国公益事业的发展以及在国际公共领域的合作与交流。

(一)域外公益信托目的的特点

自慈善信托诞生时起,信托目的便经历了否定之否定的进化过程。随着慈善信托或公益信托配套制度的日臻完善,信托目的的公益性也愈加明晰。慈善是英美慈善信托的创制初衷,意在摆脱现有法律的束缚向教堂庙所、弱势群体以及社会公共事业捐赠财产,践行"扶贫济困、奉献爱心"的教义精神。然而,机遇与挑战并存,"人性也有充满活力的一面,可以引向创造,也可以导致破坏"。[①] 具备良好初衷的慈善信托制度也会成为政策投机者利用的工具,委托人亦会出现借慈善之名、行利益输送之实。如委托人设立慈善信托,专项救济贫困的家族成员,虽实现了慈善救助之心愿,但因涉及利害关系人,且未有助于社会公共利益,逐渐受到英美判例法的否定。英国法院于 1945 年确立的"康普顿规则"(Re Compton)或"私人关系规则"明确信托受益人应当成为社会公众的一部分,委托人与受托人之间不得存在"私人连接点"(personal nexus)。[②] 慈善,已由原始的信托目的退居为设立信托的初衷,公益性逐渐走向前台并成为慈善信托的核心价值。

根据英国《2006 年慈善法》的划分,主要的慈善目的包括:[③](1)防止或救济贫困;(2)促进教育和宗教的发展;(3)促进宗教;(4)推动医疗卫生事业发展,提升救死扶伤能力;(5)推动社区发展和国民素质的养成;(6)推动自然科学与人文科学的发展;(7)推动国民健身计划;(8)保障人权、促进各种族各民族无歧视的和谐与平等;(9)促进和改善生态环境的保护工作;(10)救济因年幼、年老、患病、残疾、经济困难等需要帮助的人;(11)促进动物福利;(12)提

① [英]丹尼斯·罗伊德:《法律的理念》,张茂柏译,上海译文出版社 2014 年版,第 10 页。

② See Mohammed Ramjohn, *Source Book on Law of Trust*, London, Cavendish Publishing ltd., 1995, p. 519 – 521.

③ 参见《最新大不列颠法律袖珍读本:信托法》,文杰译,武汉大学出版社 2003 年版,第 181 ~ 202 页。

高皇家军队或者警察、消防急救人员的效率;(13)已依法确认的慈善目的,或者可以合理地认为与已被法律承认的慈善目的相类似的其他目的。

美国慈善信托继受于英国,其法院在确立本国慈善信托目的时也时常参照借鉴英国判例。美国《统一信托法典》(The Uniform Trust Code, UTC)整合了美国法律学会(American Law Institute, ALI)于2003年编纂的第三版《信托法重述》(Restatement of Trusts)的规定及相关判例,归纳总结出的慈善目的与英国《2006年慈善法》之规定基本相同,唯一的差别在于美国将支持政府执行公共政策、提供公共产品纳入慈善目的之中。①

诚如前述,较之英美法系,大陆法系直接将慈善目的嵌入公共利益原则,并在信托法典中对公益目的进行明示列举。② 总体而言,综观世界各国和地区的慈善信托或公益信托法律制度,可以确认委托人慷慨解囊设立公益信托之行为,不仅应体现仁人志士的慈善性,还应对社会公益具有提升作用。国际上慈善信托或公益信托目的的公益性,可以概括为三大方面:一为扶贫济困、助残帮弱的慈善目的;二为以促进科学技术、教育文化、医疗卫生、体育健身以及环境保护等公共事业(简言之即科教文卫体环保)发展的社会公共目的;三为以祭祀信奉、种族文化为宗旨的宗教目的。

(二)我国公益信托目的的列举式安排

由上可知,域外公益信托目的已逐渐形成以公益性为核心的价值判断。公益性的解释虽颇有争议,但无外乎对如何界定社会公共利益各持己见。社会公共利益应当成为立法者衡量和确定公益信托目的的基本原则,并在公益

---

① 《信托法重述》(第3版)列举的慈善目的主要包括:(1)救济贫困;(2)促进教育;(3)推动宗教发展;(4)提升医疗健康水平;(5)政府及社会目的;(6)其他有益于社会利益实现的目的。See Article 4 of the Uniform Trust Code of American, Creation, Validity, Modification and Termination of a Trust, §405(a). See ALI, *Restatement of Trusts*, Minnesota, American Law Institute Publishers, 2003, p. 28.

② 日本《信托法》第66条规定,以祭祀、宗教、慈善事业、学术、技艺和其他公益为目的的信托,应作为公益信托,并依法进行监督。新《公益信托法》第1条同样规定,在信托法中规定的受益人不确定信托中,以学术、技艺、慈善、祭祀、宗教以及其他公益为目的,并获取下条许可者(以下称公益信托),依此规定。参见张军建:《信托法基础理论研究》,中国财政经济出版社2009年版,第231页。韩国《信托法》第65条规定,以学术、宗教、祭祀、慈善、艺术等公益为目的的信托为公益信托。

信托立法或慈善法律中予以明示列举。

1. 公益信托目的的衡量标准——社会公共利益

社会公共利益是一个言人人殊的复杂问题,不同历史时期、文化国度、知识架构、生活阅历的中外学者对其认识亦有不同。域外学者中,古希腊学者亚里士多德将其概括为“具有共同目的的善业”,[①]德国学者洛厚德定义社会公共利益为“一个相关空间内关系大多数人的利益”,[②]英国学者边沁统合社会公共利益为“共同体的若干成员的利益总和”,[③]美国学者林德布罗姆将社会公共利益抽象为“确信有益于社会中每个人的某些价值观念”。[④] 我国学者中,韩大元教授则将社会公共利益直接升华为“个体利益高度概括化的体现”,[⑤]张千帆教授将公共利益总结为“个人利益之和的最大化”。[⑥] 更有学者总结出特殊利益论、非商业利益论、最大多数人的最大利益论、公共需求论、价值论、整体利益论等10类我国学术界关于公共利益的主要观点。[⑦] 尽管对社会公共利益的阐释和论证不胜枚举,但是“大部分承认公共利益存在的学者也认为提出一个能被普遍接受的关于公共利益的概念是近乎不可能的,尤其是不可能用具体的语句为公共利益下概括性的定义,但人们期望通过努力尽可能完整地描述公共利益”。[⑧] 社会公共利益已是海神普罗透斯(Proteus)的面庞,人人都可以感觉到其真实的存在并有自我的认知,但无法精准地向他人描述和表达。显然,对于社会公共利益的论述应当以理论争议为限,对于增进社会公益的法律行为,立法者和学者们应当将抽象化、概括化的社会公共利益具体化,否则对于涉及社会公共利益的实践引导将毫无裨益。

英国慈善委员会为帮助公众更好地认识和理解社会公共利益,于2008年

---

① [古希腊]亚里士多德:《政治学》,吴寿彭译,商务印书馆1965年版,第7页。

② 参见陈新民:《德国公法学基础理论》,山东人民出版社2001年版,第184页。

③ [英]边沁:《道德与立法原理导论》,时殷弘译,商务印书馆2000年版,第58页。

④ [美]查尔斯·林德布罗姆:《决策过程》,朱国斌译,上海译文出版社1988年版,第27页。

⑤ 韩大元:《宪法文本中“公共利益”的规范分析》,载《法学论坛》2005年第1期。

⑥ 张千帆:《“公共利益”是什么?——社会功利主义的定义及其宪法上的局限性》,载《法学论坛》2005年第1期。

⑦ 参见肖顺武:《我国学术界关于公共利益的主要观点及评介》,载《云南大学学报(法学版)》2009年第6期。

⑧ 单锋:《公共利益的经济法哲学透视》,载《学海》2006年第3期。

初制定并发布了公共利益指南文件——《慈善与公共利益》(Charity and Public Interest),作为实践中确定某项信托是否符合公共利益的法律依据。[①]根据该指南文件,界定公共利益应当遵循两项基本原则:一为可确认的利益,二为利益必须为了公众或其一部分,具体适用标准详见表3-1。

表3-1 英国公共利益界定原则与适用条件

适用条件	界定原则	
	可确认利益	为了公众
1	清晰的利益	受益人符合目的
2	利益与目的相关	不得不合理限制受益机会
3	利益大于损害(若有损害)	受益机会不得排除穷人
4	—	私人利益只得附属

《慈善与公共利益》中有关公共利益的界定原则,不仅为英国慈善信托的确认提供了重要的法律依据,而且已深刻影响其他国家和地区对公共利益的法律界定,成为指导全球公共利益可操作性的范本。英国有关公共利益的划分,在实质上,与我国对公共利益的语义理解基本相同。根据《辞源》的释义,公共利益中的"公共"意为社会的、公有公用的,"利益"则为对人有良性影响的事务,可分别对应英国公共利益界定原则中的"可确认利益"与"公众"部分。因而我国在界定某项信托能否成为公益信托的立法时,亦可以将该原则作为衡量是否符合社会公共利益之圭臬。

2. 我国公益信托目的的具体范围

我国自古就受儒家的"仁爱"和墨家的"兼爱"思想熏陶,历朝历代从中央政府到地方郡县,均曾设置专职或兼职的政府官员和乡绅,承担安全救灾、救助帮扶老幼残疾、鳏寡孤独、贫穷疾病之人的社会责任。[②] 我国公益立法亦将扶贫济困的良好传统传承下来,并增添了现代社会的教育医疗、科学文化、环境保护等基本公益内容。现有的公益立法均应当在公益信托目的的法定范围内予以保留。

---

① See D J. Hayton, *Commentary and Cases on the Law of Trusts and Equitable Remedies*, London, Sweet& Maxwell, 2010, p. 229.

② 参见郭常英:《研究慈善历史关注慈善事业——兼评〈中国慈善简史〉》,载《史学月刊》2006年第11期。

我国《公益事业捐赠法》将社会公共利益列举为非营利的下列事项：[①]（1）救助、救济和扶助因自然灾害、经济窘迫、身体残疾等原因导致生活困难的社会群体和个人；（2）传统的教科文体卫事业；（3）环保和基建；（4）其他有助于促进社会发展和进步的社会公共和福利事业。相比之下，我国《信托法》将艺术事业纳入公益信托目的，扩大了信托目的的公益范围。[②] 2016年《慈善法》体现了我国慈善立法技术的提升，对慈善目的范围进行了简洁且丰富的提炼，并且进一步将救济灾民难民整合扩充为“受突发事件损害的群体和财产”。[③]《信托法》条文中的“发展其他社会公益事业”和《慈善法》条文中的“其他公益活动”，是公益信托目的的兜底条款。增设如此规定旨在为适应社会发展，将立法时未出现、实践中已出现的养老关爱、救助自闭症、帮扶失独家庭、奖励见义勇为等新型公益事业及时纳入公益目的之中，以期更好地促进社会公益和福利事业的发展。至于是否属于“其他社会公益活动”，则由公益信托管理机构根据具体情况予以认定。为此，有学者认为公益信托的“公益性”应当同时具备三个标准：一是目的公益性；二是效果公益性；三是完全公益性。[④] 其中，目的公益性即应符合《信托法》列举之规定；效果公益性则强调公益信托应当实现公共利益效果，如以科研基金或奖学金形式支持个体科研活动的信托活动，但因仅个体受益而社会未受益，不能成立公益信托；完全公益性则要求信托目的不得含有非公益因素，以符合《信托法》的“公益纯粹性”要求。[⑤]

---

① 我国《公益事业捐赠法》第3条规定：“本法所称公益事业是指非营利的下列事项：（一）救助灾害、救济贫困、扶助残疾人等困难的社会群体和个人的活动；（二）教育、科学、文化、卫生、体育事业；（三）环境保护、社会公共设施建设；（四）促进社会发展和进步的其他社会公共和福利事业。”

② 我国《信托法》第60条规定：“为了下列公共利益目的之一而设立的信托，属于公益信托：（一）救济贫困；（二）救助灾民；（三）扶助残疾人；（四）发展教育、科技、文化、艺术、体育事业；（五）发展医疗卫生事业；（六）发展环境保护事业，维护生态环境；（七）发展其他社会公益事业。”

③ 《慈善法》第3条规定：“本法所称慈善活动，是指自然人、法人和其他组织以捐赠财产或者提供服务等方式，自愿开展的下列公益活动：（一）扶贫、济困；（二）扶老、救孤、恤病、助残、优抚；（三）救助自然灾害、事故灾难和公共卫生事件等突发事件造成的损害；（四）促进教育、科学、文化、卫生、体育等事业的发展；（五）防治污染和其他公害，保护和改善生态环境；（六）符合本法规定的其他公益活动。”

④ 参见周小明：《信托制度：法理与实务》，中国法制出版社2012年版，第352~355页。

⑤ 《信托法》第63条规定，公益信托的信托财产及其收益，不得用于非公益目的。

值得一提的是，与前述英美、日韩等大陆法系国家和地区相比，我国并未将祭祀宗教事业作为公益事业或公益信托目的。这与我国是政教分离国家、无产阶级专政并信仰马克思主义的国情有关。“事实上，我们党关于党员不能信仰宗教的原则立场是一贯的，从未有过丝毫动摇。这一原则是党的马克思主义辩证唯物主义世界观决定的。”①此外，从实际出发，宗教不能成为公益事业或公益信托目的的原因有三：一是我国宪法规定公民拥有宗教的信仰自由，可以信仰抑或不信仰，宗教祭祀并不能完整地代表社会公共利益。卫生、教育等福利尤其有价值，因为它们对穷人特别有利，同时也还为社会其他每个人使用，②宗教则并非每个社会成员所必需。二是宗教事业大多依靠教徒的无私进献和捐赠，大部分宗教已经因此获得充沛的资金支持进行发展。三是宗教事业的税收优惠将较大程度削减政府税收收入，导致财政收入缩水。总而言之，公益信托目的不宜涵盖宗教祭祀活动，这是符合我国国情的，应当予以排除适用。

三、公益信托受托人的资质要求

受托人在公益信托法律关系中占据着重要的核心地位，其是连接委托人与受益人、金融市场与公益慈善事业的纽带和桥梁。受托人的行为时刻左右着公益信托的运转，也深刻影响着社会公共利益的实现。因此，古今中外均对公益信托受托人的资质有一定要求。除了满足民法规范所要求的具备完全民事行为能力以外，最主要的还是实现了受托人的机构化和资格化，以保障受托人有能力履行忠实勤勉义务。

（一）受托人的机构化特征

世界各国和地区立法例对于私益信托人资质的要求较为简略，英美法系和大陆法系的法域对此均并无特殊要求。只要具备完全民事行为能力的自然人和法人均可成为私益信托的受托人，未成年人、限制行为能力人以及破产人

---

① 朱维群：《共产党员不能信仰宗教》，载《求是》2011年第24期。

② 参见[英]艾伦·肯迪：《福利视角——思潮、意识形态与政策争论》，周薇等译，上海人民出版社2011年版，第25页。

则被排除在外。英美法系国家和我国按照前者的定义模式进行规定,日本等大陆法系国家和地区则按照后者的排除模式予以规范。①

然而与私益信托“意思自治、信托自愿”不同的是,公益信托因其涉及社会公共利益而受到国家和法律的监管,不再拘泥于私权之上的个人本位转而秉承社会本位的理念。为保障公益信托的长期稳定运转、防范受托人的信用风险和管理风险,保障信托目的和委托人意愿的实现,以及公益信托的平稳运转,公益信托的受托人应当具备良好的专业资质,具备经营管理信托财产并将信托收益用于公益慈善事业的能力,同时能够履行信息公开、重大事项披露等管理职责和社会责任。因而,世界各国和地区立法例对公益信托受托人的资质均有一定的要求,只是划分为英美法系和大陆法系两种有差异的监管模式。

1. 慈善信托受托人的域外范例

英国《1972 年慈善信托人法》(The Charitable Trustee Act 1972)率先规定慈善委员会有权授予慈善信托受托人法人资格证书,以便于受托人持有信托财产。及至《1993 年慈善法》(The Charities Act 1993)的颁布,英国方才以排除范式明确了慈善信托受托人的资格。该法第 72 条规定,下列人员或机构不得担任慈善信托受托人:②(1)有任何欺诈或不诚实违法行为记录的;(2)被法院裁定破产或者没收财产且尚未解除的;(3)与债权人达成和解协议或重新订立债务偿还协议,或者为债权人承诺抵押、保证等担保,且尚未解除责任的;(4)管理慈善事务过程中存在不当行为或者渎职行为并负有直接或主要责任的当事人,或者其行为直接导致或加重了损害后果,慈善委员会或高等法院依法裁决撤销其慈善受托人职务的;(5)根据《法律改革法》的规定,被相关部门剥夺对任何组织的管理权或控制权的;(6)根据《公司董事资格法》和《破产法》的规定,不具备资格担任公司董事的。《1993 年慈善法》对于慈善信托受托人的严格规定,更被学者称为“强硬的规则”(tough rules)。③ 美国对于慈善信托受益人的规范则更为模糊和宽泛,规定只要有能力实现信托目的即可,

---

① See Stearns v. Fraleigh, 39 Fla 603, 23 So 18. Restatement 2d, Tursts § 89. 参见我国《信托法》第 24 条第 1 款“受托人应当是具有完全民事行为能力的自然人、法人”;日本《信托法》第 5 条“未成年人,禁治产者、准禁治产者以及破产者不得为受托者”。

② See Section 72 of The Charities Act 1993.

③ 参见[英]理查德·爱德华兹、奈杰尔·斯托克韦尔:《信托法与衡平法》(第 5 版)(英文影印本),法律出版社 2003 年版,第 180 页。

通常的衡量标准为：专业的知识背景、富有想象力和创造力的品质、理性的判断能力等。其中，纽约州判例显示，机构或组织资质已成为慈善信托受托人的重要考虑因素。[①] 与英美法系不同，大陆法系国家和地区并未对公益信托受托人的资格予以明确限制，日本、韩国等大陆法系国家和地区比较通用的做法是赋予公益事业管理机构一定的监管职责，即有权审查公益信托受托人的资格，由其在受托人选任环节进行严格的审核监督。[②]

2. 我国慈善信托受托人的机构化基础

结合各国公益信托的立法及实践经验，考虑到公益信托中受托人举足轻重的核心地位，公益信托受托人应当限定于具备管理信托财产专业能力的组织机构，以保障公益信托的长期稳定与正常运转。一方面，组织机构比自然人具备更加专业的集合优势。虽应当承认自然人中不乏具备专业资产管理能力的精英翘楚，但不可否认，个人因精力、财力的限制终究无法与组织机构相媲美。组织机构汇集了众人的智慧以及科学有效的人力、物力管理制度，能够"一揽子"、系统性解决信托财产管理、投融资渠道等问题，提升资产管理的效率和效益。另一方面，组织机构比自然人更加能够防范风险。天有不测风云、人有旦夕祸福，自然人受制于时间和生理的影响难以长期稳定地保持原有的经营管理能力。倘若委托自然人单一个体为公益信托受托人，一旦发生意外死亡、伤残以及失踪等情况，公益信托的经营则会迅速陷入瘫痪。依托现代市场经济法律制度和法人治理模式设立的组织机构，能够通过内部章程和制度以及外部和监管法律，长期稳定保持经营管理能力。迄今为止，世界各国和地区的公益信托受托人大多由信托公司或具备信托资格的组织机构担任，鲜有甚至不存在自然人担任公益信托受托人的案例或报道。理论上，信托公司从制度设计上具有开展公益信托的天然优势：信托财产的独立性要求受托人将其固有财产和信托财产分开管理、不同的信托财产独立管理，信托的破产隔离制度、信息披露制度，加上监管机构的严格监管，这些制度都非常有利于信托

---

① See Luis Kutner, *Legal Aspects of Charitable Trusts and Foundations*, Newyork, Commerce Clearing HouseInc. ,1970, p. 215 – 217.

② 日本《信托法》第 68 条规定，受托者接受公益信托时应取得主管政府机关的批准。我国《信托法》第 62 条规定，公益信托的设立和确定其受托人，应当经有关公益事业的管理机构批准。未经公益事业管理机构的批准，不得以公益信托的名义进行活动。

公司从事公益信托，为公益事业的发展做出重要贡献。[①] 经营管理的机构化，不仅是促进工业革命和经济全球化的助推器，而且是实现公益信托可持续的必由之选。自2016～2018年，全国共有42家信托公司设立了慈善信托，占全国68家信托公司总数的61.8%。而且，信托公司担任受托人的模式继续升温，2018年所设立的慈善信托中，逾80%选择信托公司作为受托人，10%选择信托公司与基金会作为共同受托人，由基金会作为单独受托人的不足10%。可见，目前多数慈善信托仍采取由信托公司作为独立受托人或在共同受托人中担任主要受托人的业务模式。[②]

（二）建立慈善信托受托人资格准入机制

金融业是一个高风险的特殊行业，又关涉千家万户的日常生活和国民经济的方方面面，一旦金融机构乃至金融体系引发问题，首先直接损害的是债权人或投资者的切身利益，损害社会公共利益，其次会对国民经济形势产生巨大的消极影响，后果不堪设想。"良好的金融秩序是保障金融安全的重要前提，公平竞争是保持金融秩序和金融效率的重要条件。"[③]因而，无论基于社会利益论、金融风险论还是保护债权论，[④]金融监管的必要性已毋庸置疑，为社会各界所认可，而金融机构在追求利益最大化时亦应当遵照国家法律法规开展守法诚信的经营活动。为保障金融业的有序竞争，世界大部分国家和地区对金融业的市场准入，即组织机构从事金融活动实施特别许可。信托业务本身属于金融四大行业之一，此外作为连接金融与公益的核心环节，公益信托受托人在经营管理信托财产时也会从事部分金融活动，如信托业务、资产管理业务等。受托人的资格化要求，不仅符合金融监管法规的特殊许可要求，还能够更好地保障信托财产的保值增值，维护委托人和受益人的合法权益，利于信托目的之实现，促进社会公共利益之提升。

---

① 参见李生昭：《中国信托税收机理研究——基于信托本质分析基础》，载《中央财经大学学报》2014年第6期。

② 参见中国慈善联合会发布的《2018年中国慈善信托发展报告》。

③ 朱大旗：《金融法》（第3版），中国人民大学出版社2015年版，第90页。

④ 金融监管理论参见刘少军：《金融法概论》，中国政法大学出版社2005年版，第270～272页。

依照我国《信托法》第4条[①]之规定，并非所有法人组织均可以机构形式从事信托活动，其要求采取信托机构形式从事信托活动的组织，必须符合信托机构法律规范的特殊规定。《信托公司管理办法》第7条和《信托投资公司管理办法》第12条[②]都要求，信托业实施严格的市场准入制度，只有符合法律规定、经过监管部门审批、取得金融许可证的组织机构方能成为受托人从事信托活动。法定的市场准入条件，既有对受托人本身的风险防范能力、经营能力、经营条件上的要求，也有对其诚信与守法方面的要求。[③] 依照目前《信托公司管理办法》以及相关法律规定，我国公益信托受托人的特殊许可资格应当符合一定的法定条件。[④] 2016年《慈善法》首次明确将慈善信托的受托人限定为慈善组织和信托公司，虽一定程度上实现了受托人的机构化，但结合信托业相关法律法规，慈善组织作为受托人仍应当具备相应的金融业务资质，接受金融市场规范的管理和监督。

与此同时不免令人遗憾的是，具备信托业务资质的金融机构作为信托活动的重要组成部分和提供资产管理服务的专业机构，却被《慈善法》排除在外，这显然是未认清受托人的财产管理责任，有悖于市场化改革的初衷，也不符合英美法系和大陆法系引领的时代潮流。慈善组织应当成为公益信托的受益人而非受托人，受托人则应当由信托公司担任。如此更加符合受托人和受益人的角色定位，即受托人负责管理信托财产分配信托收益、受益人有权获取

---

① 我国《信托法》第4条规定，受托人采取信托机构形式从事信托活动，其组织和管理由国务院制定具体办法。

② 《信托公司管理办法》第7条规定，设立信托公司，应当经中国银行业监督管理委员会批准，并领取金融许可证。未经中国银行业监督管理委员会批准，任何单位和个人不得经营信托业务，任何经营单位不得在其名称中使用"信托公司"字样。法律法规另有规定的除外。《信托投资公司管理办法》第12条规定，设立信托投资公司，必须经中国人民银行批准，并领取《信托机构法人许可证》。未经中国人民银行批准，任何单位和个人不得经营信托业务，任何经营单位不得在其名称中使用"信托投资"字样。法律、行政法规另有规定的除外。

③ 参见周小明：《信托制度：法理与实务》，中国法制出版社2012年版，第120页。

④ 《信托公司管理办法》第8条规定："设立信托公司，应当具备下列条件：（一）有符合《中华人民共和国公司法》和中国银行业监督管理委员会规定的公司章程；（二）有具备中国银行业监督管理委员会规定的入股资格的股东；（三）具有本办法规定的最低限额的注册资本；（四）有具备中国银行业监督管理委员会规定任职资格的董事、高级管理人员和与其业务相适应的信托从业人员；（五）具有健全的组织机构、信托业务操作规程和风险控制制度；（六）有符合要求的营业场所、安全防范措施和与业务有关的其他设施；（七）中国银行业监督管理委员会规定的其他条件。"

信托收益并用于指定用途,同时受托人向受益人分配信托利益时享受所得税抵扣的税收优惠待遇也更加合理和顺畅。受托人能够以其专业的资产保值增值能力、更丰富的资产管理手段及工具发挥信托的创造性,服务于信托财产。例如,2018 年 10 月,中国信托登记有限责任公司联合甘肃省临洮扶贫办委托长安信托设立"中国信登 · 长安慈 · 定点扶贫慈善信托",该慈善信托采用"贷款风险补偿金 + 保险补贴"的创新金融模式,通过与定点扶贫地区当地银行进行合作,以当年风险损失补偿预算额度的 10 ~ 20 倍的金额向贫困农户、脱贫户以及其他收入较低的农户发放贷款,使农户获得产业发展基金,通过杠杆撬动方式降低贷款条件,使原先得不到金融服务的农户能通过金融服务以自己的劳动实现脱贫致富。另外,通过保险补贴的形式提高农民养殖积极性,采用为农户补贴牲畜养殖、作物种植、个人意外等保险费,以降低农户的贷款风险,培育农户的保险意识,尽量避免农户因意外以及牲畜伤亡带来的返贫。截至 2020 年 4 月,该慈善信托 3 年 60 万元帮扶资金已全部拨付到位。在该信托计划的帮扶下,截至 2019 年年末银行机构已向定点扶贫地区临洮县、和政县共计 89 户农户发放贷款 347.5 万元,在临洮县开展的保险补贴项目已为 420 户提供投保涉及金额 5 万元。①

此外值得注意的是,受托人市场准入制度应当限于市场调节范围之内。政府过度干预市场准入设定会偏离公正与效率的轨道,在徒增公共资源浪费的同时亦有碍于市场配置资源。由于特许要求之严苛,获得许可者的垄断地位明显,故应谨慎设立许可;特许的授予应尽量采取市场化方式,如特许权拍卖、招投标等,以模拟竞争,增进公共福利。②

四、信托登记制度的建立

信托财产登记是将信托财产与公益信托当事人的固有财产相区分的基础性制度,亦是实现信托财产独立性的信息公示与制度保障。换言之,以不特定对象为受益人的公益信托,应当以信托登记制度为核心环节。此外,公益信托

---

① 载中国信托登记有限责任公司官网,http://www.chinatrc.com.cn/contents/2020/4/2-9f755742eb8a44439735b5a238c3ba0e.html,2020 年 4 月 4 日最后访问。

② 参见史际春主编:《经济法》(第 3 版),中国人民大学出版社 2015 年版,第 161 页。

因其系统地集合了金融与慈善、商事性与非营利性的制度特征与功能优势，更需公益信托登记制度的配套支持，以期减少信托财产的登记缺失，增强委托人与受托人的公益慈善意愿。“信托财产当然应当公示，因为它已经设有负担，就和抵押物上设有负担一样。”[①]我国信托财产信息公示制度或财产登记制度的不足，阻碍了公益信托的设立和发展。因此，应建立统一的信托登记平台，提高公益信托设立效率，明确信托财产的独立地位，切实促进我国公益信托迈向制度化、法制化。

（一）我国信托登记制度的现状

信托财产是信托登记的主要对象，而信托登记则是确立信托财产特殊独立地位的重要程序。信托系一种以财产为中心之法律关系，信托财产的独立性是信托制度不同于其他法律制度并始终保持灵活性与创新性的重要基石。为保障信托财产的独立地位和交易秩序的安全，登记制度成为世界上大多数国家普遍采取的必要措施。尽管中国信托登记有限责任公司业已完成挂牌，但我国信托登记体系自《信托法》诞生起至今仍未问世且尚需时日，货币信托财产大多依靠专项账户予以区别管理，非货币信托财产的独立性保障措施则为立法者与社会各界所关注。大胆设想之，或许区块链技术能够为信托登记制度带来技术上的飞跃并实现信托财产的全面登记。

1. 信托登记制度的必要性

信托一经成立，信托财产便具有独立性，即“信托财产在法律上虽不具独立人格，但其实际运作却有拟人化倾向自成个体”。[②] 理论上，受托人应当在管理信托财产的过程中，将信托财产与其固有财产分别记账、分别管理，以体现信托财产的独立性。对于不动产、车辆船舶、股票债券等非货币财产的管理，信托登记制度是预防受托人主观恶意或受托人与委托人相互串通而逃避委托人债务，防止受托人将信托财产与固有财产混同的重要配套制度。“对于第三人，不与以知悉之机会，则难保不使其遭受意外之损害，是以信托之设定，不可不有公示之方法。”[③]公益信托因其涉及不特定的受益人和社会公共

① 江平：《浮沉与枯荣：八十自述》，陈夏红整理，法律出版社 2010 年版，第 415 页。

② 方嘉麟：《信托法之理论与实务》，中国政法大学出版社 2004 年版，第 31 页。

③ 史尚宽：《信托法论》，新北，台湾商务印书馆 1973 年版，第 23 页。

利益，更应当通过信托登记平台公示财产信息。因而，无论保障信托财产之独立性，还是维系信托法律关系之安全，信托登记制度都成为信托制度中不可或缺的有机组件。

“一切财产权均可能够成为信托财产，其中最为常见的便是具有对世性效力的财产权”，[①]如房屋土地等不动产、航空器车辆船舶等动产、专利商标等知识产权以及股票债券等财产之上的物权。信托财产不仅在对人方面有对抗受托人的法律效力，而且在对世方面有对抗全世界的法律效力，除非一个善意的购买者未尽注意义务购买了该财产而触发善意取得。[②] 既然信托财产因其独立性已具备对世效力，自当以信托登记制度昭示大众，在保障受托人作为信托财产名义所有权人有权管理处分信托财产的同时，还要求受托人受到信托目的的限制不得肆意与其固有财产混同。对于公益信托而言，除却对第三人的公示功能，信托登记制度还在管理当局和信托当事人之间发生法律上的认可效果，视信托关系是否合法，对信托财产予以登记或拒绝，以保护公众利益。[③] 信托登记制度不仅能够保证当事人在产权明晰的条件下开展经济活动，防止法律关系之混乱不清，保障公益信托财产的安全，事前防范受托人的恶意行为，还能够以“阳光驱腐”的方式吸纳社会力量监督公益信托的运转。

2. 我国信托登记制度的不足

我国《信托法》自 2001 年施行以来，信托登记制度至今效果不大。经上海市政府与银监会的共同努力和多方协作，2006 年 6 月 21 日正式建立了上海信托登记中心，此举在信托登记的开拓和创新方面具有重要的示范意义。然而，其信托登记的自愿性特征与信托法中信托登记的强制性要求不符，信托登记沦为一纸证明。2016 年《慈善法》虽专章规定了慈善信托，但并未如人们预期的设立有关信托登记的条款。此外，《慈善法》虽明确了慈善信托属于《信托法》下的公益信托，[④]将《信托法》公益信托的行政审批制改为登记备案制，但有关慈善信托设立规则在“新法优于旧法，特别法优于一般法”的法律适用

① 孟强：《信托登记制度研究》，中国人民大学出版社 2012 年版，第 53 页。

② 参见《最新不列颠法律袖珍读本：信托法》，文杰译，武汉大学出版社 2003 年版，第 7 页。

③ 参见郑宏：《信托登记制度比较研究》，载《河北法学》2007 年第 12 期。

④ 我国《慈善法》第 44 条规定，本法所称慈善信托即公益信托，是指委托人基于慈善目的，依法将其财产委托给受托人，由受托人按照委托人意愿以受托人名义进行管理和处分，开展慈善活动的行为。

原则下，出现了特别旧法的《信托法》与一般新法的《慈善法》的适用冲突。目前，无论商事信托还是公益信托，信托登记机构或信托登记平台没有统一，中央国债登记结算公司和上海信托登记中心均可进行信托产品的登记管理工作，相互之间的信息掌控较为分散。建立信托产品统一登记制度，促进慈善信托快速发展，开发信托产品登记平台已经成为2016年我国信托管理工作的重点之一。2016年年初国务院批准且于当年组建完成的中国信托登记有限责任公司，已正式挂牌运行。随后原中国银监会于2017年8月颁布了《关于印发信托登记管理办法的通知》(银监发〔2017〕47号)，明确规定信托机构开展信托业务，应当办理信托登记。随后为进一步规范信托登记行为，细化信托登记流程，保护信托当事人的合法权益，中国信托登记有限责任公司于2018年颁布了《中国信托登记有限责任公司信托登记管理细则》，明确了信托登记各个环节的具体要求，对预登记、重新申请预登记、补充预登记、初始登记、变更登记、终止登记、更正登记的适用情形、需提交的登记信息、登记方式等进行了细化。

我国《信托法》在其颁行之际便已初步规定了信托登记的相关内容，该法第10条①明确要求，依法应当办理登记手续的信托财产，受托人应当依法办理信托登记，未办理信托财产信托登记手续或没有补办的信托，则不发生法律效力。该信托登记制度的原则性条款对公益信托的成立和生效有两重含义，一是我国《信托法》并未强制所有信托均必须登记，仅限于对涉及特定信托财产的信托进行登记，②如信托财产为不动产、股票债券等须经特殊程序管理的财产；二是对于依法应办理登记手续的信托财产，信托登记成为信托设立的生效要件。依据我国现行法律规定，以下财产属于应当办理登记手续的财产：(1)土地使用权和房屋所有权等不动产；(2)车辆、船舶和航空器等交通工具动产；(3)股票、股权和债券等有价证券；(4)著作权、商标权和专利权等知识产权。

曾几何时，信托登记制度的不完善阻碍了我国公益信托的发展。囿于信

---

① 我国《信托法》第10条规定，设立信托，对于信托财产，有关法律、行政法规规定应当办理登记手续的，应当依法办理信托登记。未依照前款规定办理信托登记的，应当补办登记手续；不补办的，该信托不产生效力。

② 参见汤淑梅：《信托登记制度的构建》，载《法学杂志》2008年第6期。

托登记制度的欠缺,追求金融创新并重启慈善信托计划的市场主体,目前在实务中除了感受到简政放权和受托人扩围并未发觉当下的慈善信托计划与此前近十年的公益信托计划有多少差异。能够登记的公益信托财产范围和监管部门依旧没有变化,公益信托登记依旧是悬在慈善信托当事人上方的"达摩克利斯之剑",公益信托财产登记以及财产管理的风险仍然存在。如此一来,立法要求以应当办理登记的财物为信托财产的慈善信托必须办理财产登记,但实践中又无登记平台办理慈善信托财产登记,其结果则是我国公益信托通常只得采取资金信托的单一方式予以设立,以免除信托财产登记的困扰。长安信托"5·12"抗震救灾公益信托、紫金信托厚德系列重病患儿救助公益信托等《信托法》实施十余年仅存的 15 款公益信托计划,以及《慈善法》颁布以来出现的平安信托教育发展慈善信托等百余款慈善信托计划,其公益信托财产大都源自不同渠道的捐赠资金,非货币出资的公益信托计划基本没有。

与资金型公益信托稍有起色不同,具有较高增值效果和稳定现金流的不动产、有价证券和知识产权因信托登记制度的不完善以及与其他财产登记机关的衔接问题与标记问题(如市场监督管理局的工商登记、车辆管理部门的特殊动产登记、专利管理部门的知识产权登记等)而被排除在公益信托财产范围之外,这显然既不利于激发委托人设立公益信托的积极性,也有碍发挥受托人的财产管理能力。如 2014 年 4 月,阿里巴巴集团董事局主席马云先生虽宣布将其在阿里巴巴集团拥有的占总股本 2%、价值 20 亿美元的股票期权设立公益信托,但时至今日仍未启动,主要原因在于期权难以登记成为信托财产,股权、期权等非货币性财产无法使公益信托项目落地。① "繁冗或不确定的登记程序很可能阻碍公益信托设立的积极性,不利于我国公益事业的开展。"②信托登记制度的不完善或许是我国公益信托计划鲜有发生的重要根源之一,建立更加科学合理、程序简便的信托登记制度已经成为促进我国公益信托发展的必备配套措施,亦是推动社会福利提升的时不我待的改革任务。

(二)信托登记对抗主义

信托关系不能与财产相分离,③昭示了信托财产的重要地位,信托的设立

① 参见侯雪竹:《马云"公益信托"的三重门槛》,载《京华时报》2014 年 5 月 12 日,第 5 版。

② 徐孟洲:《论我国公益信托的设立》,载《广东社会科学》2012 年第 5 期。

③ 参见《最新不列颠法律袖珍读本:信托法》,文杰译,武汉大学出版社 2003 年版,第 5 页。

必然以信托财产的确定为前提。无论是创设信托制度的英美法系国家,还是借鉴信托制度的大陆法系国家,大多实行信托登记制度,并将其作为对抗第三人的公示程序。信托登记的对抗主义有别于我国的登记生效主义,对于促进公益信托之繁荣发展大有裨益。

英美法系国家创设了信托制度,但没有以行政权力为基础架设信托登记制度,而是要求受托人主动将信托财产与固有财产相分离并告知交易方,这是英美法系国家社会治理自律精神的体现。“在英国的信托制度中并没有任何关于登记的条文规定,无论土地登记抑或其他登记(如股票登记),相反这些强制登记是被法律所禁止的。”①美国与英国大致相同,均要求受托人有法定义务区分固有财产与信托财产,通过自身或第三方(如银行、证券公司等)将信托财产单独作出标记,并有责任在进行交易时向交易方履行主动告知义务,否则将遭受法律的否定性评价和严厉的行政惩罚。“如果信托财产没有作出标记(earmark),则受托人很可能事后宣称营利的投资源于其固有财产,亏损的投资来自信托财产。”②受托人的主动告知义务是约束受托人的基本方式,其不仅要求受托人向交易方告知自身受托人的身份地位,还要求告知交易标的是信托财产还是其固有财产,防止受托人假公济私或浑水摸鱼。受托人一旦未能履行主动告知义务,买受人即可因善意取得信托财产的财产权利。这就是英美法系中“衡平法所确立的善意购买人和衡平法不知情原则,以解决购买信托财产的第三人与受益人之间可能产生的权益争议”。③

英美法系虽无信托登记制度,但通过标记财产和主动告知义务产生了对抗效力。大陆法系则以行政权力为基础设置了信托的登记对抗制度,即与担保物权类似,信托财产一经登记便产生对世效力,相反,未经登记的信托财产因缺乏法定要件而不具备对抗善意第三人的法律效力。“信托登记并非是信托的成立或生效要件,只是用来避免善意第三人受到不测损害,以保护交易安全,未经登记的信托财产,只是不得对抗符合善意受让要件的交易第三人,并

---

① Maurizio Lupoi, *Trusts: A Comparative Study*, London, Cambridge University Press, 2000, p. 356.

② Jesse Dukeminier, Stanley M. Johnson, *Wills, Trusts and Estates*, 中信出版社 2003 年影印版,第 920 页。

③ 何宝玉:《信托登记:现实困境与理想选择》,载刘俊海主编:《中国资本市场法治评论》(第 2 卷),法律出版社 2009 年版,第 152 页。

不影响信托的成立或生效。"[①]有关物权登记的效力问题一直是大陆法系国家和地区研究的重点问题,作为积极引入英美法系慈善信托制度并改良为公益信托的国家和地区,日本等大陆法系国家和地区的信托法均采取信托登记的对抗主义,不同的立法例在表述上虽有差异,但登记对抗主义的精神一致。[②]信托财产因登记所产生的对抗效力,不仅阻却了传统民法的善意取得制度,还催生了受益人的撤销权。信托财产一经登记或注册,当出现受托人不在其权限范围内或不符合信托目的而转移处分信托财产的情形时,受益人有权要求撤销该行为、追索信托财产并追究受托人的法律责任。此时因信托财产已经登记注册,善意取得制度不能生效,第三人应当归还信托财产并予以补偿。"为保护第三人的权利,关于由登记、注册制度之财产,仅限于有信托公示时,始有承认追及权。"[③]

综观世界各国信托登记制度的效力模式,登记对抗主义已成为英美法系和大陆法系的共同选择,其更加符合市场经济规律的价值需求,更有助于国家发挥应有的平衡和调控作用。登记对抗主义的优势如下:

一是减少国家意志的介入。随着凯恩斯国家干预经济学派的兴起,国家意志逐步介入传统的民商事法律行为,并依托立法、政策和其他规范性法律文件判定法律行为的效力。登记生效主义脱胎于计划经济,导致国家意志对信托以及物权担保等法律制度的干涉程度颇深,打击了市场主体的积极性,降低了市场秩序的应有效率。为实现行政效率的最大化,政府应当在有必要介入的时间点上再介入市场经济活动。[④] 因此,国家意志应当以维护市场主体间的法律关系为限,而非一味凭借国家公权力强行干预。登记对抗主义则能够较好地平衡国家与社会、政府与市场、监管机关与信托当事人之间的权利义务关系,为市场主体从事信托行为提供更为广阔的政策空间。

二是营造市场配置资源的空间。就经济学而言,尊重别人的自由是交易

---

① 谢哲胜:《信托的成立——法院相关判决评释》,载《法令月刊》2009 年第 11 期。

② 日本《信托法》第 14 条规定,在不登记或不注册就无法以权利的得失或变更对抗第三人的财产方面,不履行信托登记或注册的,不得以该财产为信托财产对抗第三人。

③ 日本三菱日联信托银行编著:《信托法务与实务》,张军建译,中国财政经济出版社 2010 年版,第 63 页。

④ 参见孟强:《信托登记制度研究》,中国人民大学出版社 2012 年版,第 97 页。

的基本准则,市场经济能够使社会财富蓬勃喷发的原因就在于此。① 市场主体自主达成交易合意,不仅能够促使双方共同获益;而且使社会资源得以流动融通,并发挥其应有的作用。相比登记生效主义,登记对抗主义更能体现国家和政府对价值规律和市场规则的尊重。一方面,信托文件一经信托当事人订立即为成立,并在约定的生效条件达成时产生法律效力,无须国家公权力予以承认或审批,这样既简化了成立信托法律行为的程序,还提高了当事人设立信托法律关系的效率。另一方面,信托财产登记是引导受托人管理信托财产、公示财产信息的行政指导行为,不具备强制性法律效力。"于登记之外,尚以当事人合意为必要,然对于信任登记之善意第三人,其登记常视为正当与完全,以资保护者,为登记制公信力。"②具备对抗效力的信托登记并不构成对信托法律行为本身的判定,其以保障健康的经济秩序和交易环境,维护交易安全,满足公信力要求为目的,成为受托人履行忠实勤勉义务、合法管理信托财产的重要参考因素。

(三)我国信托登记宜采对抗主义

我国现行信托登记制度对公益信托行为采取登记生效主义,③有其特殊的历史原因。新中国成立后的计划经济时代,国家对一切生产经营活动以及市场行为予以严格管理,对信托、金融等市场创新行为进行管制。因而即便在20世纪80年代我国进入改革开放时期,受制于历史和市场环境,严格管制仍然成为政府调控经济的基本原则,政府自上而下的经济主导模式在短期内保持不变。在此种历史环境下,传统民法中的担保物权登记也长期采取登记生效主义,信托财产的登记制度自然不能例外。"《信托法》之所以严格的规定登记生效主义,据认为是为了与民法的不动产登记制度相一致。"④

---

① 参见茅于轼:《一个经济学家的良知与思考》,陕西师范大学出版社2008年版,第229~230页。

② 史尚宽:《物权法论》,中国政法大学出版社2000年版,第43页。

③ 我国《信托法》第10条规定,设立信托,对于信托财产,有关法律、行政法规规定应当办理登记手续的,应当依法办理信托登记。未依照前款规定办理信托登记的,应当补办登记手续;不补办的,该信托不产生效力。

④ 全国人大《信托法》起草工作组:《中华人民共和国信托法释义》,中国金融出版社2001年版,第43页。

进入新千年,我国经济市场化程度不断加深,社会主义市场经济已基本成型,政府与市场间的关系在30余年的经济转轨期内日益密切。每个有效率并且讲道义的社会都会要求混合经济的两面——市场和政府同时存在,如果没有市场或没有政府,现代经济运作就会孤掌难鸣。[①] 时至今日,应当摒弃计划经济的旧式思维,着力进行市场经济的思想解放。市场主体的经济活动有其固有的竞争机制和以信用为核心的交易规则,能够自发形成有效率的资源配置模式。国家作为社会和公共利益的天然代表,应当以社会公共利益为本位,充分尊重市场机制和价值规律,服务和监督市场经济活动。政府应以维护市场之固有机制和活力、纠正市场不足来达到调控经济之目的。[②] 因此,为落实党的十八届三中全会关于"发挥市场在资源配置中的决定性作用以及更好发挥政府作用"的纲领性要求,信托财产的登记制度不应成为政府借机以调控经济、规范市场之名限制和阻碍信托文件生效的行政手段,而应成为监管市场交易秩序、消除交易纠纷、保护善意第三人的法治利器。"苟当事人以设定信托之意义,已为权利设定或移转之登记,从未为信托之登记,亦不妨许其于当事人间仍成立信托关系,惟对于第三人则不得主张其信托之成立。"[③]政府部门建立的信托登记制度,应当成为正确引导受托人恪守信用、积极履行忠实勤勉义务的行政指导。受托人不进行信托财产登记并不违法,但可能会受到社会、第三方评价机构以及信托当事人的质询,并被作为未能履行信托文件项下应负职责的依据。与此同时,未进行登记的信托财产因善意取得而产生的损失,则应由受托人承担,并可能引发受托人能力评估以及受托人解除或变更等一系列后续程序。

在《慈善法》对设立公益信托的规范有所放松之际,登记对抗主义必然能够为公益信托的创新发展再次松绑,帮助我国理论与实务界更好地理解和明晰公益信托融合金融与慈善的内在特质。换言之,公益信托与商事信托除对受益人与监察人的规定之外并无二致,信托财产的经营管理与保值增值均应交予专业的金融机构负责。委托人对其名下财产有权处置并与受托人设定公

---

① 参见[美]保罗·萨缪尔森、[美]威廉·诺德豪斯:《经济学》(第18版),萧琛主译,人民邮电出版社2008年版,第36页。

② 参见史际春、邓峰:《经济法总论》(第2版),法律出版社2008年版,第168~169页。

③ 史尚宽:《信托法论》,新北,台湾商务印书馆1972年版,第24页。

益信托，慈善信托登记制度不应成为限定甚至否定该公益信托行为法律效力的制度阻碍，登记对抗主义则能够最大限度地保护信托当事人的合法权益。其一，物权公示不应限定意思自治的法律效果。公益信托一旦设定或公益信托协议一旦签署，委托人就有义务出让公益信托财产，受托人就有权受让公益信托财产，双方互负权利义务，且具有法律上的约束力。因恪守民事法律行为的意思自治与诚实信用原则，信托财产登记应当成为维护公益信托法律关系、免受第三人干预的辅助工具。其二，公益信托登记应关注公益信托的社会属性。公益信托是连结金融投资与慈善捐赠的制度纽带，其吸纳资本市场收益，造福社会大众，并因此享受特殊的规范调整和税收优惠。国家在推崇和鼓励公益信托的同时，更应当弱化信托登记的生效主义，强化对抗主义，赋予公益信托应有的活力。其三，激活委托人的公益信托意愿，以对抗主义促进公益信托的发展。具有捐赠意愿的经济主体，设立公益信托的初衷通常是将未来具有高收益的财产交付受托人进行专业管理，以信托收益回馈社会并长期维持该信托计划的存续。登记对抗主义则以类似抵押权登记的功效，简化委托人和受托人的设立手续，最大限度发挥财产的价值。如能够登记的信托财产对抗第三人，无法登记的信托财产依旧不影响公益信托成立之法律效力以及社会福祉的增加效果。

总体而言，时代在进步，经济愈加市场化，政府愈加服务化。我国 1995 年《担保法》所建立的抵押权登记生效制度历经十余年，才由 2006 年《物权法》的抵押权登记对抗主义进行了改良。或许，不久的将来，我国的信托登记制度也将脱胎换骨，经历由登记生效主义向登记对抗主义的里程碑式的转变。

本章小结

公益信托能否健康发展，一个关键的因素在于公益信托的设立是否顺畅便捷，是否能够降低委托人发起公益信托的设立成本。公益信托的设立模式、信托目的的具体范围、受托人资质的要求以及信托登记制度均是衡量公益信托设立规则优劣的重要标尺。首先，基于人文历史、法律文化、发展观念等诸多因素的不同，英美法系与大陆法系在公益信托的设立模式上分别采取了登记主义和许可主义。我国《信托法》对公益信托的设立采取大陆法系的许可主义，但该设立模式阻碍了我国公益信托产品或样本的诞生和发展。结合我国国情加以审慎判断,我国公益信托的设立模式短期内应当按照《慈善法》保持登记主义,培育监管部门对公益信托这一新鲜事物的认知水平和监管能力,但长期而言,应当两法联动修改全面转向登记主义,以助推公益信托的发展和社会福祉的提升。其次,国际上慈善信托或公益信托的信托目的公益性,可以主要概括为三大方面:一为扶贫济困、助残帮弱的慈善目的;二为以促进科学技术、教育文化、医疗卫生、体育健身以及环境保护等公共事业(简言之科教文卫体环保)发展的社会公共目的;三为以祭祀信奉、种族文化为宗旨的宗教目的。我国公益信托目的的范围应以社会公共利益为圭臬,将扶贫济困的良好传统传承下去,并增加现代社会的教育医疗、科学文化、环境保护等内容,但不涵盖宗教祭祀活动。再次,受托人在公益信托法律关系中占据着重要的核心地位,其是连接委托人与受益人、金融市场与公益慈善事业的纽带和桥梁。受托人的行为时刻左右着公益信托的运转,也深刻影响着社会公共利益的实现。我国公益信托的受托人除了满足民法规范所要求的具备完全民事行为能力以外,最主要的还是实现了机构化和资格化,以保障受托人有能力履行忠实勤勉义务。最后,信托财产登记是将信托财产与公益信托当事人固有财产相区分的基础性制度,亦是实现信托财产独立性的信息公示与制度保障。我国信托财产信息公示制度或财产登记制度的不完善,影响了公益信托的设立和发展。因此,应统一登记主管机关,提高公益信托设立效率,明确信托财产独立地位,切实促进我国公益信托迈向制度化、法治化。

第四章　公益信托的税收激励

在居民财富攀升、两极分化加剧的今天，以增进社会福祉、繁荣慈善事业为宗旨的公益活动蓬勃发展。相比慈善基金会、公益协会社团等传统的公益活动形式，公益信托以其先天的制度优势，受到社会的一致青睐。当前，公益信托已成为发达国家和地区促进慈善事业、提升社会福祉、承担部分社会管理职能的重要法律制度。作为英美法系的舶来品，公益信托制度在我国的法律移植过程艰难且复杂，其相关税收制度亦是如此。税收优惠对公共品私人供给有着明显的激励效应，[①]然而囿于我国公益信托税收优惠法律制度的"混沌状态"，公益信托的发展受到很多制约。除却国与国之间文化传统、法律习惯和制度设计等因素的差别外，税收优惠政策的冗杂和断层也是阻碍公益信托激发制度活力的重要原因。因而，亟待沐浴党的十八届四中全会的法治春风，准确把握公益信托的课税实质，完善税收优惠制度，真正实现公益信托的税收激励。其中，为架构科学合理、系统完备的公益信托税收激励机制，平衡协调国家与纳税人、资本与公益之间的利益，有必要首先认清公益信托税收优惠的法律实质。进而在税收

---

① 参见刘海峰、陈占峰：《中国税收优惠制度改革研究》，西南交通大学出版社2007年版，第48页。

法定原则及本土化思维的指导下，明确公益信托的税收优惠资格及条件，扩大公益信托的税收优惠范围及幅度，建立财务信息与公益活动的双公开制度。

一、公益信托与税收优惠的共生关系

公益信托（英美法系国家称为慈善信托）虽遭遇大陆法系“一物一权”传统思维的困扰，但并未影响其扎根与发展。虽然信托因规避法律和税收而产生，但公益信托却在国家税收优惠政策的支持下得以深入人心、蓬勃发展。世界各国及地区公益信托事业的兴旺发达，与其完备的税收优惠法律制度息息相关。

（一）社会福利、税式支出与公益信托

在人类的现代化进程中，经济发展的效益化和社会财富的私有化必然导致贫富差距悬殊、资源分配不公等社会矛盾。[①] 教育、卫生、文化、体育以及环境保护等公共福利项目，已为广大社会成员所普遍关注。公共福利、公共产品供给等有关公民社会福利的优劣，已发展为衡量国家经济社会发达水平的砝码，判断国家居民幸福指数的标尺。现代社会日益强调国家和政府转变职能，承担更多的缩小贫富差距、提供公共福利、维护社会稳定的公共管理职能。税收因其具备干预社会初次分配、调节社会再分配的功能而得到政府的广泛运用。“对财产的课税有助于削弱财富分布的不公平状态。”[②]除却用于国家机器正常运转等必要支出，税收已成为调整社会收入再分配、提升国民社会福祉的重要经济来源。如今，文明国度的税收大多用于促进教育、科学技术、文化体育、医疗卫生、社会保障、就业帮扶、城乡基础设施等社会事业的发展，以期加强基本公共服务，切实保障和改善民生。

然而不可否认的是，政府难免因行政效率、行政成本、行政程序等因素导致公共产品的供给不足。市场在资源配置中的决定性作用，更加凸显市场对公共产品以及民生工程供给的敏感程度，其中，市场主体则能够迅速察觉、获

---

① 参见刘佳：《房产税法的演进及其功能定位与制度设计》，载《求索》2014 年第 5 期。

② 吴云飞：《我国个人收入分配税收调控研究》，复旦大学出版社 2001 年版，第 128 页。

取公共产品供给数量较少的区域和质量较低的种类，直接依靠自身的社会力量提高相应公共产品的数量和质量，实现社会福祉的效率化。政府则直接赋予部分市场主体税收优惠待遇，省却了税收成本及转移支付的相关费用，巧妙地避免了部分机构行政效率不高的现象，最终还进一步实现了提升社会福祉的经济化。因此，为减少财税制度调节分配的递减效应，降低社会收入再分配的经济成本，国家为增加公共产品或公共服务的供给，推动社会公益事业的发展，实现提升社会福利的政策目标，对特定纳税人或课税对象施以减免税等税收优惠，最终形成财政补贴性质的税式支出。公益事业的税式支出虽部分减少了国家的财政收入，但直接提升了公益事业及慈善活动的社会效果，节省了大量的经济成本和时间成本。公益信托为公益目的而设立，实施公益信托有利于社会的发展和进步，因此国家对公益信托多给予税收等方面的优惠政策，以鼓励公益信托的发展。① 以社会公益为信托目的的公益信托，在提高公共产品供给的同时降低政府的行政成本，必然深受国家的重视、鼓励和照顾，因为“在一定意义上说，公益信托客观上履行了政府的部分社会职能”。② 国家以税式支出的方式激励和促进公益信托，不仅给予公益信托诸多的税收优惠政策以促进其发展，还能加强对公益信托的监督和调控，更好地实现政策目标。此外，“一个智慧且有美德的人，总是乐意为了他的阶层或团体的公共利益牺牲自己的个人利益”。③ 这些仁人志士的慈善思想和志愿热情高于凡人，能够有力地提升公益福利的供给效率。税收优惠不仅是对公益信托的肯定和鼓励，更能激发和释放潜在的民间公益力量，促使其成为国家治理体系中重要的社会参与主体，化解社会矛盾，保障社会和谐稳定地发展。总体而言，税收优惠与公益信托可达至“双赢”，税收优惠促进了公益信托的发展与社会福祉的提升，同时公益信托的发展也提高了国家财政的效率和社会治理的现代化水平。

按照经济学的供给需求理论理解，税收优惠对公共产品或服务的供给、对社会公共利益的提升具有一定的激励效应。④ 税收优惠对公共产品的供给需

① 参见周小明：《信托制度：法理与实务》，中国法制出版社2012年版，第362～363页。

② ［日］中野正俊、张军建：《信托法》，中国方正出版社2004年版，第211页。

③ ［英］亚当·斯密：《道德情操论》，吕宏波译，江西教育出版社2014年版，第225页。

④ 参见刘海峰、陈占峰：《中国税收优惠制度改革研究》，西南交通大学出版社2007年版，第48页。

求曲线进行了优化，实现了供给需求的新平衡点。如图 4－1 所示，D_1、D_2是公共产品的需求曲线，S_1、S_2是公共产品的供给曲线，P_1、P_2和 P_3分别为公共产品的价格。公共产品私人供给的原始均衡点为 E 点，此时的公共产品价格为 P_1，供给量为 Q1。假设公共产品需求随着公民数量的增多和追求生活质量提高而增加，需求曲线由 D1 移至 D2，此时倘若没有其他供给方式的干预和介入，则公共产品的价格升至 P2，供给量则升至 Q2，公共产品私人供给的新均衡点为 F 点。然而，此时的 F 点并非最佳均衡点，公共产品的数量需求和质量需求虽然提升，但公共产品的价格也水涨船高。如果政府此时适当介入其中，赋予提供公共产品的私人享受税收优惠待遇，则会促使供给曲线向右平移至 S2，并在 G 点达到新的均衡点。其结果是公共产品的价格恢复到了 P1，公共产品的供给量增加到 Q3。最终实现了在全社会公共产品需求增加的同时，促进公共产品供给的提高，在公共产品价格没有变化的理想状态下，公共产品的生产者剩余①和消费者剩余②随之均能够大幅度提升。此种情况下，政府没有提供财政支出的方式，而是提供了成本较小的税式支出方式（税收优惠），不仅促使社会成员享受到数量较多的公共产品，提升了全社会的福利水平和幸福指数，而且支持和鼓励了公共产品的私人供给行为，提高了公共产品私人供给者的积极性，最终实现社会整体利益与社会个体利益共同增进的多赢局面。

---

① 生产者剩余（producer surplus）等于厂商生产一种产品的总利润加上补偿给要素所有者超出和低于他们所要求的最小收益的数量，是生产者的所得大于其边际成本的部分。因为生产者按照最后一个商品的边际成本确定所有商品的价格，在这最后一个商品以前的商品的边际成本都低于最后一个商品（根据微观经济学理论，当生产者的边际利润等于边际成本时，能取得私人部门利润最大化和社会福利最大化），此低于部分就是生产者的额外收入。从几何的角度看，它等于价格曲线之下、供给曲线之上的区域。通俗地讲，就是生产者的会计利润。

② 消费者剩余（consumer surplus）又称为消费者的净收益，是指消费者在购买一定数量的某种商品时愿意支付的最高总价格和实际支付的总价格之间的差额。消费者剩余衡量了买者自己感觉到所获得的额外利益。消费者剩余是衡量消费者福利的重要指标，被广泛地作为一种分析工具来应用。

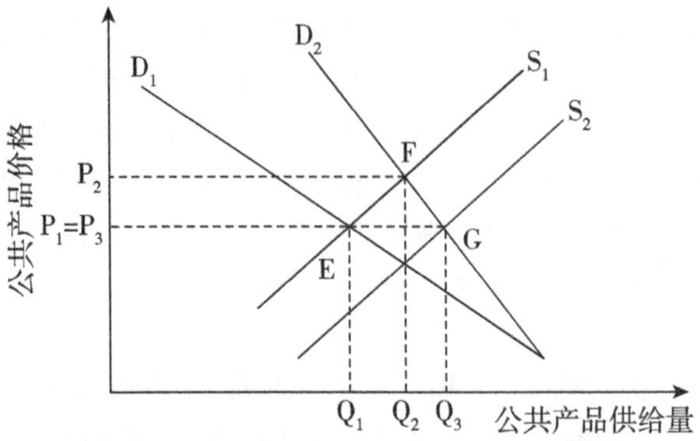

图4-1　公共产品私人供给的税收激励效应

(二)域外公益信托的税收激励

税收优惠政策是政府扶持慈善事业发展的重要手段,①公益信托相比于慈善基金会、公益协会社团等传统的公益活动形式,具有无比优越的制度优势。公益信托免去了设立法人的烦琐手续,以登记核准的方式即可简便地设立,不仅运营成本较低、内部治理规范透明,还能够较好地尊重委托人意愿,并实现财产增值的可循环。基于英美等国传统的宗教引导、强烈的捐赠意识以及完备的税收优惠措施,公益信托得以享有得天独厚的制度优势并成为慈善公益事业的主要形式。从目前国外的实践经验来看,国家给予公益信托的税收优惠待遇通常体现在公益信托运行的各个环节,如成立阶段减免所得税、赠与税和遗产税,受托人管理信托财产阶段减免所得税,兑付信托收益时减免所得税等。② 但是对于大陆法系而言,本已发展缓慢的公益信托还面临着税收优惠机制的诸多考验。

1. 英美法系慈善信托的税收减免

在通常情况下,一方面,英国的慈善信托受托人或基金会等慈善机构作为受赠人,首先,可就其获赠的信托财产和信托收益,享受所得税(股息收入除

---

① 参见民政部政策法规司:《慈善事业税收优惠政策法规指南》,中国社会出版社2010年版,第3页。

② 参见周小明:《信托制度:法理与实务》,中国法制出版社2012年版,第362~363页。

外)、资本利得税、公司税、遗产税和印花税的免税待遇。其次,上述慈善机构因全部或主要用于慈善目的而占用或使用土地,还可享受土地税负80%的法定豁免额度,同时当地政府还对剩余20%的土地税负豁免额享有自由裁量权。最后,一定情况下慈善组织可以豁免增值税。主要是慈善组织出售他人捐献的物品,包括新旧物品。目前,该项优惠已经扩大到纳税人出售慈善组织获得的捐献物品,只要该纳税人书面承诺将全部销售利润捐献给某一慈善组织即可。① 此外,根据《1992年慈善收益税收法》(Taxation of Chargeable Gains Act 1992)的规定,只要实现了所有资产的收入都被用于慈善目的,原则上即可免除慈善信托的资本增值税。② 另一方面,慈善信托的委托人及其他捐赠者同样可以得到税收优惠待遇的支持与激励。超过3年的(如捐赠者约定所捐赠的现金在银行储蓄4年,每一年度向慈善组织支付储蓄总额1/4的款项)个人慈善契约,能够得到较高比例的所得税豁免,一般通过源头扣除和税款返还的方式实现。③

美国慈善信托业广受联邦税法相关税收优惠政策的恩泽,委托人及慈善信托均享受大幅减免税的优厚待遇。慈善信托的慈善捐赠所享受的税收优惠主要在所得税与赠与税方面,其中赠与税税收优惠的适用条件与所得税基本相同。美国自1917年开征所得税后,允许纳税人计算所得税时对部分项目进行扣除(deductions)或抵免(Tax credits)。美国《国内税收法典》第170条规定,在纳税年度内所作出的慈善捐赠款项,应当允许扣除。④ 根据该规定,个人和公司所捐赠的现金、以公允市场价格衡量的财产,均可纳入扣除或抵免

---

① 参见何宝玉:《信托法原理与判例》,中国法制出版社2013年版,第310页。

② See R. Pearce and J. Stevens, *The Law of Trusts and Equitable Obligations*, Butterworth-Heinemann, 1995, p. 350.

③ 对于这些慈善契约,公司可获得类似公司税的豁免。慈善机构通过个人或公司,可以从税务局获得从源头扣除的、相当于公司税数额的税款返还。个人或公司的一次性赠与行为,与前述慈善契约具有相同的税收优惠效果。如果雇主建立了获得慈善委员会承认的薪资扣除体制,那么雇员也可以向慈善机构进行捐赠。这些捐赠属于可扣除的个人费用,而且这些捐赠将一起付给获得许可的慈善代理机构,然后由该代理机构向挑选出的慈善机构进行支付。此外,向慈善组织转移财产享受遗产税的豁免,而且对于资本利得税是按"没有盈利就不受损失"的原则征收的,因此捐赠人无须缴纳这种税。参见[英]D. J. 海顿:《信托法》(第4版)(中英文本),周翼、王昊译,法律出版社2004年版,第114~115页。

④ Internal Revenue Code, Section 170(a).

额。当然,为保证财政收入的稳定与持续,个人所得税与公司所得税的税前扣除额还受到一系列的限制。

一方面,是税前扣除比例的限制。根据美国《国内税收法典》第 170 条前两项的规定,自然人因公益捐赠最高可扣除总收入的 50% 个人所得税;公司亦可享受 5% 的公司所得税扣除额,超过扣除额的部分可结转至以后各个年度;①其中,公益信托、公益基金会等公益机构运营期间产生的全部所得和孳息,只要最终用于公益事业即可全额免税。② 慈善信托在任何课税年度内,可以豁免本法范围内的任何税负,包括所得税和消费税等。③ 然而对于捐赠方而言,上述税前扣除的比例并非一成不变。美国国会每年也会根据政策的变化,临时性调高慈善捐赠的税前扣除比例,以鼓励慈善捐赠。如卡特里娜飓风后,国会解除了当年对慈善捐赠扣除额的限制,并允许一些额外的项目可以获得扣除,如为灾民提供住房的支出等。

另一方面,慈善捐赠必须是捐给符合条件的机构才能享受税前扣除的优惠待遇。美国《国内税收法典》第 68 条明确规定了受赠方必须为经 IRS(美国国税局)审定的以下 5 类机构:(1)美国政府及其分支机构;(2)非营利企业、慈善信托、社区福利基金、公益基金;(3)退伍军人协会;(4)国内兄弟会、社团或者联合会;(5)非商业运营的墓地企业。④ 上述受赠机构获得的慈善捐赠必须用于宗教、慈善、科学、文学或者教育目的,或者为保护儿童或者动物免于虐待,同时受赠机构不得为营利目的而运营,并且不会使私人股东或者个人获益。只有满足第 68 条所规定的条件,捐赠方的捐赠才可以被定义为慈善捐赠予以扣除,受赠方则作为税收豁免的慈善组织对受赠所得享受所得税的豁免。⑤ 美国《国内税收法典》对能够接受慈善捐赠的私人基金采取了较为严格的审核标准,一旦私人基金被裁定利用慈善的名义牟取私人利益或不正当利益,相关机构(主要是 IRS)将取消其税收豁免的资格,并惩罚相关责任人。⑥

---

① Internal Revenue Code, Section 170(a)&(b).

② Internal Revenue Code, Section 642(c).

③ Internal Revenue Code, Section 664(c).

④ Internal Revenue Code, Section 68(c)

⑤ 美国《国内税收法典》第 501 条(c)款规定了免税组织列表,但所列组织只有同时符合第 68 条(c)款的规定,其受赠方可作为慈善捐赠获得税前抵扣。

⑥ Internal Revenue Code, Section 507, Section 508.

有数据显示，在1946～2000年半个世纪的时间内，美国公益信托业在税收优惠政策的扶持下多以设立基金会的形式开展活动，1946年共有505家基金会，及至2000年则共有基金会56,600余家，总资产高达4860亿美元，占美国当年GDP的6%。[①]

2. 大陆法系公益信托的税收优惠

从历史来看，法律的移植或言其本土化过程，很难一帆风顺或一气呵成，一般都是在总结历史经验的基础上不断修缮。公益信托移植至亚洲之初的效果差强人意，不仅公众缺乏对公益信托的了解，而且公益信托立法过于简约，缺乏可操作性。经过与当地法律制度相互渗透直至融合以及享受税收优惠政策的制度激励，公益信托方才在大陆法系国家和地区呈现蓬勃发展的势态。如日本自1922年颁布信托法，直到1977年首次出现公益信托，主要是因为公益信托的税收优惠政策在1977年前后相继颁布。个人委托人和法人委托人可因公益捐赠分别减免捐赠金额的遗产税和所得税。日本《所得税法》第11条第2款还规定，公益信托的信托财产所产生的所得，不征所得税。即将公益信托的信托收益排除在所得税的范围之外。值得注意的是，日本的慈善捐赠以企业捐赠为主，而且日本普遍认为企业的慈善捐赠比征收税款再转移支付的作用和效果更大，因而日本政府给予企业法人较多的税收优惠和较高的税收扣除比例。一方面，企业对政府的捐赠及由财政大臣指定的对公益性很强的组织进行的捐赠（指定捐赠），可在税前全额扣除，而向特定公益组织用于振兴科教文卫或社会福利事业的捐赠款，经过混合计算，可享受免税的最高额度为法人全部资本的0.25%加上营利金额的2.5%，[②]但对外国慈善分支机构的捐款则一概不予扣除。其中，特定公益组织主要有：为大学生提供优惠贷款和奖学金的法人、红十字会、国际交流协会、学校法人、社会福利法人和综合研究开发机构等旨在促进科技教育文化等社会福利事业的公益组织。[③] 相比企业捐赠税前扣除的形式多样，自然人捐赠税前扣除的模式则略显单一，其计算公式为：特定捐赠款合计金额－1万日元，或者（年收入金额×25%）－1万日

① 参见李廷芳等：《完善信托制度助推公益事业》，载《国际金融报》2010年9月16日，第6版。

② 参见郝琳琳：《我国公益信托发展中的税法缺失》，载《河北法学》2010年第12期。

③ 参见徐宇珊、刘华电：《国外非营利组织税收制度介绍》，载《涉外税务》2007年第11期。

元,以其中较少金额作为扣除标准。总体而言,税前扣除的比例及税收优惠程度显然滞后于英美法系国家,与日本政府鼓励公益信托发展的初衷不相符合。另一方面,根据日本《所得税法》第78条第2款的规定,企业只有向经过大藏省(日本中央政府财政机关,主管日本财政、金融和税收)认定的“特定公共利益促进法人”捐款才可以享受税前扣除待遇。[①] 目前,所得税法规定的“特定公共利益促进法人”仅有26种,且基本与地方政府联系密切,对地方的社会福利水平影响较大。“特定公共利益促进法人”大致可分为科研机构(如科学技术研究院所)、公益法人、非营利机构、基金会、教育法人以及所有的公办社会福利机构等。此外,大藏省也可以依照相关法律对慈善组织的申报材料进行审核,决定其是否具备税收优惠资格。企业向具备税收优惠资格的慈善组织捐款捐物,可以享受一定比例的税前扣除待遇,但优惠力度明显不及“特定公共利益促进法人”。截至2007年,日本公益信托数量共计588件,相关财产总额达到682亿日元。[②]

总体而言,世界各国均对公益信托规定了税收优惠政策,这些减免主要集中于遗产赠与税、所得税、资本利得税等主要涉及所得的税种。[③] 从现有资料和实际效果来看,良好的税收优惠制度,驱动着公益信托的发展和进步。英美法系国家较之大陆法系国家和地区,从遵循宗教精神引导以及政府有义务提供公共产品的角度出发,大多慷慨且全面地给予慈善信托捐赠双方较大的税收优惠空间。捐赠者(委托人)可因其财产捐赠行为而直接扣除部分应纳税额,超额部分还可在后续年度继续扣除直至全部扣除完毕。获赠方(受托人)受让的信托财产,不仅豁免所得税和赠与税,还免除信托财产收益的税负。当然,享受税收优惠待遇的前提条件是捐赠资产(信托财产)全部用于法定的特殊目的,如扶贫济困、尊老爱幼等慈善目的,否则非但丧失税收优惠待遇,还将面临高额的税收罚款和严酷的刑事责任。为避免滥用公益信托税收优惠政策、防止假借公益之名违法避税,世界各国和地区采取了不同的税法规制措

---

① 参见[美]托马斯·西尔克:《亚洲公益事业及其法规》,中国科学基金研究会主译,科学出版社2000年版,第154页。

② 数据参见张明敏、王会贤:《“五问”公益信托》,载《公益时报》2013年11月29日,第6版。

③ 参见国家税务总局信托税制研究课题组:《关于我国信托税制的研究报告》,载国家税务总局政策法规司编:《中国税收政策前沿问题研究(2002)》,中国税务出版社2003年版,第17页。

施。英国树立公益信托的“禁止私人受益原则”并成立公益委员会监督和辅导公益信托。美国则凭借强大的税收征管体系，确立慈善组织的“利益分配禁止原则”，违法者一经发现将视情况处以25% ~200%的税金惩罚。[①] 日本、韩国等大陆法系国家和地区则要求审批设立公益信托，同时建立监察人制度，协助税务机关加强税收监控。

二、我国公益信托税收优惠政策的现状

公益信托与税收优惠政策荣辱与共，良好的税收优惠政策能够激活公益信托的制度潜能。一旦慈善机构失去税收豁免，就会影响那些为了慈善机构的利益而承诺付款的人的处境。[②] 在我国，公益信托税收优惠政策与慈善事业税收优惠政策的混同，影响了公益信托在我国发展的空间和速度，无益于社会福祉的普遍提升。我国《信托法》自2001年颁布时就明文规定国家鼓励发展公益信托，加之《公益事业捐赠法》《个人所得税法》《企业所得说法》以及部分税收法规，初步形成了我国公益信托的税收优惠格局。然而，我国尚未在税收法律法规中明确公益信托的税收优惠待遇，而是以公益慈善事业涉及的、冗杂的税收优惠措施代替。一时间，税务机关的税收自由裁量权力扩大，公益信托的税收优惠政策不甚明朗，阻碍了公益信托在我国生根发芽、茁壮成长的科学发展。鉴于公益信托的经济合同实质，发达国家公益信托的税收优惠措施不仅基本参照与公益慈善事业相关的税收优惠法律制度，还专章或专款规定了公益信托的捐赠人（委托人）、受赠人（受托人）、信托财产孳息的税收优惠待遇。

目前，我国的公益事业税收情况如下：一是按照税种分别设置税收优惠政策。涉及的税种囊括了个人所得税与企业所得税组成的所得税，增值税、消费税和关税组成的流转税，房产税、印花税和契税等组成的财产行为税，其中以个人所得税和企业所得税的税收优惠为主。[③] 由于我国尚未开征遗产税及赠

---

① 参见许多奇、杨州：《公益信托灾害救济的税法扶持与规制》，载《法学》2010年第9期。

② ［英］D. J. 海顿：《信托法》（第4版）（中英文本），周翼、王昊译，法律出版社2004年版，第114页。

③ 参见民政部政策法规司：《慈善事业税收优惠政策法规指南》，中国社会出版社2010年版，第319页。

与税，因此无偿捐赠行为的受让方无须缴纳税款。作为捐赠人，个人或企业将其所得向慈善事业、社会福利事业的捐赠行为，按照所得税法的相关规定享受税收优惠待遇。在当前公益法人和基金会为社会大众普遍接受，公益信托的经济合同本质尚未达成共识之际，其结果是公益信托的税收优惠容易陷入困境，步入实体或业务的税收征管误区，以什么税种如何征收，尚存争议。公益信托的捐赠人（委托人）、受赠人（受托人与受益人）以及信托财产孳息的税收优惠待遇更加具有不确定性。

二是税收政策对非营利组织的支持也较为不力。目前，我国非营利组织普遍缺乏发展所需的运转资金，政府直接的财政援助仅限于为数不多的国有背景的公益慈善组织，而扎根最基层、服务最前线的民办非营利组织几乎没有获得国家和社会的直接资助，间接资助也是刚刚处于起步阶段。[①] 与此同时，民政部门主要负责非营利组织的登记和管理工作，即负有主体监管的职责；业务主管部门则主要负责非营利组织经常性活动的管理工作；税务机关负责非营利组织的税务登记和税款征收、减免工作，民政部门、业务主管机关和税务机关的信息共享系统尚未建立，税收优惠措施的落实稍显滞后，难以对非营利组织的发展和公益慈善活动的开展起到预期的激励作用。

三是税收优惠措施主要涵盖公益捐赠所得税税前扣除和其他税种的税收减免。其中，所得税优惠的特点较为明显，其他税种优惠如承受土地、房屋用于公益事业的社会团体免征契税和房产税。在所得税优惠方面主要表现如下：

（1）公益性捐赠税前扣除受到额度限制，个人和企业将其所得用于公益性捐赠支出，一般分别准予在应纳税所得额30%和12%范围内扣除。然而，法定税率不变，执行中另行提供额外的低税率等税收优惠以弥补税法制度弹性不足的问题，这是中国税法执行中的基本做法。[②]

（2）企业股权、不动产捐赠视同股权转让及销售货物进行征税。此前规

---

① 参见陈成文、谭娟：《税收政策与慈善事业：美国经验及其启示》，载《湖南师范大学社会科学学报》2007年第6期。

② 参见陈建平、陈成文：《论推进企业所得税制改革与发展慈善事业》，载《贵州师范大学学报（社会科学版）》2013年第6期。

定,企业持有的股权和债权不得用于对外捐赠,[①]但新规则将捐赠范围扩大到"股权"。[②] 新政策是对旧政策的延伸和发展,财政部关于股权捐赠新形式的引进,对公益机构和公益信托今后的发展道路具有划时代的意义。[③] 自2009年我国股权捐赠政策由禁止转为允许至今,国内股权捐赠已有数例,承诺捐赠股权者开始显现。在现有股权捐赠案例中,捐赠人捐赠的多为原始股或者捐赠的股权在取得时价值较低,而在捐赠时股权的市场价值较高,远远大于其取得股权时的价值,股权价值的认定及计税依据不确定。不动产捐赠也存在相同问题。因此,按照现行税收政策将企业股权、不动产捐赠视同股权转让及销售货物的规定,由于捐赠股权和不动产的增值额较大,故而需要缴纳巨额税款。同时,向境外捐赠股权(期权)的实例也见诸报端。为降低捐赠者的股权税负、促进公益慈善事业,《关于公益慈善事业捐赠个人所得税政策的公告》(财政部、税务总局2019年第99号公告)进一步明确,捐赠股权、房产的,按照个人持有股权、房产的财产原值确定个人发生的公益捐赠支出金额。鼓励社会股权捐赠,避免了"善款外流",或者"捐赠无门"之窘迫境地。

(3)限定了公益性捐赠对象。如果公益性捐赠不符合《企业所得税法实施条例》第51条的规定,即没有通过公益性社会组织或者县级以上人民政府及其部门,用于规定的公益事业的捐赠,则捐赠额不得在税前扣除。《关于公益慈善事业捐赠个人所得税政策的公告》第1条则进一步规定,境内公益性社会组织,包括依法设立或登记并按规定条件和程序取得公益性捐赠税前扣除资格的慈善组织、其他社会组织和群众团体。总而言之,我国税制结构下的公益性捐赠的主体必须是经过国家或地方税务机关认可具备公益性捐赠税前扣

---

① 财政部《关于加强企业对外捐赠财务管理的通知》(财企〔2003〕95号)第4条规定,企业可以用于对外捐赠的财产包括现金、库存商品和其他物资。企业生产经营需用的主要固定资产、持有的股权和债权、国家特准储备物资、国家财政拨款、受托代管财产、已设置担保物权的财产、权属关系不清的财产,或者变质、残损、过期报废的商品物资,不得用于对外捐赠。

② 《关于企业公益性捐赠股权有关财务问题的通知》(财企〔2009〕213号)开宗明义地直接规定,由自然人、非国有的法人及其他经济组织投资控股的企业,依法履行内部决策程序,由投资者审议决定后,其持有的股权可以用于公益性捐赠。

③ 参见秦文娇:《企业公益性捐赠股权税收问题解析》,载《税收征纳》2009年第12期。

除资格的公益性社会团体。[①] 如我国国家和地方等税务机关、财政部门每年均会公布符合公益性捐赠税前扣除资格的公益性社会团体的名单,逐步扩大可适用税收优惠的范围。[②] 名单之外的因公益捐赠财产而成立的个人基金组织,如要享受税收上的优惠,可以根据规定进行申报。[③] 与此同时,我国税收部门规章还额外作出特殊性规定,即针对个人和企业向政府指定的公益慈善组织或特定公益目的捐款,允许其在税前全额扣除。根据目前财政部和国家税务总局颁行的税收部门规章的规定,政府指定的公益慈善组织主要有15家;[④]特定的公益目的则为农村义务教育和"5·12"四川汶川特大地震的抗震

① 《个人所得税法实施条例》第52条规定:"……公益性社会组织,是指同时符合下列条件的慈善组织以及其他社会组织:(一)依法登记,具有法人资格;(二)以发展公益事业为宗旨,且不以营利为目的;(三)全部资产及其增值为该法人所有;(四)收益和营运结余主要用于符合该法人设立目的的事业;(五)终止后的剩余财产不归属任何个人或者营利组织;(六)不经营与其设立目的无关的业务;(七)有健全的财务会计制度;(八)捐赠者不以任何形式参与该法人财产的分配;(九)国务院财政、税务主管部门会同国务院民政部门等登记管理部门规定的其他条件。"

② 如财政部、国家税务总局、民政部发布关于2017年度第二批和2018年度第一批公益性社会团体捐赠税前扣除资格名单的公告(财政部公告2019年第69号),认定中国妇女发展基金会等183家社会团体属于符合公益性捐赠税前扣除资格的公益性社会团体。

③ 《关于公益性捐赠税前扣除有关问题的通知》(财税〔2008〕160号)第4条规定:"本通知第一条所称的公益性社会团体和第二条所称的社会团体均指依据国务院发布的《基金会管理条例》和《社会团体登记管理条例》的规定,经民政部门依法登记、符合以下条件的基金会、慈善组织等公益性社会团体:(一)符合《中华人民共和国企业所得税法实施条例》第五十二条第(一)项到第(八)项规定的条件;(二)申请前3年内未受到行政处罚;(三)基金会在民政部门依法登记3年以上(含3年)的,应当在申请前连续2年年度检查合格,或最近1年年度检查合格且社会组织评估等级在3A以上(含3A),登记3年以下1年以上(含1年)的,应当在申请前1年年度检查合格或社会组织评估等级在3A以上(含3A),登记1年以下的基金会具备本款第(一)项、第(二)项规定的条件;(四)公益性社会团体(不含基金会)在民政部门依法登记3年以上,净资产不低于登记的活动资金数额,申请前连续2年年度检查合格,或最近1年年度检查合格且社会组织评估等级在3A以上(含3A),申请前连续3年每年用于公益活动的支出不低于上年总收入的70%(含70%),同时需达到当年总支出的50%以上(含50%)。前款所称年度检查合格是指民政部门对基金会、公益性社会团体(不含基金会)进行年度检查,作出年度检查合格的结论;社会组织评估等级在3A以上(含3A)是指社会组织在民政部门主导的社会组织评估中被评为3A、4A、5A级别,且评估结果在有效期内。"

④ 这15家公益慈善组织为宋庆龄基金会、中国福利会、中国残疾人福利基金会、中国扶贫基金会、中国煤矿尘肺病治疗基金会、中华环境保护基金会、中国老龄事业发展基金会、中国华文教育基金会、中国绿化基金会、中国妇女发展基金会、中国关心下一代健康体育基金会、中国生物多样性保护基金会、中国儿童少年基金会、中国光彩事业基金会以及中国医药卫生事业发展基金会。

救灾。①

(4)一次性捐赠超过企业当年公益性捐赠税前扣除限额部分无法递延结转。我国现行税法没有关于公益性捐赠超过当年税前扣除限额部分可以向以后年度结转扣除的具体规定。国内捐赠案例的捐赠人多为一次性捐赠,故而只能在捐赠当年享受税前扣除的优惠待遇。2013 年 2 月,国务院批转的《关于深化收入分配制度改革的若干意见》,其中第 20 条明确:落实并完善慈善捐赠税收优惠政策,对企业公益性捐赠支出超过年度利润总额 12% 的部分,允许结转以后年度扣除。从国务院层面看,公益性捐赠超出当年限额部分的结转问题似乎已经实现了制度性突破。时隔两年有余,具体政策尚未落实,最终于 2016 年 3 月全国人大审议通过的《慈善法》中得以实现,②但相关税法规范或文件的支持程度较低。

(5)符合条件的非营利组织的收入方能免税,但国务院财政、税务主管部门的规定并未形成明确统一的体系。财政部以及国家税务总局还各自或联合发布了一系列规定。③ 实践表明,减免税赋、实行税收优惠无疑是鼓励发展公益信托的一条必不可少的途径。④ 由上可知,我国有关公益慈善的税收优惠措施较为杂乱,法律法规之间缺乏必要的连接性和协调性,纳税人难以准确掌

---

① 参见《财政部　国家税务总局关于向宋庆龄基金会等 6 家单位捐赠所得税政策问题的通知》(财税〔2004〕172 号)、《财政部　国家税务总局关于中国老龄事业发展基金会等 8 家单位捐赠所得税政策问题的通知》(财税〔2006〕66 号)、《财政部 国家税务总局关于中国医药卫生事业发展基金会捐赠所得税政策问题的通知》(财税〔2006〕67 号)、《国家税务总局关于中国共产党党员交纳抗震救灾"特殊党费"在个人所得税前扣除问题的通知》(国税发〔2008〕60 号)、《财政部、国家税务总局关于纳税人向农村义务教育捐赠有关所得税政策的通知》(财税〔2001〕103 号)。

② 《慈善法》第 80 条规定,自然人、法人和其他组织捐赠财产用于慈善活动的,依法享受税收优惠。企业慈善捐赠支出超过法律规定的准予在计算企业所得税应纳税所得额时扣除的部分,允许结转以后三年内在计算应纳税所得额时扣除。

③ 2009 年 11 月 11 日财政部、国家税务总局联合发布了《关于非营利组织企业所得税免税收入问题的通知》(财税〔2009〕122 号)和《关于非营利组织免税资格认定管理有关问题的通知》(财税〔2009〕123 号),明确认定了非营利组织的范围和免税收入的范畴。财税〔2009〕122 号文件规定,非营利组织的下列收入为免税收入:接受其他单位或者个人捐赠的收入;除《企业所得税法》第 7 条规定的财政拨款以外的其他政府补助收入,但不包括因政府购买服务取得的收入;按照省级以上民政、财政部门规定收取的会费;不征税收入和免税收入孳生的银行存款利息收入;财政部、国家税务总局规定的其他收入。

④ 参见徐孟洲、席月民:《论我国信托税制构建的原则和设计》,载《税务研究》2003 年第 11 期。

握公益性捐赠应当享有的税收优惠措施，其公益捐赠的积极性大幅降低。

四是享受税收优惠政策的公益慈善事业集中于教育文化、医疗卫生、科学研究、环境保护、赈灾济贫等领域，非营利组织的免税资格认定办法“千呼万唤始出来”。公益性社会团体应当先经其业务主管单位（如科教文卫主管部门）审查批准，再向民政部门申请筹备和登记成立。同时，公益性社会团体每年还需接受年度检查和社会组织评估，以确保其社会团体的公益性质和税收优惠资格。2014 年伊始，财政部和国家税务总局以联合发布税收部门规章的形式，规定了我国非营利组织享有税收优惠资格的具体适用条件。① 目前，我国主要对国家机关负责的事业单位或非营利组织给予税收优惠待遇。税法虽对非营利组织的范围未予明确，但在多年的实践中已形成公益性社会团体、民办非企业单位和基金会三大类别。一方面，非营利组织存续期间可享受所得税、流转税和房产土地税的税收抵免。如开展社会公益活动的非营利性基金会，在金融机构的基金存款取得的利息收入暂免征企业所得税。另一方面，纳税人仅限于通过国家机关或非营利组织的捐赠方能税前扣除，其中非营利组织必须已通过认定获得公益性捐赠税前扣除资格。每年中央及省市地方财政部门、税务机关与民政部门联合审核、公布获得公益性捐赠税前扣除资格的公益性社会团体名单。目前的主要问题是，大量不完善的通知和规定对现行的

---

① 总体而言，目前申请享受税收优惠待遇的非营利组织必须同时满足以下条件：(1)具备合法的主体资质，即依法设立或登记在册的社会组织，如事业单位、社会团体、基金会、社会服务机构、宗教活动场所以及财政部、国家税务总局认定的其他组织。(2)限定组织活动范围，即仅从事公益性或者非营利性活动，不得从事谋取利益的营利性活动。(3)限制收入用途，即取得的收入除用于该组织有关的合理支出外，必须全部用于登记核定或章程规定的公益性或者非营利性事业。(4)禁止财产分配，即组织财产及其孳息不得分配，但必要的人员工资薪金支出除外。(5)类推适用公益信托的近似原则，即按照登记核定或者章程规定，该组织清算注销后的剩余财产，仍须用于公益性或者非营利性目的，或者登记管理机关有权将剩余财产转赠给与该组织性质、宗旨相同的非营利组织，并且及时向社会公告。(6)捐赠财产不得设有其他权利，即捐赠人对投入该组织的财产，不得保留或者享有任何财产权利，如禁止设定担保物权、保留回购权利等。(7)明确员工薪资占比，即工作人员工资福利开支必须控制在规定的比例内，不得通过大幅提高工作人员的工资福利变相分配组织财产。具体而言，工作人员平均工资薪金水平不得超过上年度税务登记所在地的地市级（含地市级）以上地区的同行业同类组织平均工资水平的两倍，工作人员福利按照国家有关规定执行。(8)应税收入与免税收入各自独立核算，即对取得的应纳税收入及其有关的成本、费用、损失应与免税收入及其有关的成本、费用、损失分别核算。具体规定参见《财政部、国家税务总局关于非营利组织免税资格认定管理有关问题的通知》（财税〔2018〕13 号）。

税法制度产生了不利影响。[①] 因而党的十八届三中全会明确提出统一税收优惠制度,以期治理这一改革顽疾。

五是慈善捐赠的免税程序烦琐,免税成本居高不下。我国纳税人申请税收优惠的税收征管程序较为复杂,行政效率不高,普通纳税人办理因慈善捐赠行为而享受税收减免手续所耗费的时间、人力及物力成本较高。纳税人依照法律、行政法规的规定书面申请减税、免税时,需提交的申请材料包括但不限于报批类减免税申请表、财务会计报表、纳税申报表、有关部门出具的证明材料以及税务机关要求提供的其他材料。代理人办理受托事项时,还须出具有效的身份证件和委托证明。此后纳税人的减免税申请须法律、行政法规规定的减税、免税审查批准机关经过审批、决定和送达三个过程最终获得批准。当前,在个人纳税申报制度滞后以及监管不严的背景下,公民个人大多会选择省却免税程序的负担,放弃享有的税收优惠待遇。前民政部救济司司长、北京师范大学公益研究院院长王振耀教授,向大众媒体讲述了其向公益组织捐款却苦于费时费力获得税收抵扣的遭遇。[②] 他曾以个人名义,向中华慈善总会捐款 500 元并索取了捐款凭证,之后尝试向税务机关申请捐款抵扣个人所得税。历经 10 道行政手续和 2 个月的时间,王振耀教授才收到抵扣的 50 元税金。专职于扶贫济困的司长尚且如此,普通纳税人的困难自不再言。(我国纳税人申请减免税的一般程序见图 4 - 2)民政部和中华慈善总会共同发布的《中国慈善事业发展指导纲要(2006 ~ 2010)》对我国慈善事业的发展做出了整体规划,明确提出要推动制定便利捐赠人办理税收优惠政策的程序,为捐赠人办理减免手续提供规范、便捷的服务。由于缺乏与财政部、国家税务总局联动改革机制的免税程序简化规划,自然难以落于实处。可以说,当前最主要的攻坚目标仍是捐款税收抵扣的程序简化问题。

---

① 参见韩灵丽:《美国企业所得税法给中税制改革的启示》,载《社会科学家》2006 年第 6 期。

② 参见蔡斐:《慈善捐赠,莫让税收成了“拦路虎”》,载《重庆时报》2015 年 11 月 18 日,第 8 版。

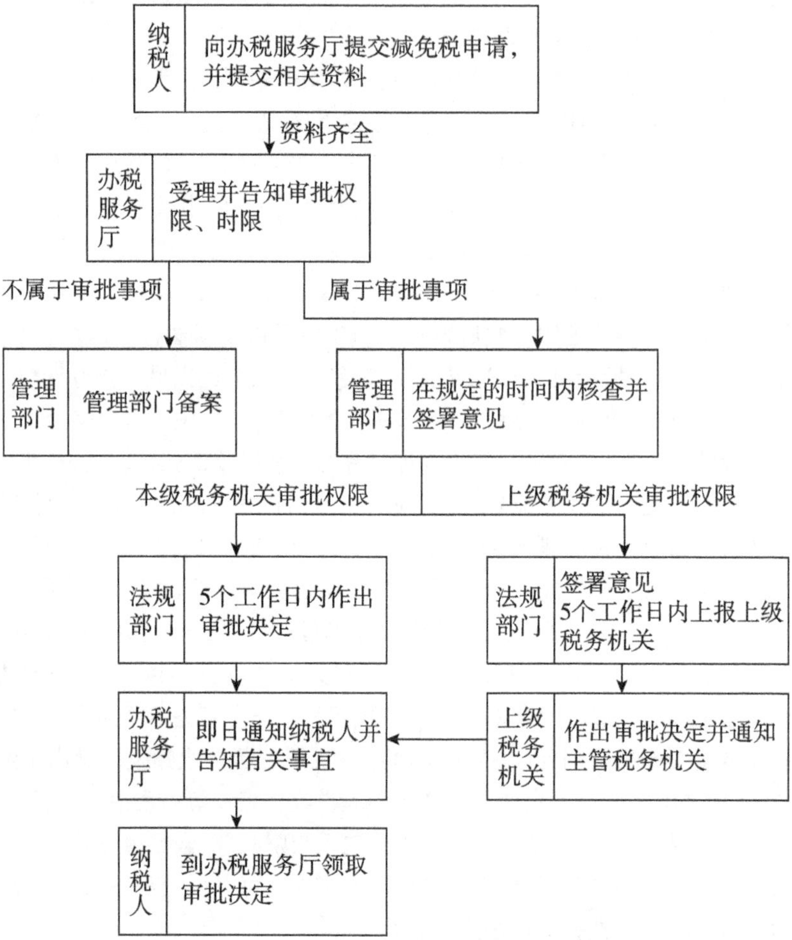

图4－2 我国纳税人申请减免税的一般程序

三、问题所在——公益信托的课税实质不明

尽管我国公益事业税收优惠蓝图已初步绘制完成，但其科学性、系统性、可操作性仍显不足，优惠幅度有限，难以与公益信托这一慈善助推器完美契合。我国自2001年建立公益信托制度，直到2008年6月6日国内首家公益信托产品“西安信托5·12抗震救灾公益信托计划”才正式成立。公益信托

示范性产品的问世,推动相关部门发布部门规章,鼓励信托公司开展公益信托业务并积极争取税务机关的支持。[①] 原银监会关于税收优惠的柔性支持,显然无法突破公益信托税收优惠政策的现实困境。传统的、静态的、单向的捐赠减免税,已无法有效激活公益信托的潜能,需以更为宽广的视野思考公益信托的税收激励方式。

信托,根植于灵活开放的英美法系,移植到权利意识浓厚的大陆法系,本身即存在本土化问题。但无论有关信托实质的何种学说解释,信托即信用委托,委托人基于信任将财产权转移给受托人,受托人为实现信托目的以自己名义管理处分财产,分配受益人利益的特殊法律行为。"必须承认信托是一种独立形态的法律关系",[②]经济法视野下公益信托则是具有经济合同特征的法律新形态。信托一经设立,便处于财产管理、处分、收益和分配的动态过程中。公益信托是以公益慈善为信托目的的他益信托,同样属于特殊法律关系的法律拟制虚体。受托人意在融合金融与公益,在资本市场管理名下委托人转移的信托财产,所获收益捐赠给自设的公益机构或其他公益组织。从信托导管理论来看,公益信托不过是委托人为多数不特定受益人利益而建立的财产输送管道。[③] 基于信托行为而产生的税收客体(信托所得),原则上应归属于受益人,对受益人课税。[④] 所产生的收益除支付受托人必要的管理费用外,悉数归属于全体受益人。公益信托以委托人转移的信托财产为财产基础,经过专业受托人的经营管理实现资产保值增值,源源不断输送收益、支持公益事业发展,提升部分困难群体的社会福利。税收优惠作为税收制度和财政政策不可缺少的重要组成部分,不仅在宏观上对经济和社会发展产生重大影响,而且在微观上影响着个人和各类企事业单位的经营活动。[⑤] 公益信托承担了部分社会管理职能,不具有营利和商业性质,其财产和所得均用于公益事业支出。因

---

① 银监会办公厅《关于鼓励信托公司开展公益信托业务支持灾后重建工作的通知》(银监办发〔2008〕93 号)第 2 条第 2 款规定,信托公司开展公益信托业务,可以争取公益事业、税收等管理部门的支持。

② 周小明:《信托制度:法理与实务》,中国法制出版社 2012 年版,第 71 页。

③ 参见刘继虎:《法律视角下的信托所得税制——以民事信托所得课税为中心》,北京大学出版社 2012 年版,第 26 页。

④ 参见郑俊仁:《信托税制与实质课税原则》,载《月旦法学杂志》2002 年总第 80 期。

⑤ 参见伍舫:《税收优惠指南》(第 3 版),中国税务出版社 2006 年版,序言。

而，为实现国家福利的政策目标、减少公共管理成本和避免重复征税，公益信托涉及的相关税费应予以减免。只不过反观前述我国公益事业税收体系的格局，立法对于公益信托的性质及其税收征管尚无定论，公益信托的税收优惠发展陷入困境。作为法律关系的新形态，公益信托涉及委托人、受托人、受益人以及交易人的实际利益，已经无法按照传统的公益法人课税模式享受税收优惠待遇。取而代之的是应当明确，多方长期参与的财产让与行为，是公益信托的课税实质。即公益信托的课税实质应为不同纳税人所产生的不同应税行为的集合，而非公益法人纳税人的固定模式。公益法人的税收优惠大多仅涉及公益法人所得税优惠，而公益信托的税收优惠则涉及多个法律行为的多个税种，如信托财产受让行为的所得税、财产税和行为税等优惠，信托财产管理行为的流转税、所得税和行为税等优惠、信托收益分配行为的所得税、财产税和行为税等优惠。同样是致力于扶贫救灾公益目的的公益基金会和公益信托，公益基金会吸纳社会各界仁人志士的捐款捐物，直接将捐赠财产投放到灾区用以保障民生，即公益基金会与大多数非营利性社会团体一样，仅发生简单的财产代理行为，代替捐赠人将捐赠的财产送到困难灾区和穷乡僻壤；与之有所不同的是，公益信托则长期或定向受让委托人的捐款捐物，并将其形成公益信托财产进行资产管理活动，所获收益用于扶贫救灾事业，整个过程虽实为法律上的信托行为，但在税法上则发生了一系列税收法律行为。

目前应当依据公益信托运行的环节，明确公益信托税收政策的基本框架。① 具体而言，公益信托的税收优惠应当分为设立、管理和分配三个阶段。在公益信托设立阶段，应当减免委托人因无偿移转信托财产所发生的所得税、遗产税和房地产税等捐赠税费，同时认定公益信托受托人的捐赠所得属于免税收入，无须课征所得税。在公益信托管理阶段，应当减免受托人因处分信托财产所产生的所得税、流转税和行为税等交易税费。公益信托的受托人虽然大多是信托公司，但信托公司经营公益信托财产时，应当享有公益团体所应享有的各项税收优惠。② 为防止税负失衡、违背市场竞争公平原则，可以考虑对

---

① 参见李青云：《我国公益信托税收政策研究》，载《税务与经济（长春税务学院学报）》2006年第5期。

② 参见徐孟洲、席月民：《论我国信托税制构建的原则和设计》，载《税务研究》2003年第11期。

信托财产的管理行为采取先征后退的事后减免模式。在公益信托分配阶段，则应当免除受益人因受让信托收益所发生的所得税、房产税和契税等获益税费。研究合理的信托税收制度对于减少企业的不合理税负，促进不动产信托及公益信托等多类业务的发展具有非常重要的意义。① 唯有建立全方位系统科学的税收优惠制度方能激发公益信托的制度活力，欠缺任何财产运行阶段或当前"重设立、轻管理和分配"的税收优惠模式都将阻碍公益信托的健康发展。如此尽管会对现行税制设计与税收征管制度提出不小的挑战，但其能够促进公益信托发展，充分利用金融效率，增强公益服务意识的广度和深度，还能够减少财富累积效应、净化资本市场、缩小贫富差距。

四、公益信托税收优惠的法治路径

构建和谐社会、改善基础民生，不仅需要提升国家治理能力，还应构建科学有效的社会治理模式，广泛吸纳更多的社会力量。公益信托是衔接国家与社会、政府与市场、爱心与慈善的重要桥梁，而税收优惠则是推动和保障公益信托发展的重要配套制度。尽管美国有关税收抵免的福利方案设计得出奇复杂，但是它们在福利改革中的作用却是显而易见的，不仅创造工作机会，还可防止社会不公。② 针对公益信托乃至公益事业的发展问题，当下我国应沐浴深化改革和依法治国的时代春风，以本土化思维化解公益信托的"水土不服"，以税收优惠政策支持并激发公益信托的制度活力。

（一）税收法定原则治下的税收优惠

税收不仅关系每个社会成员的切身利益，还关系国家机器运转的经济成本，因而国家征税权应得到相应的制衡和规范，并在宪法法律中加以明确。③ "这是为何时至今日，无论是政治理论、经济理论还是普通个人都意识到重整

---

① 参见李生昭：《中国信托税收机理研究——基于信托本质分析基础》，载《中央财经大学学报》2014 年第 6 期。

② 参见[英]艾伦·肯迪：《福利视角——思潮、意识形态及政策争论》，周薇等译，上海人民出版社 2011 年版，第 106 页。

③ 参见刘佳等：《纾解房产税法的宏观调控之殇》，载《现代管理科学》2014 年第 5 期。

财政宪法的基础在于实现对政府征税权的合宪性控制。”①税收法定原则便是税收立宪精神在法律层面的体现,并且作为税法最高法律原则,贯穿于税法的所有领域,当然包括税收优惠领域。税收法定原则不仅强调国家征税的合宪性,同时亦注重税收减免的合法性与合理性。缺乏刚性约束的税收优惠政策会侵蚀国家税制结构,破坏税收制度设计的系统性和科学性,违反税收正义与妨害公平竞争。税收法定箴言“无代表则无纳税”的另一方面则是“无代表则无免税”,二者共同要求国家的征税权和政府的税收征管行为必须受到议会代表机构审议通过的法律的限制和约束。征税如此,减免税亦应如此,否则会滋生税收特权阶层,破坏税收公平原则。因此,规范统一的税收优惠政策能够更好地实现公共管理、产业规划等预期政策目标,促进公益信托等良法制度的发展,真正起到税收激励和推动的作用。

英美法系国家针对每个税种基本都制定了一部相应的税法,如美国国会制定卷帙浩繁的国内收入法典,涵盖所得税、遗产和赠与税、各类消费税、税收征管程序、竞选经费、信托基金税负等内容,有关税收优惠的税收征管程序也较为具体明晰。其中体现税收正义的正当程序理念逐渐为许多国家的宪法与宪法性文件所吸收,并成为人权保障的基石,是现代西方宪法精神的核心体现。② 隔海相望的日本还规定了税收基本法,对税收及其征管、税收优惠待遇、纳税人权利义务等内容作出明确规定。在我国,为践行依法治国方略、实现依法治税蓝图,2013 年党的十八届三中全会明确提出,统一由专门的税收法律规范调整和管理税收优惠政策。顺应改革潮流和全球趋势,公益信托的税收优惠政策应当统一纳入专门的税收法律法规加以规范。财税立法中对于税收要素和减免税的规定应尽可能详细明了,以避免发生歧义,增强其可操作性,为严格依法治税,严禁擅自越权减免税,真正做到依法治税,依率计征,应收尽收,创造有利条件。③ 明确并统一的税收优惠政策,同样应给予公益信托中的委托人(爱心人士)、受托人(信托公司)和受益人(社会公益团体)以明

---

① [澳]布伦南、[美]布坎南:《征税权——财政宪法的分析基础》,载《宪政经济学》,冯克利等译,中国社会科学出版社 2004 年版。

② 参见朱大旗、胡明:《正当程序理念下我国〈税收征收管理法〉的修改》,载《中国人民大学学报》2014 年第 5 期。

③ 参见俞光远等:《加快构建适应社会主义市场经济发展的中国财税法律体系》,载刘剑文主编:《润物无声》,法律出版社 2005 年版。

确的税收减免预期,促使公益信托的当事人积极支持并投身于公益慈善事业的发展,发挥税收优惠措施对公益信托的激励效应。

(二)明确公益信托的税收优惠资格及条件

信托,是非常态下税收客体归属特别规则适用的典型形态。[①] 20 世纪 60 年代末,美国众议院摒弃了英国的信托实体理论,正式将信托导管理论作为信托所得税制的立法基础。即信托是委托人向受益人输送利益的"导管",受益人是信托利益的最终归属者,因而应当就信托所得直接向受益人课税。信托导管理论重视实质所得为何人,较符合租税公平与实质课税原则。[②] 作为信托制度中较为特殊的信托形态,公益信托所产生和输送之利益,承载着提升社会福祉、保障基础民生的公益价值,对其给予税收优惠待遇,展现了税式支出"降成本、升福利"的制度价值。公益信托不仅是独立的法律关系虚体,还是一种卓越且富有爱心的资产管理方式,虽会因受托人的信托财产管理行为而频繁产生各种缴税义务,但信托收益最终归属于不特定的受益人,信托最大的受益人为社会公众。所得税是在受托人获取信托所得、受益人获得信托利益时涉及的税种,受托人经营管理信托财产过程中的行为税、财产税以及流转税,并不能通过信托导管理论完美诠释。因而仅凭信托导管理论并不能全面且科学地指导国家制定公益信托的税收优惠政策,还应当以传统的信托实体理论作为公益信托享受所得税之外的税收优惠待遇的理论补充。

早在信托制度成熟之际,为了便于开展税收征管活动、提高税收征管效率,英美法系国家已普遍接纳信托实体理论作为信托导管理论的法理补充。信托既是应税实体又是管道实体,它们应就保留的所得缴税;同时对于分配的所得,它们不必缴税。[③] 信托实体理论认为,信托是一个纳税实体,其在税法上拥有独立的法律人格。信托所得直接归属于信托本体,于信托所得发生时

---

① 参见刘继虎:《法律视角下信托所得税制——以民事信托所得课税为中心》,北京大学出版社 2012 年版,第 41 页。

② 参见黄士洲:《信托成立时课税——论"遗赠税法"第五条之一之立法》,载《月旦法学杂志》2002 年总第 80 期。

③ 参见[美]凯文·E. 墨菲、[美]马克·希金斯:《美国联邦税制》,解学智等译,东北财经大学出版社 2001 年版,第 53 页。

对信托课税，由信托代表机关（信托受托人）履行纳税义务。[①] 公益信托具有独立的名义，拥有独立的信托财产，法律责任亦由信托财产独立承担，根据信托制度的规定不会与相关主体的责任和财产相混淆，公益信托具备在税法上拥有独立法律人格的必要条件。因此，借鉴发达国家的先进立法，为增强公益信托税收优惠的可操作性，有必要建立公益信托税收优惠资格的注册核准制度，明确纳税主体优惠制度，对公益信托的纳税实体给予必要的肯定。税收优惠实然立法权与应然立法权分离的情况表明我国税收优惠立法权有重新整合配置的必要性，立法机关应通过法律规定税收优惠的基本制度。[②]

在我国，为降低税收征管成本、提高税收优惠效率，可考虑规定公益信托满足法定条件即可向市一级税务机关登记和申请税收优惠资格。为依法获取税收优惠资格，委托人和受托人在筹备设立公益信托之前，应当主动向税务机关递交符合法定条件的相关证明材料。可供立法者和税务机关参考的具体法定条件有：(1)申请报告；(2)公益信托合同文本；(3)公益事业管理机构同意设立公益信托的批准意见；(4)公益活动计划；(5)公益信托资产专用账号等。立法者或税务机关可进一步研究公益信托税收优惠资格的有效期，亦可参考现行非营利组织5年的免税资格有效期。公益信托受托人应当在期满前3个月提出延期申请，未提出延期申请、复审不合格或公益信托终止的，其享受的税收优惠资格自动失效。此外，除却公益信托享受税收优惠的积极条件外，还应当引入“禁止私人受益原则”的消极条件。即禁止公益信托的受益人为自然人，仅允许公益信托受托人将信托收益用于基金会、公益团体等非营利组织支出，否则取消其税收优惠资格。

（三）扩大公益信托的税收优惠范围及幅度

诚如前述，结合公益信托的行为分层以及财产管理行为的课税复杂性，公益信托的税收优惠可分为信托设立、财产管理和利益分配三个阶段。税收优惠是税收实体法要素中极为特殊的要素，其他要素调控经济运行和调节收入分配的功能通过确定如何征税来实现，而税收优惠的调节和调控功能通过采

---

① 参见郑俊仁：《信托税制与实质课税原则》，载《月旦法学杂志》2002年总第80期。

② 参见王霞：《我国税收优惠法律制度的结构缺陷及优化》，载中国人民大学经济法学研究中心编：《经济社会发展与经济法》，法律出版社2011年版。

取鼓励或照顾措施、减轻特定纳税人的税收负担来实现。① 一方面，在设立阶段，公益信托财产几乎全部源于委托人的无偿捐赠，能否给予委托人和受托人必要的税收优惠成为推动公益信托繁荣发展、提升社会成员基本福利的强有力因素。当委托人因设立公益信托可以享受较为优厚的税收减免时，从经济角度而言不仅降低了委托人从事公益活动的税收负担，还可以鼓励和引导纳税人通过积极投身公益事业逐渐形成科学自主的税收筹划，最终实现国家提高财政支出绩效、公民享受税收减免优待、社会获得公共产品优化的"多赢"局面；从社会责任角度来讲，委托人还会得到国家对于纳税人奉献爱心、投身公益的肯定和支持，进而吸纳更多公民和企业参与其中，共同培育和践行社会主义核心价值观，弘扬中华传统美德，构建国泰民安的社会主义和谐社会。

目前，我国已对公益性捐赠给予所得税税前扣除和减免其他税种的税收优惠政策，但就所得税而言，自然人公益性捐赠所享受的30%税前扣除比例的税收优惠幅度相对较小，享受全额扣除的税收优惠范围相对较窄，其他税种的税收优惠水平相对较低。尽管优惠幅度需要平衡国家与纳税人（捐赠者）之间的利益，而且并非扣除比例越高越好，但应当顺应个人所得税制向综合与分类相结合模式转化的改革趋势，适当增加个人所得税优惠幅度和优惠方式。另外，公益信托管理和分配阶段是受托人融通资金获取收益、确定受益人发放收益的复杂过程，该过程会频繁产生相关税收义务。美国公益信托财产所生孳息（包括利息收入、租金收入和投资所得），只要用于公益，即可全额免除所得税；同时，公益信托还享有土地税、财产税、事业保障税等方面的税收优惠政策。英国公益信托的受托人和受益人可免交所得税，销售他人捐赠的财产免征增值税。鉴于我国税收征管水平的实际情况，暂时无法实现税款的直接减免，因而可考虑采用所得税直接免除与其他税先缴后退的综合模式。公益信托财产收益直接免除所得税，受托人可定期向税务机关申请退还已缴纳的流转税、行为税、房地产税等部分税金，具体减免税比例或退还比例则由各税种的税收法律或行政法规另行规定。

总而言之，综观世界发达国家和地区的公益信托税收优惠制度，税收优惠措施的具体化和标准化是推动公益信托和公益事业发展的必然趋势。具体而

① 参见杨志强：《税收法治通论》，中国税务出版社2014年版，第181～182页。

言,我国公益信托应在其设立、管理和分配三个环节分别享受不同的税收优惠待遇,详如下述。

一是公益信托在设立环节所享有的税收优惠待遇。

1. 以下情形中信托财产的当事人之间免交所得税:

(1)因信托行为成立,委托人与受托人之间免交所得税。

(2)信托关系存续中受托人变更时,原受托人与新受托人之间免交所得税。

(3)信托关系存续中,受托人依信托本旨交付信托财产,受托人与受益人间免交所得税。

(4)因信托关系消灭,委托人与受托人间或受托人与受益人之间免交所得税。

(5)因信托行为不成立、无效、解除或撤销,委托人与受托人之间免交所得税。

前项信托财产在移转或处分前,因受托人管理或处分信托财产发生之所得,应依法纳税。

2. 在个人所得税制实现综合与分类相结合模式的情况下,委托人对公益事业的捐赠享受40%的所得税税前扣除。

3. 企业就其公益事业的捐赠享受15%的所得税税前扣除。

二是公益信托在管理环节所享有的税收优惠待遇。

1. 公益信托的收入,如受赠所得和经营所得,免交所得税。

2. 受托人在经营管理信托财产过程中,应当依法缴纳所涉及的流转税、行为税和财产税等非所得税税费。受托人可于每个纳税季度依法凭票向税务部门申请退换部分已缴纳的税金。具体退还比例或减免税比例由各税种的税收法律或行政法规另行规定。

3. 信托财产为房屋土地等不动产或汽车船舶等特殊动产的公益信托,其受托人因信托关系取得该信托财产用于公益活动必要支出的,免交房地产税。

三是公益信托在分配环节所享有的税收优惠待遇。

受益人受让受托人分配的信托收益时,免予交纳所得税、流转税、财产行为税等相关税费。受益人不得滥用信托收益或用于商业用途,否则须承担相应的法律责任。

(四)建立财务信息与公益活动的双公开制度

关于税收激励的负面作用并不太为人所知,但其对于任何谨慎的政策分析家而言却格外重要。[①] 过于广泛乃至滥用税收优惠政策,短期内会造成财政收入下滑、财政赤字扩大、避税行为增加、税收遵从度减弱等负面影响。但从中长期来看,减免税会消减其负面效果,引导纳税人的捐赠行为,刺激公益信托的数量增加。因而为尽可能减少税收优惠的短期负面作用、降低对财政税基的大幅影响,同时维持公益信托的基本活力,应当在加强税收征管与保障公益效率间寻找最佳的平衡点。就税法而言,建账记账、凭证管理与保存,关系到税收征管的准确性,有助于税务机关及时掌握税源。[②] 税收优惠同样需要财务信息的完备准确与信息公开,这不仅关系国家税源的稳定与准确,还涉及税收公平原则的维护以及接受广大社会成员监督的可行性。美英、德法和澳加等国在赋予公益信托优厚的税收优惠待遇的同时,也并未放松对其严厉的税收监督。一旦发现违法享受税收优惠待遇、滥用税收优惠资格的行为,就严惩不贷,相关负责人还可能面临盗骗国库的重罪审判。如英美法系国家公益信托基金的税收优惠资格大多可直接在税务机关网站查询得知,相关信息一目了然且实时更新,其信息来源则为公益信托受托人定期提交的报告;英国慈善委员会是公益信托的直接监管者,其还专门开辟信息公开栏目,作为公益信托相关信息的官方披露平台。

尽管我国已基本建立社会主义法律体系,依法治国、依法治税水平不断提高,但单一的行政监管尚难以保持统一的执法力度和强度。应当清醒地看到,税务系统依法行政现状与法治政府建设的要求相比,仍然存在明显的差距。[③] 透明是现代慈善之魂,而具备深厚群众基础、反映法治民主进程的信息公开制度,能够保持监督的实效性和长期性,在降低行政成本的同时,还能够保障监督的质量和效率。因此,我国除保持并优化税务机关的税收征管水准外,还应

---

① See Nathan MSI Group, Effectiveness and Economic Impact of Tax Incentives in the SADC Region, submitted to SADC tax subcommittee, SADC Trade, Industry, Finance and Investment 2004.

② 参见刘继虎:《法律视角下信托所得税制——以民事信托所得课税为中心》,北京大学出版社 2012 年版,第 222 页。

③ 参见朱景文主编:《中国法律发展报告 2014——建设法治政府》,中国人民大学出版社 2015 年版,第 106 页。

着重建立公益信托信息公开制度，以社会监督辅助行政监督，加强公益信托的监管。即让阳光成为最好的防腐剂，一方面，建立待公开信息的标准化制度，要求受托人按照法定标准建立财务账簿和公益活动明细表。如参照上市公司信息披露准则，相关公开信息体现资金筹集、资产营运、成本控制、收益分配、信息管理、财务监督六大财务管理要素。① 另一方面，明确受托人的信息公开义务，要求公益信托受托人定期（如月度、季度和年度）通过指定媒介或统一平台，向社会公开财务报告和公益活动明细，接受广泛的社会监督，减少税务机关的税收稽查成本。值得一提的是，基金会中心网②定期发布的中基透明指数 FTI，以年度工作报告、官方网站建设以及项目运作信息展示为考察要素，综合评判国内基金会的透明程度。此举可作为评判公益信托信息公开水准的先进模型，提高税务机关的税收征管效率。同时，令人欣慰的是，2016 年颁行的《慈善法》明确了受托人负有信息公开的法定义务，③细化了慈善组织信息公开的程序和内容，④为建立和夯实公益信托财务信息与公益活动的双公开制度提供了操作指南和法律规范。

总而言之，税收优惠政策是公益信托本土化的润滑剂，也是培养社会成员热衷投身公益风气的助推器。尽管在我国受制于公益信托设立制度和监察人制度的不足，税收优惠措施对公益信托的激励作用有限，但有理由相信，公益精神的社会普及以及税收激励的利益推动，会倒逼公益信托法律制度的改革，最大限度地促进和实现社会公平和正义。

---

① 参见荆新等：《财务管理学》（第 5 版），中国人民大学出版社 2009 年版，第 18 页。

② 国内 35 家知名基金会于 2010 年 7 与 8 日联合发起设立基金会中心网，旨在建立基金会行业的信息披露平台，提供行业发展所需的能力建设服务，促进行业自律机制的形成和公信力的提升，培育良性、透明的公益文化。

③ 《慈善法》第 48 条第 2 款规定，慈善信托的受托人应当根据信托文件和委托人的要求，及时向委托人报告信托事务处理情况、信托财产管理使用情况。慈善信托的受托人应当每年至少一次将信托事务处理情况及财务状况向其备案的民政部门报告，并向社会公开。

④ 《慈善法》第 72 条规定，慈善组织应当及时向社会公开下列信息：（1）组织章程；（2）决策、执行、监督机构成员信息；（3）年度工作报告和财务会计报告，具有公开募捐资格的慈善组织的财务会计报告须经审计。上述信息有重大变更的，慈善组织应当及时向社会公开。第 73 条规定："具有公开募捐资格的慈善组织应当定期公开向社会公开募捐情况和慈善项目实施情况。公开募捐周期超过六个月的，至少每三个月公开一次募捐情况，公开募捐活动结束后三个月内应当全面公开募捐情况。慈善项目实施周期超过六个月的，至少每三个月公开一次项目实施情况，项目结束后三个月内应当全面公开项目实施情况和募得款物使用情况。"

本章小结

公益信托与税收优惠具有共生关系。除却文化传统、法律习惯和制度设计等因素的差别外,税收优惠政策的冗杂和断层也是阻碍公益信托激发制度活力的重要原因。为架构科学合理、系统完备的公益信托税收激励机制,平衡协调国家与纳税人、资本与公益之间的利益,有必要首先认清公益信托税收优惠的法律实质。公益信托的税收优惠应当分为设立、管理和分配3个阶段。在公益信托设立阶段,应当减免委托人因无偿移转信托财产所发生的所得税、遗产税和房地产税等捐赠税费;在公益信托管理阶段,应当减免受托人因处分信托财产所产生的所得税、流转税和行为税等交易税费;在公益信托分配阶段,则应当免除受益人因受让信托收益所发生的所得税、印花税和契税等获益税费。未来应在税收法定原则及本土化思维的指导下,明确公益信托的税收优惠资格及条件,扩大公益信托的税收优惠范围及幅度,建立财务信息与公益活动的双公开制度。

第五章　公益信托的内外监督

现代社会和市场经济的发展需要系统的社会控制机制。① 公益信托关涉社会公共利益,其经济合同的本质属性,决定了政府作为社会公共利益的天然代表者必然对公益信托予以监管。同时为更好地适应且推进国家治理体系和治理能力现代化,培植社会自治能力,监察人应当在公益信托的运行中发挥应有的监督作用,信息公示应当成为社会监督公益信托的常态机制。

一、公益信托的潜在风险

受托人作为公益信托运行的核心组成部分,不仅是经营管理信托财产、获取信托收益的责任主体,亦是依信托目的向信托受益人交付信托收益的义务主体。可以断言,无论过去还是将来,受托人始终是公益信托法律关系的中心。当公益信托设立生效后,信托关系的重心开始由委托人转移信托财产,转向受托人能否为受益人利益及信托目的恰如其分地履行信托义务。因此,信托受托人成为信托关系中的核心组成部分,并具有近乎专制的财产支配地位。为防止慈

① 参见徐孟洲:《耦合经济法论》,中国人民大学出版社 2010 年版,第 15 页。

善受托人利用其特殊地位而获得非法利润以及利用在信托中的“强势”地位使不特定的受益人利益受损,有必要规定严格的监管程序。①

风险与利益总是成正比,公益信托在依靠受托人履行忠实勤勉义务提升社会公共利益的同时,亦存在因过度依靠受托人自律管理而导致公益信托偏离信托目的乃至意外终止的隐患。人类的天性基本善良,或者总有人的天性依然善良,但不能否认人类或多或少隐藏着罪恶。法律是自然的必需品,经由唯一可能的途径,以约束人类邪恶本能。② 信托财产的经营管理一旦缺乏制衡与监督的力量,容易诱发粮仓硕鼠、监守自盗等违法违规现象。具备信托本质的证券投资基金便因受托基金管理人的支配地位而存在“老鼠仓”的现实风险。因此,在公益信托受托人“管理信托财产、交付信托收益”的整个过程中,难免存在受托人因自身原因造成信托财产损失的操作风险以及受托人发生辞任、变更乃至破产等无法继续履职情形的信用风险。及时防范信托受托人的不适格行为以及主体资格发生重大变故,是公益信托风险防范的应有之义。

通常情况下,慈善信托受托人的权利、义务和责任与私益信托的受托人相同,而慈善信托受益人不确定以及受托人直接参与信托财产的管理很容易造成信托财产的滥用,从而导致慈善信托目的无法实现。③ 传统的民商事信托仅仅关涉信托当事人之间的利害关系,法律关系较为封闭。因而,一旦出现法律风险,当事人即应按照法律的规定以及信托文件的约定,采取友好协商、商事仲裁和司法诉讼等纠纷解决机制予以处理。公益信托则不然,其涉及社会公共利益以及不特定受益人的切身利益,法律关系具有开放性。公益信托还因此享受着优厚的税收优惠利益,因此在风险爆发后再进行相应处理的事后监管模式无法真正保障社会公共利益及相关群体的利益。在信托财产受损后的事后监管,只能使司法裁判成为迟到的法律正义。对于社会而言,预防风险

---

① 参见[英]D. J. 海顿:《信托法》(第4版)(中英文版),周翼、王昊译,法律出版社2004年版,第31页。

② 参见[英]丹尼斯·罗伊德:《法律的理念》,张茂柏译,上海译文出版社2014年版,第7页。

③ 参见解锟:《英国慈善信托制度研究》,法律出版社2011年版,第109页。

和解决意外事故最理想的解决方案是通过制度安排分散风险。① 因此,为了更好地防范公益信托的操作风险和信用风险,切实保障公益信托目的之实现和社会福祉之提升,受托人不应成为无人监管的强势主体,而应当接受多元化风险预防机制的约束,这一约束应贯穿于公益信托运行的各个环节。

二、公益信托的监察人制度的移植审思与制度安排

打赢脱贫攻坚战是党的十九大报告提出的重要历史任务,随后的2017年中央经济工作会议则明确将精准脱贫与防范化解重大风险和污染防治并列为三大核心经济工作,可见扶贫脱困对于国家社会,意义深远且重大。纵观全球,在经济发达的国家和地区,旨在扶危济困、提升公益的慈善信托和公益信托繁荣发展,并形成了经济与社会、金融与公益的良性循环。在我国,以北京市为例,慈善(公益)信托的慈善目的呈现多元化,以扶贫和教育扶持为主,注重改善贫困地区的教育条件和教育事业、奖励优秀师生、促进基础教育等新兴领域(见图5-1)。

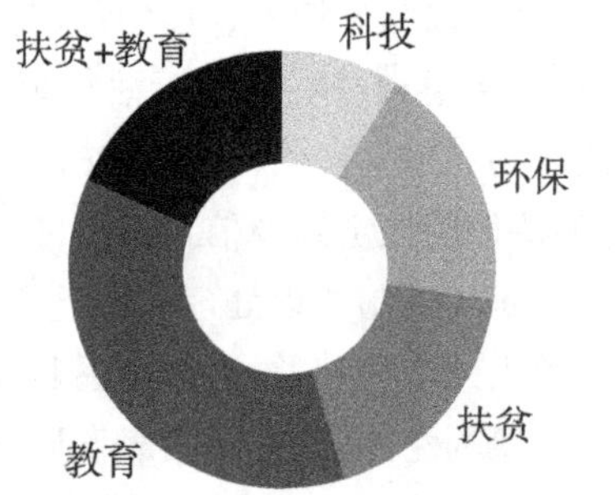

图5-1 2017年北京市慈善信托目的分析②

为保障受益人之利益和委托人目的之实现,肇始于大陆法系的公益信托监察人,以实时监督公益信托运行、防范信托财产运营风险、保障社会公共利

① 参见[美]斯蒂文·沙维尔:《法律经济分析的基础理论》,赵海怡等译,中国人民大学出版社2013年版,第234~235页。

② 参见北京市民政局官网于2018年7月27日发布的《2017年北京市慈善信托年度报告》。

益为宗旨,已发展升级为公益信托的重要当事人主体,并内化于信托文件、外化于资本市场之中。监察人制度俨然已成为大陆法系国家和地区的制度特色,并承担着克服证券市场信息不对称的重要使命。我国《信托法》和《慈善法》以大陆法系信托法制度为蓝本建立,应当在借鉴日本等大陆法系国家和地区先进经验的基础上,细化监察人的具体规范,完善相关制度安排,以期实现公益与金融、市场与信息的融合发展。

(一)大陆法系公益信托监察人的制度特色

公益信托的监察人,是指代理委托人或受益人专门对受托人的信托行为进行监督检查的公益信托关系人,[①]是大陆法系引进英美法系慈善信托的立法创制,亦是法律进程中他域法律制度的本土化安排。在公益信托中引入信托监察人制度,能够有效制衡受托人的强势地位,并在受益人不确定的情形下信托监察人能够代表受益人监督受托人经营管理信托财产之行为,为社会公共利益提供制度保障。

1. 大陆法系创设监察人制度的缘起

公益信托是慈善信托嫁接他域的制度果实。迄今为止,虽然公益信托已为大多数大陆法系国家和地区所接受并以成文法的方式引入和确立,但由于法系思想、法律体系、意识形态、历史背景、文化传统以及国家体制等诸多方面存在不同,导致信托制度在大陆法系的移植过程中容易引发水土不服式的发展窘境,前期发展甚至陷入停滞状态。双重所有权制衡体系的缺失,以及特定情形下权利保护制度的缺位,迫使大陆法系国家和地区在信托当事人中新设信托监察人,以实现平衡协调信托当事人之间利益关系的目的。

(1)双重所有权制衡体系的缺失

诚如前述,英美法系的信托财产受到普通法与衡平法的规范,即在信托财产之上出现普通财产权和衡平财产权的双重所有权现象。当普通法调整信托关系无法实现正义时,衡平法法院对此进行干涉制衡。受托人是信托财产的名义所有权人(the nominal owner of the property),受益人则是信托财产的利益所有人(the beneficial owner of the property),信托财产上的权利与利益相分

① 参见[日]中野正俊、张军建:《信托法》,中国方正出版社2004年版,第222页。

离,这也是信托区别于类似财产管理制度的根本特征。[①] 然而,大陆法系则在"一物一权"的传统思想下,将信托关系强行理解为具有物权和债权关系的双重性质。然而此双重非彼双重,与英美法系名义所有权人与利益所有权人相分离不同,大陆法系中名义和利益必须属于同一主体不得分离,受托人享有信托财产的全部物权,但依信托文件应当将财产权所获孳息交付受益人。显然,大陆法系的信托受托人具有受益人不可比拟的强势地位,引入专司监管职能的责任主体制约受托人,自然为大陆法系国家所考虑。

(2)特定情形下权利保护制度的缺位

设立信托的最终目的是通过信托行为实现受益人的利益最大化或将利益交付于受益人,由受益人享有信托财产所产生的信托利益。依照信托原理,信托设立时应当确定受益人或明确受益人的范围,如张三或家族成员,至于分配信托利益时受益人是否存在或特定则无关紧要,实践中也无法预知。因受益权于信托设定后即已发生,在受益人尚不存在或不特定时,势必发生受益权无从归属的状态。显然在受益权已然发生却无从归属的阶段,为保护未来可确定的受益人利益,有必要保全该受益权,以实现信托设立之初衷。然而,对于公益信托而言,受益人是尚不确定的社会大众,由不特定的社会大众维护权益既不现实也不经济。至于应由何人保全受益权,以监督受托人处理的信托事务,且其法律地位如何,因在现行民法体系内,尚无法有效解决,故应于信托法中特别加以规定。[②] 因此,为保护受益人不特定情形下的受益权,大陆法系在没有衡平法院制衡信托关系的环境下,在公益信托关系中增设第三人作为信托监察人,监督检查受托人的经营管理行为,不失为一个明智之举。

2. 大陆法系监察人制度的创制历程

首次引入信托制度的日本,自然成为解决双重所有权制衡体系缺失和特定情形下权利保护制度缺位这一棘手问题的先行者。日本作为典型的大陆法系国家,既没有信托制度所依赖的衡平法规则可以遵循,亦没有英美法系法院所拥有的强有力的自由裁量权。为克服这些先天不足,保障信托财产的独立性、保障受益人的正当权益,日本在1922年颁布信托法的同时,创制了信托管

---

① 参见江平、周小明:《论中国的信托立法》,载《中国法学》1994年第6期。

② 参见赖源河、王志诚:《现代信托法论》(增订3版),中国政法大学出版社2002年版,第159页。

理人制度。[①] 其明确规定要建立统一的信托监察人制度，在受益人不存在时，信托可设立指定信托管理人，不能为之时可向法院申请选任。但未要求公益信托必须设立信托监察人，如需设立则由公益事业管理机关选任。日本学者大多也因此认为，信托管理人制度是日本创设的、独特的、划时代的制度。[②] 因韩国法制建设大多仿照日本，故韩国信托法也顺势将信托管理人制度纳入信托成文法的规定中。

信托乃英美法系产物，在移植信托法律制度时，为调和不同法系之间的法律冲突和文字歧义，我国借鉴日本和韩国信托法中的信托管理人制度，将其称为信托监察人制度。信托监察人的名称来自大陆法系理论或实践中所定之社团与财团法人的监察人或公司监察人。[③] 信托监察人制度的名称虽由此而来，但其核心内容与信托管理人无异，均要求为维护信托受益人自身权益而代表受益人监督受托人的经营管理行为。部分大陆法系国家和地区要求公益信托必须设立监察人，监察人成为公益信托设立的法定条件。

我国《信托法》并未如日本、韩国等大陆法系国家和地区专章规定信托监察人制度，仅在公益信托一章中以两款条文粗略描述了信托监察人的地位和职能。即公益信托应当设置信托监察人并由信托文件规定或公益事业管理机构指定。信托监察人作为嵌入信托关系的当事人行使监督职责，有权以自身名义，以维护受益人权益为宗旨实施诉讼等法律行为。我国立法机关对此的解释是，与私益信托从成立时就有明确的受益人不同，公益信托在执行过程中，由于受益人范围比较广泛，由广大的受益人直接对受托人的信托活动进行监督难以操作，所以在公益信托中设置信托监察人。[④]

信托监察人制度的创制不仅引起了大陆法系国家的重视并争相效仿，还吸引了英美法系国家的广泛关注。为减少衡平法院的司法成本，引入市场化的信托监督模式，美国2000年《统一信托法典》第301条新设类似信托监察人的信托代表人制度（representation），并规定信托代表人应具备下列条件：

---

① 参见［日］新井诚：《信托法》（第3版），有斐阁2008年版，第233页。

② 参见［日］道垣内弘人：《〈日本信托法〉的修改》，载渠涛主编：《中日民商法研究》（第6卷），北京大学出版社2007年版，第319页。

③ 参见潘秀菊、陈重见：《信托监察人制度之探讨》，载《国防管理学院学报》1996年第7期。

④ 参见全国人大常委会法工委编、卞耀武主编：《中华人民共和国信托法释义》，法律出版社2002年版，第160～161页。

(1)受益人尚未出生或尚未确定;(2)受益人无法行使权利或难以采取保护权益的手段;(3)为解决本法典有关受托人的资讯提供义务、受托人对受益人的通知或取得受益人同意、诉讼外和解等信托管理上的问题。[①] 因而,有日本学者认为,美国从大陆法系(尤其是日本)反向"进口"了信托监察人制度。[②] 笔者则不以为然,日本仅是最早以制定法模式确立信托监察人制度的国家,但美国信托代表人的制度则源起于离岸信托的监管人,[③]有其自身的生长土壤和发展环境,尽管历经发展并最终呈现为与大陆法系信托监察人大致相同的制度安排,但并不能够说明美国反向进口了大陆法系信托监察人制度,反而佐证了两大法系的制度融合。

总体而言,信托监察人制度在大陆法系国家和地区大体形成了三种典型的立法模式。[④] 一是统一的自主模式。即日本与韩国的统一信托监察人制度,公益信托和私益信托均可由信托当事人自主申请选任,但并无强制性要求。二是统一的强制模式。即目前美国实施的统一信托监察人制度,公益信托和私益信托的当事人均有权申请设立信托监察人。与此同时,公益信托必须设立信托监察人。三是单一的强制模式。即我国信托法并未建立统一的信托监察人制度,信托监察人是公益信托设立的必备法定条件,至于私益信托可否设立信托监察人,法律未作说明。但依笔者理解,"信托监察人"在目前的信托法语境下特指公益信托监察人,民商法范围内的私益信托可以在信托文件中设定具有监督检查职能的信托参与人,但不宜使用信托监察人称谓,以免滋生歧义并发生信托法律的适用难度。

(二)公益信托监察人制度法律移植之思辨

总体来看,信托监察人制度已成为大陆法系引入公益信托的法律创制成果和特色制度。截至目前,日本、韩国等大陆法系国家和地区的公益信托立法,均要求建立统一的信托监察人制度,其差别在于是否强制要求公益信托必须设立信托监察人。我国虽部分引入信托监察人制度,并借鉴其立法例要求

---

① See Uniform Trust Code, Section 301.

② 参见[日]新井诚:《信托法》,有斐阁2008年版,第233页。

③ See Gregory S. Alexander, *Trust Protectors: Who Will Watch the Watchmen*, Cardozo L. *Rev.* 2807, 2006, *p*. 27.

④ 参见何宝玉:《信托法原理研究》,中国政法大学出版社2005年版,第259页。

公益信托必须设立信托监察人,但也给公益信托的发展带来了窘境。由于我国信托监察人制度只有原则性规定,缺少细化规范,并没有为公益信托的发展起到推波助澜的效果,毋宁言及保护大多数受益人权益和社会公共利益。换言之,我国的信托监察人制度虽在公益信托中有所提及,但在实践中尚处于徒有虚名的状态,还未真正建立完整统一的信托监察人制度。信托监察人制度在实践中极其重要,信托监察人制度的缺失,是解释学不可能补充的,应借鉴日本立法例,完善我国的信托法。① 因此,从信托法的发展趋势及我国现状的角度出发,完善信托监察人制度应当成为我国改造信托法的良好契机。

1. 公益信托引入监察人制度的特殊性

与此同时,我们还应当思考一个更为深层次的命题,即信托监察人制度应否成为大陆法系改造信托法律关系、增设信托当事人、保障受益人权益的正当措施？诚如前述,信托受托人作为信托关系中的核心角色,有权经营管理信托财产并维系信托关系的存续,因而具有委托人和受益人无可比拟的强势地位。受益人不确定时,对受托人显然无法事前予以监督。② 为平衡信托关系当事人之间的法律地位,保障不特定受益人未来的受益权,日本创设信托监察人专司监督检查职能,制衡并监督受托人的管理行为,防范受托人的管理风险和信用风险。此举与公司法人治理中的监事会颇有类似之处,在公司制中,中小股东将财产交付公司运营并期待股权收益,实现了财产所有权与受益权的分离。董事会和总经理组成的管理层负责公司的经营事务,中小股东则不参与公司经营而坐收股东分红。为保障中小股东之利益,防范关联交易或自我交易损害股东及公司利益,股东大会特设立监事会或执行监事一职,监督大股东及公司管理层的经营决策行为。以信托关系审视整个过程中,委托人和受益人为公司股东,受托人为董事会和总经理组成的公司管理层,信托监察人为公司监事会。与公司监事会类似,信托监察人具有监督受托人、减轻受益人监督责任并减少诉讼费用、减少代理成本、维护受托人与受益人和谐关系,以及弥补信托受益人监督机制缺陷等理论及实践价值。③ 信托监察人制度能够在大陆法

---

① 参见张军建:《信托法基础理论研究》,中国财政经济出版社2009年版,第112页。

② 参见陈雪萍、豆景俊:《信托关系中受托人权利与衡平机制研究》,法律出版社2008年版,第220页。

③ 参见雷宏:《信托监察人制度研究》,知识产权出版社2011年版,第85~91页。

系模式下发挥保障受益人、监督受托人的积极效用，维护公益信托长期、健康地运转。

2. 我国公益信托强制设定监察人的必要性

我国目前信托法中仅在公益信托中要求设立信托监察人，私益信托能否设立信托监察人则模棱两可。《慈善法》第49条则明确规定了监察人依照委托人意愿自由确定，即根据需要可以设立监察人或不设监察人，监察人制度成为公益信托的非强制性规定、委托人的协定法律行为或非要式法律行为。[①]然而与私益信托最大的不同之处在于，公益信托的受益人是不特定的社会公众，只有在享受信托利益时才能确定具体的受益人。因此，与私益信托从成立时就有明确的受益人不同，公益信托在执行过程中，缺少受益人这一特定的法律主体，因而缺少受益人对受托人的信托活动进行监督、维护自己利益的这一环节，所以有必要在公益信托中设置信托监察人。[②] 然而此种问题并非公益信托的专利，即便是私益信托，在如类似集团信托的情况下，受益人是不特定多数或尚未确定，从保护受益人利益的角度出发，也有设立信托监察人的必要。[③] 作为分担政府监管压力、从源头监督信托关系的制度，信托监察人制度不应拘泥于保护公益信托之受益人，还应当考究信托监察人之源起，明确其初衷是在受益人不确定时保全受益权、保障受益人利益。至于公益信托，则因其关乎社会公共利益及享受税收优惠待遇，需监督受托人之管理行为和信息披露行为，应当强制设立信托监察人予以有效监督，以达到事前预防、保护社会公益之目的。

受托人作为公益信托法律关系中的核心主体，在委托人无暇顾及、受益人不确定或无能为力之时，容易出现权力的真空，导致如“百色助学网”等伪慈善组织侵犯贫困学童权利的事件发生。保护弱者已成为全球次债金融危机后金融法律逐渐奉行的基本原则，于公益信托而言尤为如此。从法经济学的角度分析，公益信托监察人是代表弱小受益人维护自身权力的自治组织或内部架构，监察人基于专业性和独立性有能力通过法律规范和信托合同约定保护

---

① 我国《慈善法》第49条第1款规定，慈善信托的委托人根据需要，可以确定信托监察人。

② 参见王清、郭策：《中华人民共和国信托法条文诠释》，中国法制出版社2001年版，第152页。

③ 参见［日］中野正俊、张军建：《信托法》，中国方正出版社2004年版，第223页。

不特定的受益人的利益，在公益信托内部实现信息的互通、权利的传递以及成本的节约，实现有效的自我纠错和风险预警，避免公益人士或受托组织机构在较少监督或没有约束的情况下发生道德风险和法律风险。在证券法领域，为保护不特定多数的股东和潜在投资者权益，证券法要求上市公司的财务报告须经社会中介机构（会计师事务所）审计并出具无保留意见后方可公布；同理，为保护不特定受益人或处于弱势地位的受益人权益，降低其获取信息的成本、提高其权利保护能力，公益信托的财务信息和信托财产的经营管理情况也应当经监察人审查，并依法向委托人和受益人公布，报监管部门备案。

（三）我国公益信托监察人的制度安排

由于我国信托立法的相关规定，社会各界大多认为信托监察人专属于公益信托而私益信托没有，其实不然。立法者在创制信托监察人时，并未局限其适用范围，信托监察人制度亦可成为私益信托中制衡和监督受托人的制度。公益信托与私益信托中信托监察人的职能必有相同之处，但其资格范围也会因公益信托的公益性特征而存有差异。私益信托中的信托监察人应以市场化为导向，其选任方式和资格范围可以通过积极条件与负面清单的双重管理模式予以规范。[①] 此亦是未来公益信托监察人的发展方向，但就目前而言，从公益信托的实际发展状况出发，公益信托监察人制度应围绕社会中介机构建立，培植自律土壤，长期且稳定地发挥监督职责，为市场化变革奠定基础。

1. 社会中介机构作为监察人的优势

通常而言，社会中介机构是为委托人提供第三方服务并收取相应费用的社会组织，具有经济法上的主体地位，属于经济市场主体的重要组成部分。社会中介机构介于市场与政府之间，能够公允地表达社会的共同利益，成为疏通协调政府与市场的桥梁和纽带。托克维尔甚至指出，民间社会团体是抗衡政权机构的“堤坝”和监督权力的社会的“独立之眼”。[②] 因其独立性和专业性，社会中介机构具有其他社会主体和市场主体不可比拟的优势，有资格并有能力成为我国公益信托的信托监察人，扶助我国公益事业的发展。

---

① 参见雷宏：《信托监察人制度研究》，知识产权出版社2011年版，第219页。

② 参见［法］托克维尔：《论美国的民主》（上卷），董果良译，商务印书馆1991年版，第217页。

社会中介机构的根本目的在于满足委托人的“特殊市场需要”,[①]其建立初衷和主要任务是提供社会公允价值的参考,为委托人以及政府与社会提供第三方支持,如提供情报交流、调查研究、市场信息以及培训咨询等各项服务,并通过这些服务来加强委托人与政府、市场和社会的密切联系。社会中介机构还可以自愿组成同业公会、合作社、互助会、基金会等形式的行业协会,覆盖整个社会,并形成如非政府机构(Non-Governmental Organization,NGO)、非营利机构(Non-Profit Organization,NPO)、第三部门(Third Sector)和志愿部门(Voluntary Sector)等诸多称谓。[②] 社会中介机构以服务委托人,促进行业自律管理为主,代表着社会应当保有的公允与信用。显然,独立于其他信托当事人利害关系的社会中介机构更能以社会公共利益为出发点和归宿,有效监督公益信托受托人的管理行为。这不仅符合公益信托的信托目的,还能够基于自身法人身份或诉讼主体资格,长期持续性地代表不特定受益人进行监控预警、司法诉讼等监督行为。

独立性表明了社会中介机构作为公益信托监察人不受受托人影响,可公平公正地进行监督的正当性,专业性则保障了行业协会更好地履行监督检查的基本职责。社会中介机构是介于政府与社会之间的独立第三方,承上启下式地促进二者的信息交流,既是政府宏观调控的参谋助手,亦是反映行业成员诉求的直接通道。此外,社会中介机构作为信托监察人的经费主要源于向公益信托提供有偿服务,摆脱了受托人以及政府的行政干预。随着经济发展和社会进步,社会分工日益精细化,社会中介机构擎专业人士的共同智慧,能够以该机构组织所拥有的各种资源、专业技能和专门知识,更好、更专业地维护不特定受益人群体的利益,保障社会福祉的提升。

2. 信托监察人的选任与职能

信托监察人制度的具体与规范,对于公益信托的运行及受益人的保护将大有裨益,不仅便于实践中委托人设立公益信托时选定信托监察人,而且能够为我国公益信托事业的萌发壮大提供精准的配套制度。

---

① 鲁篱:《行业协会经济自治权研究》,法律出版社 2003 年版,第 5 页。

② 参见[美]J. L. 费尔南多、A. W. 赫斯顿:《国家、市场和社会组织之间的非政府组织》,载何增科主编:《公民社会与第三部门》,社会科学文献出版社 2000 年版,第 271 页。

(1)信托监察人的适格主体

信托监察人监督受托人行为的重点在于监督信托财产的处分管理行为以及损益状况,但囿于当前我国公益信托立法的滞后以及配套制度的缺失,法律仅规定公益信托的监察人由信托文件规定或公益事业管理机构指定,并无明确的适格主体范畴。公益信托监察人应具备一定的学历和经验,具有一定的财会和法律知识,以便其履行职责。[①] 会计师事务所、律师事务所等社会中介机构凭借其独立性和专业性,能够更好地监督信托财产的管理状况和受托人行为,保障受益人权益。实践中,公益信托的先行者已经找到了出路,信托监察人集中于会计师事务所、律师事务所等社会中介机构的公益信托计划或类公益信托产品已接踵问世。如西安信托"5·12"抗震救灾公益信托计划的信托监察人为西安希格玛有限责任会计师事务所,法律顾问为上海锦天城律师事务所;[②]国民信托"爱心久久—贵州黔西南州贞丰四在小学"公益信托计划的信托监察人为北京振兴联合会计师事务所,法律顾问为北京观韬律师事务所;[③]湖南信托"湘信·善达农村医疗援助"公益信托计划的信托监察人为天职国际会计师事务所(特殊普通合伙)湖南分所,并且该律所不收取监察费用;[④]万向信托"中国自然保护"公益信托计划的信托监察人为德勤华永会计师事务所(特殊普通合伙)北京分所;[⑤]紫金信托"厚德1—5号"公益信托计划也选择立信会计师事务所作为信托监察人。[⑥] 此外,中信信托等信托公司还创新性地将监察人范围扩大至自然人,如中信信托2019江平法学教育慈善信托选择了崔琦先生、董龙芳女士和北京平商律师事务所作为监察人。

如今,承继于公益信托的慈善信托监察人依旧以社会中介机构为主,并呈现依托律师事务所的态势。北京市2017年备案的11单慈善信托全部自愿设

---

① 参见薛智胜、王海涛:《论我国公益信托监察人法律制度的完善》,载《天津大学学报(社会科学版)》2009年第2期。

② 参见贾玉峰、贾艳:《全国首个公益信托诞生记——西安国际信托有限公司造福山区教育事业》,载《陕西日报》2011年6月3日,第3版。

③ 参见戴路迎:《公益信托 让爱有个"家"》,载《上海金融报》2014年10月21日,第2版。

④ 参见刘少龙、欧莉娟:《湖南公益信托农村医疗援助计划启动》,载《潇湘晨报》2014年11月28日,第6版。

⑤ 参见佚名:《万向信托自然保护公益信托》,载《金融时报》2014年10月20日,第3版。

⑥ 参见马钰:《紫金信托公益信托计划 南京"开跑"》,载《南京日报》2015年11月5日,第5版。

立了监察人，监察人均由律师事务所担任。2017 年，北京市慈善信托主要涉及 5 家律所，具体情况如图 5－2 所示。

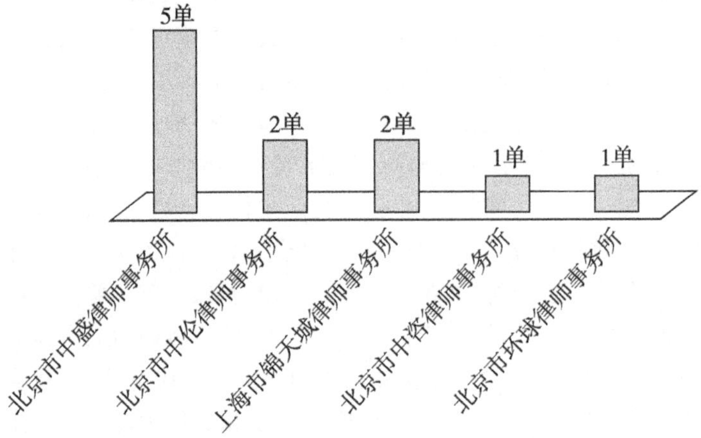

图 5－2　2017 年北京市慈善信托的监察人情况分析①

考虑到公益信托监察人既是保护受益人利益及社会公共利益的守望者，又是受托人的监督者，因而应当对社会中介机构担任公益信托监察人的任职资格予以一定限制。日本等大陆法系国家和地区禁止未成年人、禁治产人、受托人和破产人作为信托监察人，这一规定适用于公益信托与私益信托。结合我国强制公益信托设立信托监察人以及监察人机构化的现实情况，自然人因精力与能力的有限性不宜纳入信托监察人的范围。受托人会将信托的管理与监督沦为一体，与监察人设置目的相背离，因而也不宜兼任信托监察人。② 应当指出的是，倘若公益信托监察人为受托人的利害关系人，如受托人为监察人的股东、业务伙伴或关联交易方，因公益信托监察人与受托人的关系过于密切，会影响公益信托监察人的独立性，并且容易发生利益冲突之情形，因而受托人的利害关系人不宜担任公益信托监察人。此外，为充分保证公益信托监察人的履职能力，应当一般性地列举规定能够反映社会中介机构资信水平的条件。例如：①经营管理符合法律法规以及公司章程的规定；②内部控制制度

① 参见北京市民政局官网于 2018 年 7 月 27 日发布的《2017 年北京市慈善信托年度报告》。

② 参见文杰：《信托法专题研究》，中国社会科学出版社 2012 年版，第 131 页。

健全;③具有持续经营能力,无重大经营风险、财务风险和法律风险;④最近3年未发生重大违约、虚假信息披露或者其他重大违法违规行为等。

(2)信托监察人的职能

公益信托监察人作为信托关系中增设的当事人,自然应当享有一定的权利,承担一定的义务。日本等大陆法系国家和地区均对信托监察人的权限和义务进行了概括性规定,即信托监察人应承担善良管理人的注意义务与公平义务,有权以自己名义为受益人之利益行使诉讼权利及实施诉讼外行为。[①]我国《慈善法》也将监督受托人违反信托义务的行为、向委托人建议和提起司法诉讼作为监察人的法定义务。[②] 方国辉教授曾表示,这种概括性规定,足资适用,如果采取列举方式固定,非但内容烦琐,且有列举不周之弊。笔者认为该观点失之偏颇,应当对监察人的权限和义务予以差别对待。考虑到我国法律实施模式以明确具体的法律规定为指引,以及立法模糊会引致法律无法适用的弊端,监察人的权限应当通过"明示列举+兜底条款"的方式予以规范。至于善良注意与诚实公平则因其本身既已概括了核心内容,可以规定在监察人义务之中。这样不仅可以积极敦促和引导监察人履行监督职能,还能够为司法裁判保留一定的自由裁量空间。

信托监察人所享有的权利应以受益人权限为基础,剔除具有受益人专属性质和改变信托关系的权利,最终限定于信托事务的监督权和违反信托目的的救济权。前者包括信托执行知情权、内部检查权、不当行为纠正权、罢免建议权、获取报酬请求权等,后者包括受托人处分行为的撤销权、信托财产的返还请求权、恢复原状请求权、代表受益人诉讼权及损害赔偿请求权等。在修订法律并完善监察人权利范围时可具体设定:公益信托监察人可行使下列职权:①知悉公益信托财务信息,有权检查公益信托财务,受托人应每半年向监察人提供或披露相关信息;②对受托人实现信托目的、管理信托财产的职务行为进

---

① 如日本《信托法》第125条第1款规定,信托管理人有权以自己的名义为受益人行使与受益人权利有关的一切法庭上和法庭外的行为,但信托行为另有规定的,从其规定。第126条规定,信托管理人必须以善良管理人的注意行使其权限,信托管理人必须为受益人诚实且公平地行使其权限。

② 《慈善法》第49条第2款规定,信托监察人对受托人的行为进行监督,依法维护委托人和受益人的权益。信托监察人发现受托人违反信托义务或者难以履行职责的,应当向委托人提出,并有权以自己的名义提起诉讼。

行监督,对违反法律、行政法规、信托目的的责任人提出罢免的建议;③当受托人的处分行为损害公益信托的利益时,要求相关人员予以纠正,并有权以自己的名义请求撤销该行为;④发现受托人违反信托义务或者难以履行职责的,应当向委托人报告,并有权以自己的名义向人民法院提起诉讼;⑤信托合同约定的其他职权。

当然,基于权利义务的对等性,公益信托监察人也应当履行一定的职责或承当一定的义务。申言之,信托监察人所承担的义务应当以忠实受益人利益和社会公共利益为宗旨,即信托管理人在执行职务之际,必须尽到善管注意、诚实公平义务,[①]以不发生重大失职行为导致信托财产和受益人权益受损为限。公益信托监察人应当积极履职,监督受托人的信托财产经营管理行为,同时在受托人怠于披露信息时,应及时向社会或受益人进行披露并说明受托人无法履职之原因。公益信托监察人因故无法履行法定或约定职责、或怠于执行职务、或有其他重大事由未能履职时,也将面临被委托人、监督管理部门解任的风险。总而言之,权利义务的明确规范,对于公益信托监察人有效监督受托人行为,平衡公益信托当事人利益,及时、准确、科学地传递相关信息,保障受益人权益颇有功效。

总而言之,公益信托因其奉行社会福祉最大化,为防范受托人的道德风险和失职风险,应当充分借鉴他域法律制度之经验、结合金融市场发展之规律,设定监察人并赋予其内部监管职能,以更好地实现公益信托之目的,建立公平、公正和公开的金融慈善秩序。

三、公益信托政府监督的反思与优化

综观信托制度的全球发展历程,公益信托的法治化必然离不开政府的监督。“法治是指政府和人民所有的行为都受到事前制定的规则所约束,法治也就是依规则治理。”[②]因此,政府更需得到立法的明确授权,获得必要的规则引导,以此完成对公益信托的现代化治理与监督。公益事业管理机构的模糊

---

① 参见[日]道垣内弘人:《信托法入门》,姜雪莲译,中国法制出版社2014年版,第124页。

② [英]弗里德利希·冯·哈耶克:《通往奴役之路》,王明毅译,中国社会科学出版社1997年版,第73页。

规定,不仅阻碍了设立公益信托的积极性,还无法实现对公益信托运行的有效监管,从而为未来公益信托的运行埋下隐患或忽视风险。有的放矢地比较分析他域公益信托政府监督的不同模式,吸取社会监督的经验教训,有助于我国取其精华、弃其糟粕,建立符合我国实际情况的公益信托的政府监管机制。

(一)公益信托政府监管模式的二元化

市场是成功经济的心脏,政府作为市场的补充也发挥着重要作用。① 经历了400余年的发展,无论是英美法系国家的慈善信托,还是大陆法系国家和地区的公益信托,最终都被纳入天然代表社会公共利益的政府的监管之下。英美法系与大陆法系国家结合各自的历史文化及政治体制,建立了不同的政府监管模式,表现了不同法系对公益信托政府监管体制的理解差异。

1.英美法系的统一监管

英美两国虽同属英美法系,但由于慈善信托的发育土壤不同,政府统一监管模式下的具体责任部门存有差异。英国的慈善委员会和美国的州检察总长,共同构成了英美法系慈善信托的统一监管机构。

(1)英国慈善委员会的特设监管

作为慈善信托的起源国,英国较早地设立了慈善委员会作为慈善信托的监管机构,所形成的专门监管模式保持至今。慈善委员会最初依据英国《1601年慈善用益法》设立,继承了此前皇家检察总长对慈善信托的调查权。当时的慈善委员会是地方性组织,一般以郡县为单位设立专门的慈善委员会,并由当地选拔任命5名慈善专员组成,负责对慈善信托信托财产的滥用进行调查。一旦发现信托当事人存在虚假报告、闲置或隐匿信托财产、不正当交易和擅自篡改信托财产用途等违法行为,慈善委员会有权提请地方政府注意,宣布信托财产遭到滥用,继而发布行政命令纠正该行为或向衡平法院提起诉讼。② 在其后的200余年时间里,地方性慈善委员会逐渐无法有效监管和控制慈善信托当事人跨区域实施信托财产的滥用行为,慈善信托的监管机制暴

---

① 参见[美]约瑟夫·E.斯蒂格利茨:《公共部门经济学》,郭庆旺等译,中国人民大学出版社2005年版,第6页。

② See Gareth Jones, *History of the Law of Charity* 1532 – 1827, London, Cambridge University Press, 2008, p. 45.

露出较大的现实问题。最终经过英国国会议员布鲁姆等人的不懈努力和强力推动，英国最终通过了《1853 年慈善信托法》，真正建立了全国性的、常设性的专门监管机构——慈善委员会。该法的颁布巩固了慈善委员会的权力，至少是对小额的慈善捐赠的管理权，不仅使慈善委员会在行使权力时更具灵活性，而且避免了衡平法院行使管理权的瑕疵。[①]

随着英国慈善法和慈善信托法的不断修订，慈善委员会的权力逐渐扩张，目前已形成独自享有的监管权和与高等法院共享的监管权体系。英国慈善委员会独自享有的监管权主要包括负责慈善信托的登记，调查慈善信托并决定是否公开调查结果和报告，监督慈善信托的财务情况并“有权要求其提交每年经审计的利润报告”，[②]有权对慈善信托受托人提出建议且有义务答复慈善信托当事人提出的书面意见。与高等法院共享的监管权涉及慈善信托法律关系的重大变更事项，具体包括共同决定力求近似原则能否适用，制订信托财产的管理方案，改变慈善信托目的，撤销和任命受托人。

(2)美国州检察总长的职责监管

众所周知，美国下辖各州拥有独立的州立法权，立法权限较大。因而美国并无联邦的统一的慈善信托法案，慈善信托的相关法案和判例主要在各州范围内适用。早期，美国各州在继承英国慈善信托制度的同时，还仿照英国皇家检察总长的监管权限，赋予美国各州检察总长(Attorney General)监管慈善信托的职责，承担保护信托受益人和社会公共利益的职能。州检察总长的职责为保障公益信托目的的实现，保证受托人遵守信托义务和法律规定，保护慈善信托财产和公共利益。[③] 由于美国充分吸取英国慈善信托滥用案件的经验教训，各州扩张并巩固州检察总长的监管权力，以保证对慈善信托的监管全面且严格。慈善信托发展的稳定且安全，使美国没有仿照英国的慈善委员会特设专门的监管机构，而是至今仍旧保持着原有的监管机制。美国州检察总长依据州普通法和州制定法，享有监管慈善信托的广泛权力，虽然各州有所不同，

---

① See David Owen, *English Philanthropy* 1660 - 1960, Boston, Belknap Press of Harvard University Press, 1964, p. 228.

② 参见[英]理查德·爱德华兹、奈杰尔·斯托克韦尔:《信托法与衡平法》(第 5 版)(英文影印本)，法律出版社 2003 年版，第 205 页。

③ § 12598 Supervision of Charitable Trust, California Government Code Sections 12580 - 12599.

但权限范围大体一致。州检察总长的监管权包括但不限于负责慈善信托的登记,有权拒绝、撤销和中止慈善信托的登记,[①]有权对受托人的交易行为和信托财产状况进行调查(如询问并查阅财务报表、资产证明以及财产的收入支出记录、对账单等),有权代表受益人就受托人的不当行为或滥用信托财产行为向法院提起诉讼。

2. 大陆法系的分散监管

与英美法系国家特设专门监管机构或赋予单个机构统一行使监管权不同,大陆法系国家和地区的公益信托监管机构并不统一且极为分散,是根据公益信托目的的不同分属相应的主管机关监管,呈现碎片化的状态。"公益信托按其目的事业,使受该事业主管官署之监督,乃由于公益上之必要,与民法之财团法人业务应受主管官署之监督者,同一理由。"[②]考虑到慈善委员会或检察长制度根植于英美法系的深厚历史土壤,大陆法系并未机械照搬英美法系的统一监管模式,而是结合本国的政治体制和法律体系,仿制财团法人的监管模式,形成了如今更符合自身实际情况、更具专业针对性的分散监管模式。

相比英美法系慈善信托的迅速普及,日本引进并发展公益信托之时虽然滞后西方世界300余年,但充分汲取了英美法系公益信托的经验教训,在公益信托法律制度问世之初便同时建立了目的事业主管官厅的对口监管机制,以保证必要的监管能力水平。因而,日本《信托法》第67条明确指出,公益信托的监督权限属于主管政府机关。公益信托更广泛地服从主管官厅的监督,即使一般的信托中需要法院监督的问题,在公益信托的场合则由主管业务官厅取代法院进行监督。[③] 具体而言,如旨在扶持基础教育的公益信托和促进环境保护的公益信托,则分别交由教育事业的主管机关和环境保护事业的主管机关对其进行监管。韩国等大陆法系国家和地区的公益信托立法也仿照日本的立法例,规定由目的事业主管机关各自监督和管理不同目的公益信托的设立、运行和终止。由于韩国等大陆法系国家和地区现行民法中有关公益法人的监督机关为目的事业主管机关,故信托法对公益信托采取由目的事业主管

---

① See William M. McGovern, Sheldon F. Kurtz, David M. English, *Wills, Trusts and Estates*, Avonmore, West Publishing Co. ,2010, p. 442.

② 史尚宽:《信托法论》,新北,台湾商务印书馆1972年版,第71页。

③ 参见[日]能见善久:《现代信托法》,赵廉慧译,中国法制出版社2011年版,第293页。

机关监督之模式，较符合现有政府各部门的职责划分，也较符合其现行民事法制。总体而言，韩国等大陆法系国家和地区的公益信托立法基本援引日本的立法例，所形成的监管机关权限也与日本并无二致。

各目的事业主管机关的监管权限主要包括：(1)公益信托的设立审批权。根据设立许可主义的要求，主管机关的审批同意是公益信托成立和生效的法定要件。委托人设立公益信托必须经过目的事业主管机关的审查批准，其中受托人接受公益信托并受让信托财产同样应获得主管机关的同意。换言之，目的事业主管机关自设立阶段之初，便履行监管公益信托的法定职责，从源头预防公益信托的风险。(2)公益信托事务财务的检查处置权。目的事业主管机关可随时依法检查公益信托的相关事务、信托财产的收支状况以及受托人资质等事项，有权要求受托人或第三方妥善保管信托财产或做出必要处理，有权要求受托人每年3月底前公布上一年度的信托事务及财务信息。(3)信托条款的更改权。如公益信托在运行过程中发生不可预知的重大特殊情况，目的事业主管机关在不违背信托本旨的情况下，可依法变更信托条款。可依法更改的信托条款包括但不限于财产管理方法、受益人范围、信托收益兑付等。如以经营结核疗养所为目的的公益信托，如果后来法令修改，对于结核疗养所的经营仅限于公立，私人不得经营，主管机关得对信托条款加以适当的变更，使其成为以经营一般慈善病院为目的的公益信托。[①] (4)信托关系的调整权。一是公益信托的受托人因故辞任可向主管机关提出申请并经其审查；如果受托人发生不当行为或违反信托义务，则由主管机关根据情况酌情考虑，对受托人予以警告、撤销和变更。二是公益信托自然终了，则由受托人呈递清算报告，由主管机关审批通过。三是公益信托意外终止，信托文件未约定信托财产的归属时，主管机关有权裁定是否依法按照信托本旨适用近似原则，以保障公益信托沿着委托人意愿的方向继续运行。

3. 统一监管与分散监管的比较分析

显然，综合前述，英美法系建立的统一监管模式相比于与大陆法系创制的分散监管模式，有一定的监管优势。一方面，行政权力的集中行使能够减少相互推诿现象、降低监管成本、提高监管效率。此外，公益信托的当事人能够准确地向监管机构寻求帮助或提出投诉建议，如委托人欲设立公益信托时能够

① 参见史尚宽：《信托法论》，新北，台湾商务印书馆1972年版，第72页。

知晓前往监管机构进行登记，监管机构能够知晓自身肩负的法定职责。分散监管模式最大的弊端在于不同的公益信托设立程序与监管方式不同，增加了委托人设立公益信托的难度，往往令当事人不胜其烦，并最终放弃捐赠行为。① 另一方面，统一监管利于公益信托事业的信息汇总与共享，帮助立法机关和监管机构及时掌握公益信托的发展势态，有助于社会公共利益的维护。分散监管模式容易导致政出多门和信息隔绝，尤其在信托目的日益丰富的现代社会，只会催生更多的目的事业监管机关，在徒增监管成本的同时也无益于增进社会福祉。就财团法人在实务上之经验，由于公益目的并非类型化，故而有时会横跨两个目的事业主管机关，或是不同目的事业主管机关之审核标准宽严不一，不免滋生困难。② 如委托人意欲设立的公益信托的信托目的所涉及的行业达两项以上，可能会引发目的事业监管机关的冗杂、推诿和竞争等监管效率低下的社会现象。

（二）我国公益事业监管机构的改革方向

没有市场失灵，政府监管机构不能介入；出现市场失灵，政府监管机构也不是必然要介入，只有在政府监管机构能够解决市场失灵问题，而且监管所获得的效益与为其所花费的成本是适当的情况下，政府监管才是正当的。③

1. 现有“公益事业管理机构”有待明确

业务管理部门的职权交叉一直是我国政府各部门职能划分的“硬伤”，这不仅降低了行政效率，还徒增行政成本。我国并未直接规定公益信托监管机构的具体主体，而是通过专章列举各个公益事业监管机构的具体职权，间接表明了我国“公益事业管理机构”的监管主体地位和范围。加之《公益事业捐赠法》等公益法律、司法解释并未明确公益事业的具体监管机构，④使我国公益事业监管机构在法律条文的理解上存在歧义，即“公益事业管理机构”究竟指统一的公益事业监管机构还是从事的公益事业所属的监管机构，在缺乏权

---

① 参见赵磊：《公益信托法律制度研究》，法律出版社 2008 年版，第 197 页。

② 参见方国辉：《公益信托概说与法制初探》，载《经社法治论丛》1993 年第 12 期。

③ ［美］丹尼尔·F. 史普博：《管制与市场》，余晖等译，上海三联书店、上海人民出版社 1999 年版，第 4 页。

④ 我国《公益事业捐赠法》第 20 条规定，受赠人每年度应当向政府有关部门报告受赠财产的使用、管理情况，接受监督。必要时，政府有关部门可以对其财务进行审计。

威法律解释的情况下不得而知。大多数学者认为,我国"公益事业管理机构"的架构虽在表述上存在一些歧义,但仍是按照所属行业的主管机构进行监管的。如认为我国"公益事业管理机构"不是专门的机构,而是指公益事业所涉及的各"目的事业主管机构";①认为我国公益事业的主管机构是按照行业管理来划分的;②默认我国继承大陆法系的立法传统,由相关公益事业的主管机构行使监管权。③

"公益事业管理机构"的不确定性,形成类似"白马非马"的高进阶逻辑思维,导致难以将我国公益信托的监管制度总结为统一监管模式抑或分散监管模式。实践中,公益信托的"公益事业管理机构"出现了行政级别差异大以及共同管理不够规范。如西安信托"5·12"抗震救灾公益信托计划的公益事业管理机构为陕西省民政厅;国民信托"爱心久久—贵州黔西南州贞丰四在小学"公益信托计划的公益事业管理机构为贵州省贞丰县民政局和贵州省贞丰县教育局;万向信托"中国自然保护"公益信托计划的公益事业管理机构为有权批准该公益信托的设立并确定公益信托受托人的机构;湖南信托"湘信·善达农村医疗援助"公益信托计划的公益事业管理机构为湖南省卫生和计划生育委员会;紫金信托—厚德4号公益信托计划则旨在捐助、救助困难家庭中罹患大病的儿童,但并未在发行公告中明确公益事业管理机构。④

2. 未来我国"公益事业管理机构"一体化变革

即便对现有"公益事业管理机构"以目的事业为标准进行划分和明确,规定相应行政级别的主管机构享有公益信托的监管权限,但仍难免陷入大陆法系陈旧僵化的分散监管模式中不能自拔。公益福利机构的业务日常仅受目的事业主管机关监督,但主管机关亦因限于人力、物力,难以对其业务进行全面了解,此外,税务机关对其业务虽知之甚稔,但因二者间缺乏联系,且权责界限

---

① 参见周小明:《信托制度:法理与实务》,中国法制出版社2012年版,第365页。

② 参见[日]中野正俊、张军建:《信托法》,中国方正出版社2004年版,第214页。

③ 参见赵磊:《公益信托法律制度研究》,法律出版社2008年版,第194页。

④ 具体参见贾玉峰、贾艳:《全国首个公益信托诞生记——西安国际信托有限公司造福山区教育事业》,载《陕西日报》2011年6月3日,第3版;戴路迎:《公益信托让爱有个"家"》,载《上海金融报》2014年10月21日,第2版;佚名:《万向信托自然保护公益信托》,载《金融时报》2014年10月20日,第4版等。

不清晰,以致未能发挥主动监督功能,制度上可以适当借鉴英国公益信托由独立的慈善委员会负责监督。因此,结合前述英美法系统一监管模式之优势,着眼于未来我国乃至全球公益事业的繁荣发展之势,为契合我国简政放权背景下服务型政府的改良要求,未来我国应当建立统一的公益事业监管机构,发挥市场对资源配置的决定性作用,为公益信托的发展打造坚实高效的监管体系。

依笔者愚见,建立统一的监管模式并不一定意味着行政机关的增加或行政序列的扩张,可以考虑赋予省级民政部门对公益信托以及公益法人等公益事业的统一监管权限,适当地扩充人力、物力和财力,必要时可以联合其他行政机关共同实施监管,以实现简化监管体系、放权市场配置、保障受益人权益和增进社会公共利益的和谐监管格局。

首先,公益信托虽涉及扶残助贫、科教文卫、环境保护等不同的信托目的和行业,但其本质仍然为公益事业,实质是对社会财富的再次分配。实践中公益信托则表现为委托人为提升社会公共利益、保障民生,通过设定信托行为向社会各界捐赠财产用以改善公共产品供给领域。我国民政部门的主要职责是紧紧围绕保障和改善民生,以促进社会福利事业发展、加强社会管理为核心内容。因此,民政部门对涉及民生改善和社会福利的经济活动参与较多,有能力监管慈善救济、社会保障以及教育分配等领域的公益信托。因此,我国民政部门可以担当此任,可以考虑在民政部门内部设立类似于英国慈善委员会的机构,以避免公益信托在设立时找不着归口的主管部门的苦恼。① 其次,随着我国法治政府的基本建成,行政机关的执法水平逐渐提高并向现代化迈进,以民政部门为核心部门或牵头部门,联合其他行政主体共同监管公益信托已不再是遥不可及的设想。随着依法治国方略和法治政府战略改革要求的进一步落实,多元参与的综合执法机制在逐渐形成,②民政部门在遇到专业领域的监管问题时可以联合多个行政主管机构形成"1 + X"联动执法机制,实现对公益信托专业且全面的监管。教育主管部门、卫生监管单位、文化保护机关、体育促进机构、科学技术促进院所、社会保障主管部门、环境保护部门、交通管理部

① 参见张军建:《信托法基础理论研究》,中国财政经济出版社2009年版,第270页。

② 参见朱景文主编:《中国法律发展报告2014——建设法治政府》,中国人民大学出版社2015年版,第36页。

门、住房与建设管理部门等行政主管机关,均可以成为民政部门启动联合执法的重要组成单位。再次,公益信托是连接慈善与金融的桥梁和纽带,金融监管机构的专业协助将对公益信托的监管大有裨益。公益信托系以公益为目的而设立,其受益人多为一般社会大众,故尤有予以严密监督及保护的必要。① 由于目前我国金融监管体制正在由分业监管转向功能监管,"一委一行两会"的金融监管体系主要以省级地域为主,考虑到我国省级行政机关的监管能力相对较强,我国应将省级民政部门作为公益信托的监管主体。这不仅符合我国现有金融监管体制的地域安排,而且匹配我国民政部门的行政执法水平,较为符合当前法律体制和社会大众的心理预期。最后,民政部门作为公益事业的统一监管机构,依法专门享有公益信托的设立审批权、公益信托事务的知情权、受托人行为的调查权、受托人辞任的批准权、受托人的解任权、信托条款的变更权、受托人不当行为的制裁权以及适用近似原则的决定权。我国《慈善法》第五章专门规定了慈善信托,并且将《信托法》中的"公益事业管理机构"明确为县级以上民政部门,②规定了民政部门的法定职权和法律责任。随后的《慈善信托管理办法》(银监发〔2017〕37号)第6条亦明确指出,国务院银行业监督管理机构及其派出机构、国务院民政部门及县级以上地方各级人民政府民政部门根据各自法定职责对慈善信托实施监督管理。然而我国"县级以上民政部门""国务院银行业监督管理机构及其派出机构"的表述看似明晰但仍旧模糊,究竟指向县区级、市区级还是省市级乃至国务院民政部,各自职责如何,尚不得而知,有待配套制度的进一步细化。同时,鉴于《慈善法》赋予

① 参见赖源河、王志诚:《现代信托法论》(增订3版),中国政法大学出版社2002年版,第228页。

② 《慈善法》第45条第1款规定:"设立慈善信托、确定受托人和监察人,应当采取书面形式。受托人应当在信托文件签订之日起七日内,将信托文件向受托人所在地县级以上人民政府民政部门备案。"第48条第2款规定:"慈善信托的受托人应当根据信托文件和委托人的要求,及时向委托人报告信托事务处理情况、信托财产管理使用情况。慈善信托的受托人应当每年至少一次将信托事务处理情况及财务状况向其备案的民政部门报告,并向社会公开。"

民政部门诸多职责,[①]县区级和市区级民政部门能否落实法律规定,考验着各级民政部门的执法水准、监管能力以及与工商、税务等行政机关的沟通协调水平,希冀我国政府各级部门治理能力在实践中不断增强,如建议折中考虑,明确市区级的部门为监管主体,既体现民政部门行政管理权的纵深配置,也能够融合同级金融监管、税收征管等政府部门的专业力量。

(三)公益信托"近似原则"的适用

"近似原则"作为公益信托的重要法律原则,是指公益信托终止时,若信托财产归属不明确时,受托人应将信托财产用于与原信托目的最为接近的公益事业。公益信托的"近似原则"起源于英美法系,流行于大陆法系,具有"最大限度地发挥促进公益事业发展的功效",[②]现已为世界大多数国家和地区所接受。"近似原则",解决了受托人无法管理信托财产且无人继任时,慈善信托的存续和更生问题,以期实现慈善信托的设立初衷和信托目的。我国《信托法》虽紧跟时代潮流规定了"近似原则",但适用条件的不明确以及程序安排的缺失,尚不能够为公益信托的"善始善终"提供应有的法律支持。未来应以他域经验和本国实情为参考因素,对"近似原则"的具体规范进行修订,对适用条件进行完善。

1."近似原则"发展简史与适用分歧

"近似原则"虽起源并适用于英美法系的慈善信托,但并非专属于慈善信托的法律原则。该原则最早起源于罗马帝国时期的"查士丁尼法典",[③]反映

---

① 我国《慈善法》第69条规定,县级以上人民政府建立健全慈善信息统计和发布制度。县级以上人民政府民政部门应当在统一的信息平台,及时向社会公开慈善信息,并免费提供慈善信息发布服务。慈善组织和慈善信托的受托人应当在前款规定的平台发布慈善信息,并对信息的真实性负责。第70条规定:"县级以上人民政府民政部门和其他有关部门应当及时向社会公开下列信息:(一)慈善组织登记事项;(二)慈善信托备案事项;(三)具有公开募捐资格的慈善组织名单;(四)具有公益性捐赠税前扣除票据资格的慈善组织名单;(五)对慈善活动的税收优惠、资助补贴等促进措施;(六)向慈善组织购买服务的信息;(七)对慈善组织、慈善信托开展检查、评估的结果;(八)对慈善组织和其他组织以及个人的表彰、处罚结果;(九)法律、法规规定应当公开的其他信息。"

② 参见周小明:《信托制度:法理与实务》,中国法制出版社2012年版,第377页。

③ See Norman Alvey, *From Chantry to Oxfam: A History of Legislation*, London, Phillimore for the British Association for Local History, 1995, p. 8.

了立法者尽可能维护或恢复原有法律关系的价值追求，亦对罗马法中力求促成合同成立和部分无效无碍合同有效的理念产生了深远影响。中世纪初期信仰基督教、接受法语的诺曼民族①征服了英国，“近似原则”也随之引入英国。法文原意为“Cy-près doctrine”（通译为尽可能主义或就近原则）的“近似原则”在英国则演变为“As near as”。② 随着慈善信托制度向大陆法系国家和地区的普及，“As near as”被译为“近似原则”③、“力求近似原则”④、“类似原则”⑤、“次接近原则”⑥等不同版本。与此同时，英美法系与大陆法系对“近似原则”的理解和表述也发生了差异。

英国将“近似原则”定义为，当慈善目的不能实现时，可以将原来的慈善目的变更为最接近原慈善目的的其他目的，使该慈善信托继续运行。⑦ 美国将其定义为，倘若慈善信托的目的无效或非法，在无法将财产归还委托人时，受托人有权将信托财产转让给最接近慈善本旨的慈善信托。⑧ 相比之下，大陆法系中的日本将“近似原则”概括为，公益信托终了的时候，其信托财产如无归属权利人时，主务官厅可以按照其信托本旨，运用于类似目的，使信托继续下去。⑨ 其他仿制日本法制的大陆法系国家和地区的相关规定与我国《信托法》第72条规定⑩的含义大致相同。

通过比较英美法系与大陆法系关于“近似原则”的阐述，可以发现英美法

① 诺曼人（Norsemen或Northmen），源自8～11世纪自北欧日德兰半岛和斯堪的纳维亚半岛等原住地向欧洲大陆各国进行掠夺性和商业性远征的日耳曼人。

② See A. Garner Editor in Chief, *Black's Law Dictionary*, London, International Thomson Business Press, 2009, p. 1089.

③ 参见赖源河、王志诚：《现代信托法论》（增订3版），中国政法大学出版社2002年版，第234页。

④ 参见余辉：《英国信托法：起源、发展及其影响》，清华大学出版社2007年版，第183页。

⑤ 参见周小明：《信托制度比较法研究》，法律出版社1996年版，第170页。

⑥ 参见方嘉麟：《信托法之理论与实务》，中国政法大学出版社2004年版，第177页。

⑦ Edward C. Halbach, Jr., *Trust*, Nashville, Harcourt Brace Jovanovich Legal and Professional Publication Inc., 1990, p. 112.

⑧ See William M. McGovern, Sheldon F. Kurtz, David M. English, *Wills, Trusts and Estates*, Avonmore, West Publishing Co., 2010, p. 445.

⑨ 参见[日]能见善久：《现代信托法》，赵廉慧译，中国法制出版社2011年版，第315页。

⑩ 我国《信托法》第72条规定，公益信托终止，没有信托财产权利归属人或者信托财产权利归属人是不特定的社会公众的，经公益事业管理机构批准，受托人应当将信托财产用于与原公益目的相近似的目的，或者将信托财产转移给具有近似目的的公益组织或者其他公益信托。

系侧重于以慈善信托目的能否实现作为启动“近似原则”的唯一判断标准,大陆法系则更多将“近似原则”的适用条件确定为公益信托终止和信托财产无人所属的两项标准。之所以出现这样的差异,主要在于英美法系国家对慈善信托的设立采取登记主义,因而在慈善信托设立后容易出现信托目的不能实现的情况。如果一个慈善信托因目的自始不能实现,但委托人有一个一般性或极为重要的慈善意图,那么根据法院或慈善委员制订的计划,信托财产将被适用相近原则,用于与委托人的初始目的相近的其他慈善目的。① 也就是说,在慈善信托目的自始无法实现时,可以直接触发“近似原则”对该慈善信托的适用,甚至在一定情况下可以改变慈善赠与的初始目的。② 相反,大陆法系则对公益信托的设立奉行许可主义,因而公益信托目的必须在法律明确规定的范围内,几乎不会发生公益信托因信托目的无法实现的情况。至于公益信托因重大形势变更导致信托目的不能实现而无法继续时,则属于公益信托终止而激活“近似原则”的前提条件。如旨在负担学龄儿童学杂费的公益信托,可能因国家实行义务教育的政策而意外终止,又因信托财产无明确归属而触发“近似原则”的适用。因而我国《信托法》规定的公益信托“近似原则”符合现有政治经济体制,不会出现公益信托目的自始无法实现的情况,减少了维护公益信托法律关系的行政成本。即便未来采取公益信托设立的登记主义,也应当将具有合法性和明确性的信托目的作为公益信托设立的必备要件,以防患于未然,避免公益信托发起失败,降低法律风险,提高设立公益信托的成功率。

2. 我国公益信托“近似原则”的适用条件

我国《信托法》保持了大陆法系“近似原则”的一贯思维,规定,“近似原则”的适用条件有二:一为公益信托终止;二为信托财产权利归属人不明,即信托财产权利的归属人不存在或信托财产权利归属人是不特定的社会公众。由于此前我国公益信托的设立奉行许可主义,因而公益信托设立之初一般已按照民政部门的要求约定了信托终止时信托财产的归属者。实践中,公益信托终止时信托财产的归属者通常为委托人或明确的资助对象,如委托人的家庭成员、某学校、某艺术馆室、某公益志愿团队、某公益信托或公益法人,尚未出现约定信托财产

① 参见[英]加利·瓦特:《衡平法和信托法简明案例》(第2版)(英文影印版),武汉大学出版社2004年版,第79页。

② 参见赵磊:《公益信托法律制度研究》,法律出版社2008年版,第171页。

权利归属人是不特定社会公众的情况。如2008年中信信托与国家开发银行、招商银行合作开展的“中信开行爱心信托项目”,其信托目的为援建四川汶川灾区,信托财产是招商银行募集的理财资金,受益人为中国宋庆龄基金会,至2009年5月信托计划结束时,信托财产作为本金返还了各投资者。① 随着公益信托的发展和信托文件条款的标准化,公益信托终止时有关信托财产的权利归属或处置将愈加明确。如《万向信托·中国自然保护公益信托合同》第16条明确约定,公益信托终止时直接适用“近似原则”处分信托财产,或用于与初始信托目的最相近之用途,或直接移转给类似的公益信托。②

总体而言,随着未来我国公益信托设立模式由许可主义向登记主义的转变,公益信托的“近似原则”也应当进行相应的改良与细化,剔除已不合时宜的法律条款,增加公益信托的终止情形、扩大信托当事人合意处置信托财产的权限范围、明确“近似原则”的适用期限。首先,考虑到信托终止是我国公益信托适用“近似原则”的法定条件之一,因而应当明确公益信托的终止情形。可以规定公益信托因下列原因终止:(1)公益信托期限届满或目的实现而自然终止;(2)信托目的已不能实现;(3)信托被当事人协议解除或被监管机构撤销;(4)受托人卸任或被撤销但没有继任者的;(5)法律法规规定的其他事由。其次,在充分尊重经济规律和维护市场秩序的基础上,立法者可适当扩大信托当事人合意处置信托财产的权限范围,引导信托当事人事前约定信托终止时信托财产的分配方案,实现市场化的自治管理。受托人与委托人可以另行约定受托人有决定之权,以增加适用之弹性,并尊重当事人之本意。③ 再次,删除“近似原则”中不合时宜的适用条款。信托财产权利归属人是不特定社会公众的情况在我国尚未出现,而且随着公益信托步入法制轨道,信托财产权利归属不明的公益信托根本无法成功设立。相反,已约定的信托财产权利归属人在公益信托终止时,因死亡、失踪或破产、撤销、兼并等原因而不复存在,成为启动公益信托“近似原则”的常见条件。“为公益目的而给予之财产,

---

① 参见蒲坚、张继胜等:《论信托》,中信出版社2014年版,第222~223页。

② 详见万向信托官网公布的《万向信托·中国自然保护公益信托合同》,载万向信托官网:http://www.wxtrust.com/resources/upfile/file/2014/2014061601.pdf,2015年12月24日最后访问。

③ 参见方国辉:《公益信托概说与法制初探》,载《经社法治论丛》1993年第12期。

无论如何，总应为公益目的而使用”，[①]而不能直接默认归属于不特定的社会公众，财散了事。因此，应当删除“近似原则”中关于“信托财产权利归属人是不特定的社会公众”的适用条款，使其符合公益信托“近似原则”的基本原理和实际运行状况。最后，由于适用“近似原则”的公益信托已处于停止运行的状态，为防止信托财产自然贬值和无人管理的风险，应当明确“近似原则”的适用期限，推动受托人或公益信托监管机构积极寻找最符合初始目的的公益信托或公益法人，避免“公地悲剧”的发生。

四、构建以信息公开为核心的社会监督

常言，阳光是最好的防腐剂。市场活动最难以逾越的市场失灵问题是信息不对称，一旦社会大众与市场主体形成信息共享的良性互动，市场经营者则会在公众的聚光灯下兢兢业业地管理、减少贪腐行为。很多情况下，社会规范都是通过理性的谈判和协商自发产生的。[②] 当不特定社会公众与受托人自发达成常态化的信息公开制度，以此为核心的公益信托社会监督体系将有力地保证公益信托的稳健运行，减少乃至消弭受托人的不当行为，切实增进社会公共利益。

（一）公益事业信息公开的重要性——以红十字会与壹基金为例

市场经济就是信用经济，信用成为所有市场主体都必须推崇的价值追求。公益事业信息与市场环境中的交易信息公开原理相同，不仅关乎公益组织或志愿团体乃至整个社会公益事业的声誉，还涉及公民法人捐赠财产的积极性，深刻影响着公益事业的发展前景以及社会福利的保障水平。在任何一种预防措施低于最优水平的时候，增加预防措施所获得的边际收益将大于预防措施的边际成本，任何时候只要所采取的预防措施低于适当水平，就可以说还有进一步的预防措施可以被采取，应当被采取，但是并没有采取。[③] 以信息披露、

---

① 史尚宽：《信托法论》，新北，台湾商务印书馆1972年版，第73页。

② 参见[美]弗朗西斯·福山：《大分裂：人类本性与社会秩序的重建》，刘榜离等译，中国社会科学出版社2002年版，第270页。

③ 参见[美]唐纳德·A.威特曼：《法律经济学文献精选》，苏力等译，法律出版社2006年版，第54页。

信息公开为核心的社会监督体系，正是我国应当采取却仍未充分采取的预防措施。

在经历了帐篷事件、餐票事件以及违规房地产项目事件后，[①]社会公众对于中国红十字会乃至多家公益组织的信任被耗尽和透支。此后红十字会及其所属机构虽然建立了一定自律性的信息披露制度，但随着2011年“郭某某事件”的发酵和爆发，享有百年基业的红十字会一度成为社会公众最不信任的公益组织。相比之下，深圳壹基金公益基金会自设立之初便以“传播创新的、人人参与的公益文化，搭建公信透明的、可持续发展的公益平台，以推动公益事业的发展”为宗旨，[②]较早地建立了包括年度报告、年检报告、审计报告、项目招投标公示、捐赠数据在线查询、公益基金保管报告等多项措施在内的综合信息披露制度，迄今为止鲜有公益负面报道，成为社会公众最为信赖的公益基金会。据中国基金会中心网大数据统计，截至2019年12月31日，深圳壹基金公益基金会的基金会透明指数FTI自2013年起均为满分100分，始终位居全国7856家基金会之前列；中国红十字基金会的基金会透明指数FTI在2015年时为85.20分，位居全国并列第37位，此后又励精图治重回100分。[③]

“民主与法治要求对权力的制约和对权利的保障，它以扩大和增强市民社会自主领域与自律能力为指向。因而，在国家权力控制范围缩小的同时，社

---

① 帐篷事件是指汶川地震后，中国红十字会某官员在接受CCTV－4采访时表示，将送往灾区价值1300万元的1000多顶帐篷。经计算，每顶帐篷高达1.3万元，网友纷纷跟帖表示质疑。餐票事件是指上海市卢湾区红十字会某次活动中9859元的餐饮发票被曝光。活动共有17人参加，按标准人均消费水平应为150元，实际超支7309元。上海市红十字会核查发票属实，责成卢湾区红十字会对超接待标准费用个人承担，超标款项现已追回，并通报铺张浪费现象。违规房地产项目事件是指红十字会打造的北京“曜阳老年公寓”项目从2004年正式开始启动，本意是“探索和创造出具有中国特色的社会化养老新模式而实施的一个公益项目”。然而，作为一个公益项目，其设施的豪华程度和环境的幽雅程度远非普通养老机构能比。同时有证据显示，北京曜阳国际老年公寓的公寓和别墅还在对外出售。参见和讯网专题报道：《中国红十字会捐赠风波——救灾善款怎样监督》，载和讯网，http://news.hexun.com/2008/zangpengfb/，2016年1月1日最后访问。

② 参见任武：《李连杰　从“功夫皇帝”到“新型公益创始人”》，载《南方人物周刊》2010年第30期。

③ 参见中国基金会中心网基金会透明指数，载中国基金会中心网，http://fti1.foundationcenter.org.cn/FTI/GetFTIRanking? orb＝4，2020年1月4日最后访问。

会自律秩序的确立就成为民主与法治必不可少的条件。”[①]如果缺乏公开透明的信息公开制度,社会公众长期通过媒体质询、检举揭发等非正常渠道滞后地获取公益事业的负面信息,则显然会打击社会公众捐赠财产奉献爱心的主动性,阻碍甚至戕害公益事业的发展。相反,良好的信息公开制度将向社会公众直观展现公益组织或公益计划的公正与透明,便于社会公众在更加了解公益事业信息的同时还能激发公民法人投身公益事业的动力,在减少公益不当行为的同时有益于公益品牌的塑造和公益事业的发展。除此之外,由于公益信托除涉及社会公共利益以外还运用金融手段经营管理信托财产,隐秘的“老鼠仓”等内幕交易行为更需信息公开制度将其暴露在阳光之下,形成有效的社会监督。我国《慈善法》第八章“信息公开”中,详细规定和明确了慈善组织和民政部门的信息公开职责,规定慈善组织应当向捐赠人、社会大众和受益人定期公开相关信息,民政部门则有责任建立健全慈善信息统计和发布制度。[②]2020 年 1 月 9 日,民政部发布关于《慈善信托信息公开管理办法(征求意见稿)》公开征求意见的通知。该办法对公开内容进行了细化,总体思路是“以民政部门公布的信息为基础、以受托人公布的信息为主体”,促进公开的信息形成“程序上相互衔接、内容上相互补充”的信息网络。该办法要求慈善信托的委托人、受托人及其管理人员对于关联交易情况和其他关联交易情况,应当在年度报告中向社会公开。此外,还规定任何单位和个人发现慈善信托违法违规行为的,可以向民政部门、银行保险监督管理机构和其他有关部门进行投诉、举报。国家鼓励公众、媒体对慈善信托活动进行监督,对慈善信托违法违规行为予以曝光,发挥舆论和社会的监督作用。总体而言,这些配套制度为我国慈善事业建立健全翔实可靠的信息公开制度提供了法律依据,有利于社会

---

① 马长山:《法治进程中的民间治理》,法律出版社 2006 年版,第 68 页。

② 参见《慈善法》第八章“信息公开”。如规定县级以上人民政府建立健全慈善信息统计和发布制度。县级以上人民政府民政部门应当在统一的信息平台,及时向社会公开慈善信息,并免费提供慈善信息发布服务。慈善组织和慈善信托的受托人应当在前款规定的平台发布慈善信息,并对信息的真实性负责。具有公开募集资格的慈善组织应当定期公开向社会公众募捐情况和慈善项目实施情况。公开募捐周期超过六个月的,至少每三个月公开一次募捐情况,公开募捐活动结束后三个月内应当全面公开募捐情况。慈善项目实施周期超过六个月的,至少每三个月公开一次项目实施情况,项目结束后三个月内应当全面公开项目实施情况和募得款物使用情况。慈善组织开展定向募捐的,应当及时向捐赠人告知募捐情况、募得款物的管理使用情况。慈善组织、慈善信托的受托人应当向受益人告知其资助标准、工作流程和工作规范等信息。

监督机制的构建和社会公共利益的维护。

（二）更好的信息公开——关于公开收支计划的思考

机构年报、年检报告、审计报告、评估报告、监督简报、项目开展进度公示等传统的信息公开方式均属于事后信息公开，无法对受托人的信托行为和公益信托之运行予以事前监督，难以起到防患于未然之效果。常言凡事预则立，不预则废，因而能否借鉴财务预算管理理论将预算公开制度纳入公益信托信息公开体系，尤为值得思考和尝试。

通常而言，预算管理是利用预算对公益信托的各种财务及非财务资源进行分配、考核、控制，以便有效地组织和协调受托人的生产经营活动，以实现既定的信托目的。与公益法人日常募集财物，预期收入和公益支出日异月殊的状态不同，公益信托"以收定支"，其预期收入与公益支出较为稳定。不仅公益信托的信托财产较为固定，受托人还可凭借自身的专业能力，根据当前的经济形势和市场环境判断下一年度信托财产的预期收益率，并遵循信托目的将信托收益转付至受益人。因此，相比于公益法人，公益信托的预算公开制度不仅不会陡增受托人的管理成本，还能够积极引导受托人的行为及信托目的的实现，为社会公众及时了解公益信托的运行计划、广泛监督公益信托的实际运行提供信息支持。一方面，预算管理有助于受托人通过制定计划明确可行的目标，同时能使受托人考虑和应对各种可能影响信托财产损益的情形；另一方面，受托人通过预算管理对各项目标进行预测并组织实施，能够管理和促进受托人各项目标的实现，保证受托人各项目标的不断提高和优化，提升自身的信托财产管理水平。总而言之，预算管理以及预算信息的公开，对于未来受托人的行为与公益信托的运转大有裨益，亦能够吸引社会公众的关注目光，形成有效的事前监督体系。

鉴于受托人分配运用信托财产的自主性很大，为维护整体公益信托之利益并监督信托财产的经营损益情况，公益信托的预算管理制度以公开透明为宗旨，提倡实行预算信息公开的责任制。毕竟预算公开会形成巨大的压力，[①] 受托人应当全面、定期、及时地公布信托财产损益信息和公益支出信息，接受信托监察人和公益事业管理机构的职能监督，以及社会公众的广泛监督。受

---

① 参见熊伟：《财政法基本问题》，北京大学出版社2012年版，第246页。

托人应在其官方网站、主要媒介上主动公布、实时公开公益信托的收支情况，确保社会公众及时、准确、详尽、便捷地了解公益信托的动态，掌握信托财产的使用情况。公益信托预算信息的公开，是公益信托社会本位的内在要求，深刻体现了预算公开的制度价值，有利于信托当事人的知情权和监督权的保护，真正实现社会治理的平等对待、社会参与、程序理性、公开透明。①

本章小结

为了更好地防范公益信托的操作风险和信用风险，切实保障公益信托目的之实现和社会福祉之提升，使受托人不再成为无人监管的强势主体，应当接受多元化风险预防措施的约束，并将监管贯穿于公益信托运行的各个环节。公益信托关涉社会公共利益，其经济合同的本质属性，决定了政府作为社会公共利益的天然代表者必然对公益信托有所监管。同时，为更好地匹配并推进国家治理体系和治理能力现代化，培植社会自治能力，监察人应当在公益信托的运行中发挥应有的监督作用，信息公示应当成为社会监督公益信托的常态机制。

① 参见刘佳：《论我国预算制度变革之路：高效与公开》，载《西安财经学院学报》2015 年第 1 期。

结　论

随着救济贫困、繁荣教育为主要价值追求之一的宗教信仰对社会公众的影响广泛而深刻,慈善信托逐渐兴起并成为推动慈善事业、提升社会福利的重要模式。根植于英美法系教会法土壤的慈善信托,被以日本为代表的大陆法系国家和地区进行了艰难的法律移植和系统改造,成为今日的公益信托。时至今日,公益信托因具备投融资功能、公益持续性、运行模式简便和二元监督模式的制度优势,而成为风靡世界的公益活动之一。

我国公益信托虽自《信托法》实施以来发展较慢,但随着我国经济社会发展水平、法治建设程度、社会共识秤谌的提高,公益信托在我国已具备生根发芽、茁壮成长的制度土壤。同时,应当清醒地认识到,公益信托的法律移植不可能一蹴而就,而是需要空间地域和法律制度的长期融合,实现公益信托的中国化或本土化,方能激发公益信托应有的功能与价值,从而造福于我国的社会公益事业,促进国民经济和社会的健康可持续发展。

有别于传统民商法学的单一视角,经济法视野下的公益信托研究豁然开朗。遵循经济法学研究方法深度剖析公益信托,可以了解和知悉公益信托新颖且全面的运行机理和法律关系结构。首先,公益信托以人为本的价值追求和体现国家意志的制度结构,极好地契合了经济法的理念和经济合同的基本特征,具备经济合同属性的公益信托制度,动摇且突破了私法与公法、民法与行政法、契约与法律之间的僵死藩篱,促使市场机制与政府管理、他域法律与本国制度的渗透融合,从而繁衍出一个崭新的公益法律领域。其次,除却委托人、受托人和受益人的"黄金三角",信托监察人因代表国家意志和公众意愿的监督功能而成为公益信托的新设当事人。基于信托财产的独立性和信托目的的公益性,公益信托得以发挥其应有的创造性和灵活性。不从属于任何当事人但用益于不特定多数受益人的公益信托财产,具备了破产隔离功能,不仅赋予受托人更加广泛的管理空间,还使法律关系得以长期稳定地存续。再次,公益信托所反映出的人权保护、社会再分配、市场创新与政府职能转变等价值理念,统合与协调了当前国民经济和社会发展的诸多重要方面,强有力地促进了社会整体利益的提升。最后,有别于传统普通信托或公益法人的纯粹性,公益信托则兼具公益与金融的双重功能,成为架设于公益慈善与金融资本之间的桥梁和纽带。一方面,我们应当清醒地意识到公益信托金融化的正负效应,在推崇便捷灵活的公益信托并赋予税收优惠待遇的同时,还应关切投机的伪善目的和国家财政收入流失的隐性问题;另一方面,不能忽视公益信托金融化因一贯创新而产生或隐藏的风险与问题,必须在公益信托的有效监管与鼓励创新之间寻求平衡。既要使监管理念与金融创新水平相适应,还应使监管模式与公益支出方式相结合。

公益信托能否健康发展,一个关键的因素在于公益信托的设立是否顺畅便捷,是否能够降低委托人发起公益信托的设立成本。公益信托的设立模式、信托目的的具体范围、受托人资质的要求以及信托登记制度均是衡量公益信托设立制度优劣的重要标尺。首先,基于人文历史、法律文化、发展观念等诸多因素的不同,英美法系与大陆法系在公益信托的设立模式上分别采取了登记主义和许可主义。我国立法对公益信托的设立采取大陆法系的许可主义,但该设立模式阻碍了我国公益信托产品或样本的诞生和发展。结合我国国情加以审慎判断,我国公益信托的设立模式短期内应当在《慈善法》规范下保持登记主义,培育监管部门对公益信托这一新鲜事物的认知水平和监管能力,但长期而言,应当联动修改《信托法》,真正地、全面地转向登记主义,以助推公益信托的发展和社会福祉的提升。其次,国际上慈善信托或公益信托的信托目的公益性,可以主要概括为三大方面:一为扶贫济困、助残帮弱的慈善目的;二为以促进科学技术、教育文化、医疗卫生、体育健身以及环境保护等公共事业(简言之,科教文卫体环保)发展的社会公共目的;三为以祭祀信奉、种族文化为宗旨的宗教目的。我国公益信托目的的范围应以社会公共利益为圭臬,将扶贫济困的良好传统传承下去,并增加现代社会的教育医疗、科学文化、环境保护等内容,但不涵盖宗教祭祀活动。再次,受托人在公益信托法律关系中占据着重要的核心地位,其是连接委托人与受益人、金融市场与公益慈善事业的纽带和桥梁。受托人的行为时刻左右着公益信托的运转,也深刻影响着社会公共利益的实现。我国公益信托的受托人除了满足民法规范所要求的具备完全民事行为能力以外,最主要的还是实现了机构化和资格化,以保障受托人有能力履行忠实勤勉义务。最后,信托财产登记是将信托财产与公益信托当事人固有财产相区分的基础性制度,亦是实现信托财产独立性的信息公示与制度保障。我国信托财产信息公示制度或财产登记制度的不完善,严重阻碍了公益信托的设立和发展。因此,应统一登记主管机关,提高公益信托设立效率,明确信托财产独立地位,切实促进我国公益信托迈向制度化、法治化。

公益信托与税收优惠具有共生关系。除却文化传统、法律习惯和制度设计等因素的差别外,税收优惠政策的冗杂和断层也是阻碍公益信托激发制度活力的重要原因。为架构科学合理、系统完备的公益信托税收激励机制,平衡协调国家与纳税人、资本与公益之间的利益,有必要首先认清公益信托税收优惠的法律实质。公益信托的税收优惠应当分为设立、管理和分配三个阶段。在公益信托设立阶段,应当减免委托人因无偿移转信托财产所发生的所得税、遗产税和房地产税等捐赠税费;在公益信托管理阶段,应当减免受托人因处分信托财产所产生的所得税、流转税和行为税等交易税费;在公益信托分配阶段,则应当免除受益人因受让信托收益所发生的所得税、印花税和契税等获益税费。未来应在税收法定原则及本土化思维的指导下,明确公益信托的税收优惠资格及条件,扩大公益信托的税收优惠范围及幅度,建立财务信息与公益活动的强制双公开制度。

为了更好地防范公益信托的操作风险和信用风险,切实保障公益信托目的之实现和社会福祉之提升,使受托人不再成为无人监管的强势主体,应当接受多元化风险预防措施的约束,并将监管贯穿于公益信托运行的各个环节。公益信托关涉社会公共利益,其经济合同的本质属性,决定了政府作为社会公共利益的天然代表者必然对公益信托有所监管。同时,为更好地匹配并推进国家治理体系和治理能力现代化,培植社会自治能力,监察人应当在公益信托的运行中发挥应有的监督作用,信息公示应当成为社会监督公益信托的常态机制。

总而言之,公益信托的中国化及其未来繁荣,深深依附于灵活便捷的设立登记、清晰明确的税收优惠和内外兼修的监督体系。公益信托本土化的成功,不仅有助于大幅提升社会公共利益、提高国家现代化治理能力,还能够彰显我国社会主义市场经济与社会主义法律体系兼容并包的优秀品格。希冀我国公益信托在未来的信托法修订中实现良法善治下的涅槃重生,为增进社会福祉展现制度的力量!

参考文献

一、中文资料

(一)中文著作

1. 陈新民:《德国公法学基础理论》,山东人民出版社 2001 年版。

2. 陈雪萍、豆景俊:《信托关系中受托人权利与衡平机制研究》,法律出版社 2008 年版。

3. 方嘉麟:《信托法之理论与实务》,中国政法大学出版社 2004 年版。

4. 高凌云:《被误读的信托——信托法原论》,复旦大学出版社 2010 年版。

5. 葛克昌:《国家学与国家法——社会国、租税国与法治国理念》,台北,月旦出版社股份有限公司 1996 年版。

6. 韩忠亮:《全球化背景下金融监管的博弈研究》,北京大学出版社 2013 年版。

7. 何宝玉:《信托法原理研究》,中国政法大学出版社 2005 年版。

8. 何宝玉:《信托法原理与判例》,中国法制出版社 2013 年版。

9. 何勤华主编:《法的移植与法的本土化》,法律出版社 2001 年版。

10. 霍玉芬:《信托法要论》,中国政法大学出版社 2003 年版。

11. 江平:《浮沉与枯荣:八十自述》,陈夏红整理,法律出版社 2010 年版。

12. 康锐:《我国信托法律制度移植研究》,上海财经大学出版社 2008 年版。

13. 赖源河、王志诚:《现代信托法论》(增订 3 版),中国政法大学出版社 2002 年版。

14. 雷宏:《信托监察人制度研究》,知识产权出版社 2011 年版。

15. 梁治平:《法律的文化解释》,三联书店 1994 年版。

16. 梁治平:《礼教与法律——法律移植时代的文化冲突》,上海书店出版社 2013 年版。

17. 刘海峰、陈占峰:《中国税收优惠制度改革研究》,西南交通大学出版社 2007 年版。

18. 刘继虎:《法律视角下的信托所得税制——以民事信托所得课税为中心》,北京大学出版社 2012 年版。

19. 刘金凤等:《海外信托发展史》,中国财政经济出版社 2009 年版。

20. 刘少军:《金融法概论》,中国政法大学出版社 2005 年版。

21. 刘文华:《经济法》(第 4 版),中国人民大学出版社 2012 年版。

22. 刘正峰:《美国商业信托法研究》,中国政法大学出版社 2009 年版。

23. 鲁篱:《行业协会经济自治权研究》,法律出版社 2003 年版。

24. 马长山:《法治进程中的民间治理》,法律出版社 2006 年版。

25. 茅于轼:《一个经济学家的良知与思考》,陕西师范大学出版社 2008 年版。

26. 孟强:《信托登记制度研究》,中国人民大学出版社 2012 年版。

27. 民政部政策法规司:《慈善事业税收优惠政策法规指南》,中国社会出版社 2010 年版。

28. 聂庆平、蔡笑:《看多中国——资本市场历史与金融开放战略》,机械工业出版社 2012 年版。

29. 彭丽萍:《社会保障基金信托法律问题研究》,法律出版社 2013 年版。

30. 蒲坚、张继胜等:《论信托》,中信出版社 2014 年版。

31. 钱俊文:《国家征税权的合宪性控制》,法律出版社 2007 年版。

32. 强力:《金融法》,法律出版社 2004 年版。

33. 全国人大常委会法工委编、卞耀武主编:《中华人民共和国信托法释义》,法律出版社 2002 年版。

34. 全国人大《信托法》起草工作组:《中华人民共和国信托法释义》,中国金融出版社 2001 年版。

35. 日本三菱日联信托银行编著:《信托法务与实务》,张军建译,中国财政经济出版社 2010 年版。

36. 史际春、邓峰:《经济法总论》(第 2 版),法律出版社 2008 年版。

37. 史际春主编:《经济法》(第 3 版),中国人民大学出版社 2015 年版。

38. 史尚宽:《物权法论》,中国政法大学出版社 2000 年版。

39. 史尚宽:《信托法论》,新北,台湾商务印书馆 1972 年版。

40. 苏力:《法治及其本土资源》(第 3 版),北京大学出版社 2015 年版。

41. 王道远、周萍等、翁两民等:《信托的逻辑——中国信托公司做什么》,中信出版集团 2019 年版。

42. 王清、郭策:《中华人民共和国信托法条文诠释》,中国法制出版社 2001 年版。

43. 文杰:《信托法专题研究》,中国社会科学出版社 2012 年版。

44. 吴云飞:《我国个人收入分配税收调控研究》,复旦大学出版社 2001 年版。

45. 伍舫:《税收优惠指南》(第 3 版),中国税务出版社 2006 年版。

46. 席月民:《中国信托业法研究》,中国社会科学出版社 2016 年版。

47. 夏勇:《法理讲义——关于法律的道理与学问(上)》,北京大学出版社 2010 年版。

48. 解锟:《英国慈善信托制度研究》,法律出版社 2011 年版。

49. 熊伟:《财政法基本问题》,北京大学出版社 2012 年版。

50. 徐孟洲、徐阳光:《税法》(第 5 版),中国人民大学出版社 2015 年版。

51. 徐孟洲:《耦合经济法论》,中国人民大学出版社 2010 年版。

52. 徐孟洲主编:《信托法》,法律出版社 2006 年版。

53. 徐卫:《慈善宣言信托制度构建研究》,法律出版社 2012 年版。

54. 杨林枫等:《信托产品概述》,中国财政经济出版社 2008 年版。

55. 姚建宗:《法理学——一般法律科学》,中国政法大学出版社 2006 年版。

56. 于海涌:《英美信托财产双重所有权在中国的本土化》,中国政法大学出版社 2011 年版。

57. 余辉:《英国信托法:起源、发展及其影响》,清华大学出版社 2007 年版。

58. 张淳:《信托法原论》,南京大学出版社 1994 年版。

59. 张军建:《信托法基础理论研究》,中国财政经济出版社 2009 年版。

60. 张世明:《法律、资源与时空建构:1644 ~ 1945 年的中国》,广东省出版集团、广东人民出版社 2012 年版。

61. 张天民:《失去衡平法的信托》,中信出版社 2004 年版。

62. 赵秉志:《现代法治理念》,北京师范大学出版社 2012 年版。

63. 赵华文、李雨:《慈善的真相》,安徽人民出版社 2012 年版。

64. 赵磊:《公益信托法律制度研究》,法律出版社 2008 年版。

65. 周小明:《信托制度:法理与实务》,中国法制出版社 2012 年版。

66. 周小明:《信托制度比较法研究》,法律出版社 1996 年版。

67. 朱大旗:《金融法》(第 3 版),中国人民大学出版社 2015 年版。

68. 朱大旗:《税法》(第 3 版),中国人民大学出版社 2015 年版。

69. 朱景文主编:《中国法律发展报告 2014——建设法治政府》,中国人民大学出版社 2015 年版。

70. 朱斯煌:《信托总论》,中华书局 1941 年版。

(二)中文译著

1. [澳]布伦南、[美]布坎南:《征税权——财政宪法的分析基础》,载《宪政经济学》,冯克利等译,中国社会科学出版社 2004 年版。

2. [德]哈特穆特 · 毛雷尔:《行政法学总论》,高家伟译,法律出版社 2000 年版。

3. [德]卡尔 · 白舍客:《基督宗教伦理学》,静也、常宏等译,上海三联书店 2002 年版。

4. [德]柯武刚、史漫飞:《制度经济学》,韩朝华译,商务印书馆 2000 年版。

5. [德]鲁道夫 · 冯 · 耶林:《为权利而斗争》,郑永流译,法律出版社 2012 年版。

6. [德]马克斯 · 韦伯:《经济与社会》(上卷),林荣远译,商务印书馆 2006 年版。

7. [德]马克斯·韦伯:《新教伦理与资本主义精神》,陈平译,陕西师范大学出版社 2007 年版。

8. [法]孟德斯鸠:《论法的精神》,张雁深译,商务印书馆 1976 年版。

9. [法]让-雅克·卢梭:《论人类不平等的起源》,吕卓译,江西教育出版社 2014 年版。

10. [法]托克维尔:《论美国的民主》(上卷),董果良译,商务印书馆 1991 年版。

11. [古希腊]亚里士多德:《政治学》,吴寿彭译,商务印书馆 1965 版。

12. [美]E. 博登海默:《法理学——法律哲学与法律方法》,邓正来译,中国政法大学出版社 2004 年版。

13. [美]J. L. 费尔南多、A. W. 赫斯顿:《国家、市场和社会组织之间的非政府组织》,载何增科主编:《公民社会与第三部门》,社会科学文献出版社 2000 年版。

14. [美]保罗·克鲁格曼、[美]罗宾·韦尔斯:《微观经济学》,黄卫平等译,中国人民大学出版社 2009 年版。

15. [美]保罗·萨缪尔森、[美]威廉·诺德豪斯:《经济学》(第 18 版),萧琛主译,人民邮电出版社 2008 年版。

16. [美]戴维·斯顿:《政治生活的系统分析》,王浦劬译,华夏出版社 1999 年版。

17. [美]丹尼尔·F. 史普博:《管制与市场》,余晖等译,上海三联书店、上海人民出版社 1999 年版。

18. [美]道格拉斯·C. 诺斯:《制度、制度变迁与经济绩效》,上海三联书店出版社 1994 年版。

19. [美]弗朗西斯·福山:《大分裂:人类本性与社会秩序的重建》,刘榜离等译,中国社会科学出版社 2002 年版。

20. [美]林德布罗姆:《决策过程》,朱国斌译,上海译文出版社 1988 年版。

21. [美]罗伯特·达尔:《论民主》,李柏光等译,商务印书馆 1999 年版。

22. [美]罗尔斯:《正义论》,何怀宏、何包钢、廖申白译,中国社会科学出版社 1988 年版。

23. [美]马里奥·莫尼罗:《美国公益风险投资运行概述》,吴梅摘译,载

《经济社会体制比较》2010 年第 4 期。

24. [美]曼昆:《经济学原理》(第 5 版),梁小民等译,北京大学出版社 2009 年版。

25. [美]斯蒂文·沙维尔:《法律经济分析的基础理论》,赵海怡等译,中国人民大学出版社 2013 年版。

26. [美]苏珊娜·斯科奇姆:《创新与激励》,刘勇译,格致出版社、上海人民出版社 2010 年版。

27. [美]唐纳德·A. 威特曼:《法律经济学文献精选》,苏力等译,法律出版社 2006 年版。

28. [美]约瑟夫·E. 斯蒂格利茨:《公共部门经济学》,郭庆旺等译,中国人民大学出版社 2005 年版。

29. [美]詹姆斯·M. 布坎南:《自由的界限》,董子云译,浙江大学出版社 2012 年版。

30. [日]川崎诚一:《信托》,刘丽京等译,中国金融出版社 1989 年版。

31. [日]道垣内弘人:《〈日本信托法〉的修改》,载渠涛主编:《中日民商法研究》(第 6 卷),北京大学出版社 2007 年版。

32. [日]道垣内弘人:《信托法入门》,姜雪莲译,中国法制出版社 2014 年版。

33. [日]能见善久:《现代信托法》,赵廉慧译,中国法制出版社 2011 年版。

34. [日]四宫和夫:《信托法》,有斐阁、株式会社 1994 年版。

35. [日]樋口范雄:《信托与信托法》,朱大明译,法律出版社 2017 年版。

36. [日]新井诚:《信托法》(第 3 版),有斐阁、株式会社 2008 年版。

37. [日]新井诚:《信托法》(第 4 版),刘华译,中国政法大学出版社 2017 年版。

38. [日]星田宽:《日本的公益信托》,载《金融时报》2002 年 4 月 4 日,第 2 版。

39. [日]中野正俊、张军建:《信托法》,中国方正出版社 2004 年版。

40. [英]D. J. 海顿:《信托法》(第 4 版)(中英文版),周翼、王昊译,法律出版社 2004 年版。

41. [英]P. S. 阿蒂亚:《合同法概论》,程正康等译,法律出版社 1982

年版。

42. [英]艾伦·肯迪:《福利视角——思潮、意识形态与政策争论》,周薇等译,上海人民出版社2011年版。

43. [英]安德鲁·伊沃比:《信托法基础》(第3版)(英文影印版),武汉大学出版社2004年版。

44. [英]边沁:《道德与立法原理导论》,时殷弘译,商务印书馆2000年版。

45. [英]大卫·约翰斯顿:《罗马法中的信托法》,张淞纶译,法律出版社2017年版。

46. [英]戴维·M.沃克:《牛津法律大辞典》,李双元译,法律出版社2003年版。

47. [英]丹尼斯·罗伊德:《法律的理念》,张茂柏译,上海译文出版社2014年版。

48. [英]哈耶克:《法律、立法与自由》(第1卷),邓正来等译,中国大百科全书出版社2000年版。

49. [英]哈耶克:《通往奴役之路》,王明毅译,中国社会科学出版社1997年版。

50. [英]加利·瓦特:《衡平法和信托法简明案例》(第2版)(英文影印版),武汉大学出版社2004年版。

51. [英]理查德·爱德华兹、奈杰尔·斯托克韦尔:《信托法与衡平法》(第5版)(英文影印版),法律出版社2003年版。

52. [英]罗伯·约翰:《高度参与的慈善:公益风险投资在欧洲的发展》,顾冀梅编译,载《经济社会体制比较》2010年第4期。

53. [英]亚当·斯密:《道德情操论》,吕宏波译,江西教育出版社2014年版。

54. [英]伊恩·麦克唐纳、[英]安·斯特里特:《衡平法与信托法精义》,李晓龙译,法律出版社2018年版。

55. [英]约翰·斯图亚特·穆勒:《功利主义》,叶建新译,江西教育出版社2014年版。

56.《马克思恩格斯选集》,人民出版社1995年版。

57.《最新不列颠法律袖珍读本:信托法》,文杰译,武汉大学出版社2003

年版。

(三)期刊论文

1. 戴路迎:《公益信托让爱有个“家”》,载《上海金融报》2014 年 10 月 21 日,第 2 版。

2. 单锋:《公共利益的经济法哲学透视》,载《学海》2006 年第 3 期。

3. 冯果、窦鹏娟:《公益慈善组织投资风险的法律控制》,载《政治与法律》2013 年第 10 期。

4. 冯卓慧:《法律移植问题探讨》,载《法律科学(西北政法学院学报)》2001 年第 2 期。

5. 郭常英:《研究慈善历史关注慈善事业——兼评〈中国慈善简史〉》,载《史学月刊》2006 年第 11 期。

6. 韩大元:《宪法文本中“公共利益”的规范分析》,载《法学论坛》2005 年第 1 期。

7. 何宝玉:《信托登记:现实困境与理想选择》,载刘俊海主编:《中国资本市场法治评论》(第 2 卷),法律出版社 2009 年版。

8. 何孝元:《信托法之研究》,载《中兴法学》1987 年第 1 期。

9. 侯雪竹:《马云“公益信托”的三重门槛》,载《京华时报》2014 年 5 月 12 日,第 5 版。

10. 胡卫萍、杨海林:《我国公益信托法律制度的完善》,载《江西社会科学》2012 年第 7 期。

11. 贾玉峰、贾艳:《全国首个公益信托诞生记——西安国际信托有限公司造福山区教育事业》,载《陕西日报》2011 年 6 月 3 日,第 3 版。

12. 江平:《信托立法中的三个问题》,《清华金融评论》2015 年第 4 期。

13. 江平、周小明:《论中国的信托立法》,载《中国法学》1994 年第 6 期。

14. 金锦萍:《论公益信托之界定及其规范意义》,载《华东政法大学学报》2015 年第 6 期。

15. 金锦萍:《论公益信托制度与两大法系》,载《中外法学》2008 年第 6 期。

16. 李青云:《我国公益信托发展中存在的问题及对策》,载《经济纵横》2007 年第 16 期。

17. 李荣华:《中国裸捐第一人逝世已实现捐百亿承诺》,载《南方日报》

2015年5月8日,第5版。

18. 李世刚:《论〈法国民法典〉对罗马法信托概念的引入》,载《中国社会科学》2009年第4期。

19. 李廷芳等:《完善信托制度助推公益事业》,载《国际金融报》2010年09月16日,第6版。

20. 李文华:《完善我国慈善信托制度若干问题的思考》,载《法学杂志》2017年第7期。

21. 李喜燕:《慈善信托近似原则在美国立法中的发展及其启示》,载《比较法研究》2016年第3期。

22. 刘少龙、欧莉娟:《湖南公益信托农村医疗援助计划启动》,载《潇湘晨报》2014年11月28日,第6版。

23. 刘星:《重新理解法律移植——从"历史"到"当下"》,载《中国社会科学》2004年第5期。

24. 刘迎霜:《我国公益信托法律移植及其本土化——一种正本清源与直面当下的思考》,载《中外法学》2015年第1期。

25. 楼秋然:《理解慈善信托中的"近似原则":美国经验与中国借鉴》,载《中国政法大学学报》2019年第3期。

26. 吕鑫:《从公益信托到慈善信托:跨国移植及其本土建构》,载《社会科学战线》2019年第10期。

27. 马剑银:《法律移植的困境——现代性、全球化与中国语境》,载《政法论坛》2008年第2期。

28. 马钰:《紫金信托公益信托计划南京"开跑"》,载《南京日报》2015年11月5日,第5版。

29. 倪受彬:《现代慈善信托的组织法特征及其功能优势——与慈善基金会法人的比较》,载《学术月刊》2014年第7期。

30. 潘秀菊、陈重见:《信托监察人制度之探讨》,载《国防管理学院学报》1996年第7期。

31. 史际春、邓峰:《合同的异化与异化的合同——关于经济合同的重新定位》,载《经济法论丛》1999年第1期。

32. 史际春:《论营利性》,载《法学家》2013年第3期。

33. 栗燕杰:《我国慈善信托法律规制的变迁与完善》,载《河北大学学报

(哲学社会科学版)》2016 年第 5 期。

34. 汤淑梅:《信托登记制度的构建》,载《法学杂志》2008 年第 6 期。

35. 王晨光:《法律移植与转型中国的法制发展》,载《比较法研究》2012 年第 3 期。

36. 王建军、燕冲、张时飞:《慈善信托法律制度运行机理及其在我国发展的障碍》,载《环球法律评论》2011 年第 4 期。

37. 王涛:《英国慈善信托监管制度及启示》,载《社会科学战线》2019 年第 10 期。

38. 王作全:《解读〈慈善法〉:过程、内容、亮点与问题》,载《中国农业大学学报(社会科学版)》2016 年第 6 期。

39. 魏艳:《慈善信托政府监管权配置研究》,载《国家行政学院学报》2018 年第 6 期。

40. 吴艳芳:《慈善信托在养老领域中的应用研究》,载《金融理论与实践》2018 年第 10 期。

41. 肖顺武:《我国学术界关于公共利益的主要观点及评介》,载《云南大学学报(法学版)》2009 年第 6 期。

42. 谢哲胜:《信托的成立——法院相关判决评释》,载《法令月刊》2009 年第 11 期。

43. 许均华:《国内信托公司开展慈善信托的实践、不足与建议》,载《经济研究参考》2017 年第 18 期。

44. 徐孟洲:《论我国公益信托的设立》,载《广东社会科学》2012 年第 5 期。

45. 徐彤武:《美国政府对公益慈善事业的管理及启示》,载黄平、倪峰主编:《美国蓝皮书:美国问题研究报告(2011)——美国的实力与地位评估》,社科文献出版社 2011 年版。

46. 薛智胜、王海涛:《论我国公益信托监察人法律制度的完善》,载《天津大学学报(社会科学版)》2009 年第 2 期。

47. 杨彬彬:《上世纪 90 年代海南房地产泡沫警示》,载《财经》2015 年 8 月 30 日,第 4 版。

48. 杨崇森:《信托之基本观念——信托法研究之一》,载《中兴法学》第 8 期。

49. 杨方方:《慈善文化与中美慈善事业之比较》,载《山东社会科学》2009年第1期。

50. 杨思斌:《慈善法治建设:基础、成效与完善建议》,载《社会科学战线》2019年第10期。

51. 姚海放:《公益基金会投资行为治理研究》,载《政治与法律》2013年第10期。

52. 佚名:《万向信托自然保护公益信托》,载《金融时报》2014年10月20日,第3版。

53. 余能斌:《经济合同的概念及其法律特征》,载《法学研究资料》1982年第6期。

54. 张明敏、王会贤:《"五问"公益信托》,载《公益时报》2013年11月29日。

55. 张娜:《我国公益信托基金设立研究》,载《河南社会科学》2012年第3期。

56. 张千帆:《"公共利益"是什么?——社会功利主义的定义及其宪法上的局限性》,载《法学论坛》2005年第1期。

57. 张宇霖:《经济合同的概念与特征新议》,载《法学杂志》1993年第2期。

58. 赵磊、崔利宏:《基金会与公益信托关系探析——兼论公益事业组织形式的选择》,载《西南民族大学学报(人文社科版)》2008年第9期。

59. 赵俐:《完善我国公益信托制度的法制环境》,载《中共中央党校学报》2012年第4期。

60. 赵廉慧:《慈善信托税收政策的基本理论问题》,载《税务研究》2016年第8期。

61. 赵萌:《慈善金融:欧美公益风险投资的含义、历史与现状》,载《经济社会体制比较》2010年第4期。

62. 郑宏:《信托登记制度比较研究》,载《河北法学》2007年第12期。

63. 周乾:《我国慈善信托制度之创新、局限与完善》,载《内蒙古社会科学(汉文版)》2018年第6期。

64. 周贤日:《慈善信托:英美法例与中国探索》,载《华南师范大学学报(社会科学版)》2017年第2期。

65. 朱维群:《共产党员不能信仰宗教》,载《求是》2011 年第 24 期。

66. 朱志峰:《公益信托的法律特征及我国模式的探索》,载《当代法学》2008 年第 6 期。

二、外文资料

1. Alastair Hudson, *Equity and Trusts*, London, Routledge-Cavendish, 2016.

2. ALI, *Restatement of Trusts*, American Law Institute Publishers, 2003.

3. Alex M. Johnson & Ross D. Taylor, *Revolutionizing Judicial Interpretation of Charitable Trusts: Applying Relational Contracts and Dynamic Interpretation to Cy Pres and America's Cup Litigation*, Law Review 3, 1989.

4. American Law Institute, *Restatement of the Law Trusts*, Washington D. C.: American Law Institute Publishers, 2003.

5. Austin Wakeman Scott, *Abridgment of the Law of Trusts*, Boston, Little Brown and Company, 1960.

6. D. J. Hayton, *Commentary and Case on the Law of Trusts and Equitable Remedies*, London, Sweet & Maxwell, 2010.

7. David. J. Hayton, *The Law of Trusts*, London, Sweet & Maxwell, 2003.

8. David Owen, *English Philanthropy* 1660 – 1960, Boston, Belknap Press of Harvard University Press, 1964.

9. Dennis R. Hower, Janis Walter & Emma Wright, *Will*, *Trust and Estate Administration*, Stanford, Lengage Learning, 2016.

10. Edith L. Fisch, Doris Jonas Freed and Esther R. Schachter, *Charities and Charitable Foundation*, London, London Publications, 1974.

11. Edward C. Halbach, Jr., *Trust*, Nashville, Harcourt Brace Jovanovich Legal and Professional Publication Inc., 1990.

12. F. W. Maitland, *Introduction to the Memoranda de Parliamento*, in H. D. Hazeltine, G. Lapsley and P. H. Winfild (edited), Maitland: Selected Essays, London, Cambridge University Press, 1936.

13. Gareth Jones, *History of the Law of Charity* 1532 – 1827, London, Cambridge University Press, 2008.

14. Garner Editor in Chief, *Black's Law Dictionary*, London, International

Thomson Business Press,2009.

15. George Scher, *Desert*, Princeton, Princeton University Press, 1987.

16. Gregory S. Alexander, *Trust Protectors: Who Will Watch the Watchmen*, Cardozo L. Rev. 2807, 2006.

17. J. E. Penner, *the Law Trusts*, London, Oxford University Press, 2019.

18. J. G. Riddall, MA (TCD), *The Law of Trusts*, London, Butterworths, 1987.

19. James J. Fishman, *the Faithless and the Quest for Charitable Accountability* 1200 – 2005, Durham, Carolina Academic Press, 2007.

20. Jennifer Hochschild, *What's Fair: American Beliefs about Distribute Justice*, Boston, Harvard University Press, 1981.

21. Jesse Dukeminier, Stanley M. Johnson, *Wills, Trusts and Estates*, 中信出版社 2003 年影印版。

22. Luis Kutner, *Legal Aspects of Charitable Trusts and Foundations*, Newyork, Commerce Clearing House Inc., 1970.

23. Maurizio Lupoi, *Trusts: A Comparative Study*, London, Cambridge University Press, 2000.

24. Mohammed Ramjohn, *Source Book on Law of Trust*, London, Cavendish Publishing ltd., 1995.

25. Morton Deutsch, *Equity, Equality and Need: What Determines Which Value Will Be Used as the Basis of Distribute Justice?*, J. Soc. Issues 31, 1975.

26. Nathan MSI Group, *Effectiveness and Economic Impact of Tax Incentives in the SADC Region*, submitted to SADC tax subcommitee, SADC Trade, Industry, Financeand Investment 2004.

27. Norman Alvey, *From Chantry to Oxfam: A History of Legislation*, London, Phillimore for the British Association for Local History, 1995.

28. P. V. Baker and P. St. J. Langan, *Snell's Principle of Equity*, London, Sweet & Maxwell, 1982.

29. Patrick Mcloughlin, Catherine Rendell, *Law of Trusts*, London, Palgrave Macmillan, 1992.

30. Richard Tompson, *The Charity Commission and the Age of Reform*,

London, Routledge & K. Paul; Buffalo, University of Toronto Press, 1979.

31. Ronald Dworkin, *What Is Equality? Part3 : The Place of Liberty*, Iowa L. Rev. 1, 1987.

32. R. Pearce and J. Stevens, *The Law of Trusts and Equitable Obligations*, Oxford, Butterworth - Heinemann, 1995.

33. Robert H. Sitkoff & Jonathan Klick, *Agency Costs, Charitable Trusts and Corporate Control: Evidence from Hershey's Kiss-Off*, Columbia Law Review 108, 2008.

34. Sir William Goodhart QC, *Trust Law for the Twenty-first Century*, in A. J. Oakley (ed.), *Trends in Contemporary Trust Law*, London, Clarendon Press, 1996.

35. Stanley N. Katz, Barry Sullivan & C. Paul Beach, *Legal Change and Legal Autonomy: Charitable Trusts in New York: 1777 - 1893*, Law & History Review 1, 1986, p. 51 - 89.

36. Thomas. P. Langdon, *Charitable Trusts Face New Test*, Best's Review/ Life-Health Insurance Edition, 1998.

37. Wilbur K. Jordan, *Philanthropy in England 1480 - 1660*, in James J. Fishman, The Faithless Fiduciary and the Quest for Charitable Accountability 1200 - 2005, Durham, Carolina Academic Press, 2007.

38. William M. McGovern, Sheldon F. Kurtz, David M. English, *Wills, Trusts and Estates*, Avonmore, West Publishing Co., 2010.

39. William S. Holdsworth, *A History of Legal Law*, London, Routledge & K. Paul, 1945.

40. Zygmunt Bauman, *Globalization: The Human Consequences*, London, Polity Press, 1998.

附录:公益信托法律制度立法个人建议稿

第一条 公益信托是指委托人基于慈善目的,依法将其财产委托给受托人,由受托人按照委托人意愿以受托人名义进行管理和处分,开展慈善活动的行为。

公益信托适用本章规定。本章未规定的,适用本法及其他相关法律的规定。

第二条 为了下列公共利益目的之一而设立的信托,属于公益信托:

(一)扶贫、济困;

(二)扶老、救孤、恤病、助残、优抚;

(三)救助自然灾害、事故灾难和公共卫生事件等突发事件造成的损害;

(四)促进教育、科学、文化、卫生、体育等事业的发展;

(五)防治污染和其他公害,保护和改善生态环境;

(六)符合《中华人民共和国慈善法》规定的其他公益活动。

第三条 国家鼓励发展公益信托,并给予公益信托税收优惠待遇。具体税收优惠内容及程序由相关税收法律确定。

第四条 设立公益信托、确定受托人和监察人,应当采取书面形式。

第五条 公益事业管理机构是指受托人所在地设区市一级人民政府民政部门。

第六条 受益人不确定的开放式公益信托应当经公益事业管理机构审批,受益人确定的封闭式公益信托应当向公益事业管理机构申请备案。

受托人应当在公益信托文件签订之日起七日内,向公益事业管理机构报送相关材料申请审批或备案。

第七条 未按照本法规定将相关文件报民政部门审批或备案,不享受税收优惠,且不得以公益信托的名义进行活动。

(相关税收法律配套建议:

一、公益信托设立环节的税收优惠

(一)以下情形中信托财产的当事人之间免交所得税:

1. 因信托行为成立,委托人与受托人之间免交所得税。

2. 信托关系存续中受托人变更时,原受托人与新受托人之间免交所得税。

3. 信托关系存续中,受托人依信托本旨交付信托财产,受托人与受益人间免交所得税。

4. 因信托关系消灭,委托人与受托人间或受托人与受益人之间免交所得税。

5. 因信托行为不成立、无效、解除或撤销,委托人与受托人之间免交所得税。

前项信托财产在移转或处分前,因受托人管理或处分信托财产发生之所得,应依法课税。

(二)在个人所得税制实现综合与分类相结合模式的情况下,委托人对公益事业的捐赠享受40%的所得税税前扣除。

(三)企业就其公益事业的捐赠享受15%的所得税税前扣除。

二、公益信托管理环节的税收优惠

(一)公益信托的收入,如受赠所得和经营所得,免交所得税。

(二)受托人在经营管理信托财产过程中,应当依法缴纳所涉及的流转税、行为税和财产税等非所得税税费。受托人可于每个纳税季度依法凭票向税务部门申请退换部分已缴纳的税金。具体退还比例或减免税比例则由各税种的税收法律或行政法规另行规定。

（三）信托财产为房屋土地等不动产或汽车船舶等特殊动产的公益信托，其受托人因信托关系取得该信托财产用于公益活动必要支出的，免交房地产税。

三、公益信托分配环节的税收优惠

受益人受让受托人分配的信托收益时，免予交纳所得税、流转税、财产行为税等相关税费。受益人不得滥用信托收益或用于商业用途，否则承担相应的法律责任。）

第八条 公益信托的受托人，应当由委托人确定其信赖的、具备信托业务资质的法人机构担任。

第九条 公益信托的受托人管理和处分信托财产，应当按照信托目的，恪尽职守，履行诚信、谨慎管理的义务。

受托人应当在公益信托文件签订之日起十五日内，依法办理信托财产登记手续。

第十条 公益信托的受托人应当根据信托文件和委托人的要求，及时向委托人报告信托事务处理情况、信托财产管理使用情况、信托利益分配情况以及下一年度公益活动计划。

公益信托的受托人应当每年至少一次将信托事务处理情况及财务状况向公益事业管理机构报告，并同时向社会公开。

第十一条 公益信托的信托财产及其收益，应当用于公益目的，但信托文件明确约定利益分配方案并经公益事业管理机构审批通过的除外。

第十二条 公益信托应当设置信托监察人。

信托监察人应当由委托人信赖的会计事务所、律师事务所等专业机构担任。

信托监察人由信托文件约定。信托文件未约定的，由公益事业管理机构依法指定。

第十三条 信托监察人有权对受托人的行为进行监督，依法维护委托人和受益人的权益。信托监察人发现受托人违反信托义务或者难以履行职责的，应当向委托人报告，并有权以自己的名义向人民法院提起诉讼。

第十四条 公益事业管理机构应当不定期检查受托人处理公益信托事务的情况及财产状况。

第十五条 公益信托的受托人违反信托义务或者无能力履行其职责的，

由委托人变更受托人。委托人不变更的，公益事业管理机构有权变更。

公益信托的监察人违反监察义务或者无能力履行其职责的，由委托人变更监察人。委托人不变更的，公益事业管理机构有权变更。

第十六条 公益信托成立后，发生设立信托时不能预见的情形，委托人可以根据信托目的，变更信托文件中的有关条款。委托人不变更的，受托人可向公益事业管理机构申请变更。

第十七条 公益信托违反信托义务、法律规定、存在有损社会公益的行为或无正当理由连续三年没有开展公益活动，公益事业管理机构有权撤销公益信托并依法给予相应的行政处罚，情节严重者应当依法追究其刑事责任。

公益事业管理机构因前款原因撤销公益信托之前，应通知委托人、监察人及受托人在七日内提交书面说明材料。

第十八条 公益信托终止的，受托人应当于终止事由发生之日起十五日内，将终止事由和终止日期报告公益事业管理机构。

第十九条 公益信托终止的，受托人作出的处理信托事务的清算报告，应当经信托监察人认可后，报公益事业管理机构备案，并由受托人予以公告。

第二十条 公益信托终止，没有明确的信托财产权利归属人的，经公益事业管理机构批准，受托人应当将信托财产用于与原公益目的相近似的目的，或者将信托财产转移给具有近似目的的公益组织或者其他公益信托。

第二十一条 公益事业管理机构违反本法规定的，委托人、受托人或者受益人有权提出行政复议或直接向人民法院起诉。

后 记

剑桥大学教授贝弗里奇曾在其著作《科学研究的艺术》中坦诚地指出，只有论文的致谢部分是不用参考别人的，也最为深刻。幼时以“为人民服务”为理想，进而与孟子之言“穷则独善其身，达则兼济天下”相统一，观乎慈善与金融之耦合。时值新冠肺炎疫情防控，英雄与勇士的舍己为人，各类公益（慈善）信托计划的扶危济困，更加坚定了吾辈公益慈善之信念。遂于工作之余，振奋精神，爬罗省思，补苴罅漏，加快对已通过了3年多的博士学位论文进行进一步的修订，最终完成《经济法视野下的公益信托制度研究》一书，以探寻信托制度的中国化和本土化，促进社会分配的公平和正义。本书不仅是对公益信托制度的多年思考的系统性总结，亦是向恩情馈赠的阶段性感谢。

其一，本书的基础为本人的博士学位论文，承蒙导师朱大旗教授的悉心指导我顺利通过答辩，后又经导师催促关心进而修订成书。朱老师平日已肩负繁重的教学任务和学术活动，但仍不辞辛劳地指导学生撰文写稿，关心学生生活。记得恩师曾在黑板上洋洋洒洒地挥写了《大学》卷首语，教导门生入学后应恪守《大学》的“三纲领”——“明明德、亲民、止于至善”，追求物格知至、意诚心正、身修家齐、国治天下平。得益于恩师的指引，方有本书“经济法治与公益信托”的精神主旨。恩师长者大家的雍容风度、一丝不苟的治学精神在人生与学识上给予我点拨和启迪,使我受益终身,恩同再造。在此谨向朱老师致以诚挚的感谢和崇高的敬意！学生将铭记恩师"求真求博求通,忘荣忘辱忘我"的孜孜教诲,将勤补拙、自强不息！

其二,衷心拜谢我的好老师。自本科研习经济法起,承蒙众位师长的关心帮助,学生得以博采众长,站在巨人的肩膀上完成本书。在经济法备受质疑之时,刘文华教授的白首不渝给予后生坚强的信念;当经济法与时俱进之际,史际春教授、徐孟洲教授、吴宏伟教授、王欣新教授、刘俊海教授、王宗玉副教授、孟雁北教授、杨东教授、姚海放副教授、徐阳光教授等人大经济法的老师,强力教授、傅瑜副教授、杨为乔副教授、席晓娟副教授、王莹莹教授等西法大经济法的老师,都在以不同的方式和途径循循善诱、教化学生,坚定不移地踏上经济法征途。在此谨祝愿老师们身体健康,平安幸福！

其三,感谢中信信托及各位领导同事们的鼎力支持。中信信托积极履行社会责任,秉承"功成不必在我、功成一定有我"的公益慈善精神,努力为国家发展和社会进步贡献力量。中信信托陆续创立"双受托人"、"投资 + 扶贫"、中国版捐赠者服务基金、"慈善 + 金融"等多种创新模式,迄今公益(慈善)信托规模累计已达 5.37 亿元人民币。2019 年,中信信托发布行业首份"扶贫公益报告",与《信托法》主持修订者江平先生联合推出全国第一支专项支持法学教育的慈善信托;与孟非先生一同设立国内首个慈善先行信托。我有幸跟随中信信托共同见证了中国公益(慈善)信托的旭日初升,感谢李子民、王道远、戴家凯、解宁、王立晶、周萍、赵俊梅等领导们的支持指导、关怀帮助,愿中信信托欣欣向荣、托付中国！

其四,感谢人大经济法教研室将本书纳入明德经济法学文库,感谢北京市隆安(深圳)律师事务所崔焕富律师的财力支持,感谢法律出版社法治与经济分社沈小英社长、陈妮编辑、刘晓萌编辑的辛勤付出。有幸得到诸位的不懈帮助,使本书得以顺利付梓。

其五,要特别感谢夫人乔博娟女士。"窈窕淑女,君子好逑",我始终认为能够俘获其芳心是我此生最喜不自胜和最引以为豪之事。夫人的冰雪聪明、绰有余妍以及乐善好施的生活态度深深感染和激励着我。相识相知相伴一纪有余,得以同心同德、琴瑟和弦,必须感谢夫人一如既往的支持、鼓励与包容！白头之约,书向鸿笺,好将红叶之盟,载明鸳谱。

最后，叩谢父亲刘明生、母亲朱学英、妹妹刘琪等亲人的无私奉献和辛勤付出。“谁言寸草心，报得三春晖。”是父母妹等亲人始终不渝的支持和关爱，让我全无后顾之忧，尽心完成本书。如今自己已过而立之年，父母迈向花甲，妹妹也已亭亭玉立。20余载求学路，不断索取却鲜有报答。异地求学、定居远方之后，方有故乡念家之情。常言陪伴是最长情的告白，但如今回家团聚陪伴只得以两三日乃至小时计，绕膝左右近乎奢望。回馈家人厚重的爱，唯有努力奋斗，保障家人平安！

然个人能力有限，本书虽经数度修缮斟酌，但难免挂一漏万或有所偏颇。纰缪之处，还望不吝批评指正。

亲情，友情，爱情，师生情，总有让我感动的一幕幕场景，我的生命就是这样被润泽着！结草衔环，饮水思源，路漫漫其修远兮，吾将上下而求索。在未来的日子里，我将怀着一颗感恩的心努力工作、乐观生活，回报那些我生命中重要的人们！

刘　佳

2022年2月24日北京知春路